曾文珍老师多次得到中国少先队终身贡献奖获得者、北京市荣誉总辅导员中国少先队专家王延风（左）的指导

曾文珍老师多次得到中国少先队终身贡献奖获得者、上海市荣誉总辅导员中国少先队专家沈功玲（左）的指导

曾文珍老师多次与中国少先队终身贡献奖获得者、江苏省荣誉总辅导员中国少先队专家华耀国（右）交流工作

《辅导员》杂志社社长、总编辑李沧海老师（左）对曾文珍老师进行采访

曾文珍老师在首届全国骨干少先队辅导员国培班与中国少先队专家陆士桢教授（右）合影

少先队前辈、专家陆士桢、沈功玲、柯英老师到校指导

曾文珍老师多次与深圳市少先队总辅导员
石淳老师（右）交流少先队工作

曾文珍老师多次与深圳市少先队名师工作室
主持人魏国勇老师（右）交流工作

团中央书记处原书记、全国少工委主任罗梅（左
三）到我校调研少先队工作

团省委副书记武一婷（左）莅临学校观摩
红领巾社团活动

团中央书记处原书记、全国少工委主任罗梅（右六）与调研组领导和专家到校指导

市委常委唐颖与我校红领巾服务队合影

中山市关工委副主任蔡玉媛（右）莅临我校
少先队主题队日

中国少年先锋队工作学会活动专业委员会实践
研究基地揭牌仪式

曾文珍老师参加黄权标少先队名师工作室培训
交流活动

曾文珍老师带领学校少年军校领袖团参加
中山市红领巾特色社团展示

曾文珍老师指导的鼓号队在全省少先队交流活
动中做展示

少先队活动花絮

曾文珍老师参与中山市少先队主题队日
前期筹备活动

曾文珍老师荣获"广东省十佳少先队
辅导员"称号

曾文珍老师带领队员开展队活动

曾文珍老师在队活动上做辅导员讲话

雏鹰小天地中队活动阵地

雏鹰争章嘉年华现场考章

党团队意识衔接教育活动

端午节组织队员为城市的建设者献上
亲手制作的粽子

红领巾共筑中国梦主题队会

红领巾亲子义工队参加学雷锋服务集市

红领巾文化广场中队才艺比赛

红领巾心向党主题队日

"伟人故里中山章"颁章仪式

少先队员与优秀党员面对面

我校红领巾亲子义工队与市电视台为失学儿童捐款

"向上向善好少年 童心助力十九大"
主题队日活动

为每一届新上任的大队委举行就职仪式

召开少先队代表大会选举新一届少工委委员

名师名校名校长

凝聚名师共识
回应名师关怀
打造名师品牌
培育名师群体

　　　　　　顾明远题

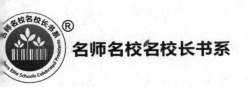

名师名校名校长书系

发现教育智慧

班主任与少先队工作
从这里出发

曾文珍 著

东北师范大学出版社

长春

图书在版编目（CIP）数据

发现教育智慧：班主任与少先队工作从这里出发 /
曾文珍著. — 长春：东北师范大学出版社，2019.6
ISBN 978-7-5681-5981-4

Ⅰ. ①发… Ⅱ. ①曾… Ⅲ. ①小学—班主任工作—研
究②中国少年先锋队—教育工作—研究 Ⅳ. ①G625.1
②D432.51

中国版本图书馆CIP数据核字（2019）第135072号

□策划创意：刘　鹏

□责任编辑：何　宁　沈　佳　　□封面设计：姜　龙

□责任校对：刘彦妮　张小娅　　□责任印制：张允豪

东北师范大学出版社出版发行
长春净月经济开发区金宝街 118 号（邮政编码：130117）
电话：0431-84568115
网址：http://www.nenup.com
北京言之凿文化发展有限公司设计部制版
廊坊市金朗印刷有限公司印装
廊坊市广阳区廊万路 18 号（邮编：065000）
2022年6月第1版　2022年6月第1次印刷
幅面尺寸：170mm×240mm　印张：16.25　字数：262千

定价：45.00元

目录

第一部分 教育思考

1

第二部分

队旗飘飘

第一部分

教育思考

1

第一篇　春蚕之歌
——班主任工作技巧

　　我是一位一线教育工作者，一步一个脚印地走过了18个年头，担任过学生喜欢、家长认可的班主任，担任过帮助班主任解决班级棘手问题的级组长，担任过带领队员们开展实践活动的大队辅导员，担任过为学生行为习惯的养成而绞尽脑汁的德育行政，担任过肩负全市少先队工作传承和发展的少先队副总辅导员，担任过主管和引领班主任队伍专业成长的校领导……虽然任职岗位不同，但是工作目标是一致的，即关注学生行为习惯的养成，发展学生核心素养，落实立德树人，为社会主义现代化建设培养建设者和接班人，培养担当民族复兴大任的时代新人，这一工作目标的实现离不开教育，而教育离不开教师。教师群体中肩负着更多育人职责的工作则是班主任，班主任是学校育人工作的主力军和德育助手。

　　一所真正被人认同的学校，与这所学校拥有一批专业素养高、爱岗敬业、爱生如子的好班主任不无关系。因此，班主任成了当前家长最热衷谈论的对象，我们深知班主任对一个班级的班风、学风的营造所发挥的作用。"亲其师，信其道；尊其师，奉其教；敬其师，效其行。"班主任的人格魅力越大，越能激发学生的潜能。我们一起来谈一谈最受家长和学生重视的教师群体——班主任。

人们眼中的班主任

校领导眼中：班主任是学校的基石，是德育队伍的主力。在物色和选择班主任之初，学校希望班主任在传授知识的同时，还要对学生进行管理与引导，做好日常班级管理和学生行为习惯的引导工作。在校领导的眼中，班主任是教师和学生的管理者。

学生眼中：班主任很严肃。班主任比其他学科教师的权力大，可以任命班干部；班主任在班级对学生的评价可影响学生在同学心中的地位，学生最害怕班主任找家长。因此，在班主任面前，大部分调皮的学生都会收敛。班主任和学生相处时间长，在校吃喝拉撒的事都归班主任管，特别是在生病时班主任最关心学生，被其他学生欺负时第一时间就想找班主任保护自己。简单地说，在学生的眼中，班主任让人又爱又怕！

同事眼中：担任班主任的同事特牛！那些调皮捣蛋的"牛魔王"在班主任的面前都变成了可爱乖巧的"小绵羊"。班主任的魅力真大，一个眼神就可以"秒杀"一班"猴子"！班主任和学科教师一样要担任教学任务，但课余还要和学生斗智斗勇，充当侦察员、谈判专家、心理咨询师、家庭教育导师……近年来，随着离婚率上升，很多班主任为了学生的身心健康，不得不深入了解学生的家庭，在学生家长当中充当和事佬，让即将破碎的家庭或已经离异的家长为了孩子的身心健康尽量平息夫妻双方的敌对情绪，教会家长正确处理孩子的教育问题，尽量减少家庭对孩子成长产生的干扰。在这些工作面前，同事对班主任是既佩服又望而却步。

家长眼中：班主任是孩子求学路上最重要的人生导师，班主任和家长是共同肩负教育孩子责任的伙伴。班主任是学生心目中的偶像，班主任讲一句胜过家长讲一百句。班主任一般都比其他教师对学生更有耐心一些，甚至班主任比家长更了解自己的孩子。班主任是家长的好伙伴和学生的偶像。

　　班主任眼中的自己：学生的人生导师、朋友，学生在学校的妈妈、保姆。除此之外还是师者，侦探，墙报、表演服等设计师，活动策划者，婚姻家庭调解员，社工等。

　　综上所述，班主任身兼多个角色！人们普遍对班主任有着更多的期盼和更高的要求！

班主任常规工作和工作方式

班主任的工作任重道远。《教育部关于进一步加强中小学班主任工作的意见》中明确指出："中小学班主任是中小学教师队伍的重要组成部分，是班级工作的组织者、班集体建设的指导者、中小学生健康成长的引领者，是中小学思想道德教育的骨干，是沟通家长和社区的桥梁，是实施素质教育的重要力量。中小学班主任工作是学校教育中极其重要的育人工作，既是一门科学，也是一门艺术。在普遍要求全体教师都要努力承担育人工作的情况下，班主任的责任更重，要求更高。做班主任和授课一样都是中小学的主业，班主任队伍建设与任课教师队伍建设同等重要。"

一、接手一个新班的班级管理技巧

作为第一年入职的新教师，特别是主科教师担任班主任是很平常的，毕竟班主任工作能快速地促进一位新教师的成长。因此，新教师需要掌握接手新班级的工作技巧，以避免走弯路。

1. 了解你的学生

接手一个新班级，为了尽快对班级的学生有所了解，做到未雨绸缪，调整自己的工作思路，班主任要事前分析班级学生的情况：

（1）主动找原班主任和科任教师了解班级和学生的基本情况，要特别了解班级当中是否有随班就读的特殊学生，开学前要了解有多动症、自闭症、听力损失、肢体残疾、智力障碍等特殊学生的心理和相处方式。

（2）了解班级中是否有家庭发生重大变故的学生，要了解这些学生对哪些问题敏感，避免学生受到二次伤害。

（3）掌握班级中需要特别关注的学生，如曾离家出走的学生、行为习惯不好的学生等，以便在日常工作中更有针对性地引导这些学生改正不良习性。

（4）通过查看学生个人档案、特殊疾病登记表以及学生成长档案袋等途径更全面地了解班级的全体学生。

（5）关于原班主任、科任教师针对某一个学生或家长的过度评价要理性看待，切忌戴有色眼镜看待学生，也许这个曾被否定的学生在你的教导下将迎来他生命中最美的春天。

（6）开学后可通过家访、面访、约见、短信等方式更进一步了解学生在家中的表现，推断家庭教育是否缺失。

2. 开学第一周的工作

（1）制作学生名片。名片底部要粘贴双面胶，让学生统一放在课桌一边，学生名片要放到自己记住每一个学生的名字为止。要求新班主任在两周内记住全体学生的名字，当学生的名字和学生本人联系起来后，学生就会显得听话多了，因为学生觉得新班主任记住自己了，说明自己在班主任的心中有位置了，学生会因此觉得自己受到重视了。有的学生为了引起班主任的注意，也会通过破坏课堂纪律的方式来达到目的。

（2）参观校园。如果接手的是一年级的新生，在开学初班主任可以组织学生参观校园。现在的学校都很大，很多学校占地面积都是3万平方米左右，功能室场所也特别多，我们不需要都带学生参观，重点参观本班学生日常的主要活动场所就可以，如教室门前的活动空地、洗手间、球场、食堂、午睡室、运动场等。新入校的学生由于对环境不熟悉，不会在课间和放学的时候到处躲起来玩捉迷藏的游戏。

（3）集队训练。由于放了一个暑假，学生的身高有变化，因此需要调整班级队伍。如果接手一年级新生，班主任要花相当长的时间来排队。班主任要善于发挥体育教师的作用，多练习从班级门口集队的熟练程度，并学会体育教师在课堂上集队、转换队形、原地踏步和齐步走等专业术语的习惯性表达，学生听到和体育课一致的口令就能快速反应，这样班级出队就能做到"快、静、齐"，呈现给大家的就是一个班风良好的班级。

（4）座位编排。由于是接手新班，学生会"欺负"新班主任对班级情况不熟悉，自行和要好的同学组成新的同桌，大家对此都心照不宣，所以开学前几周在课堂上说悄悄话和开小差的学生特别多，这时就需要及时地调整学生的

6

座位，一般要男女生搭配，性格互补，一动一静搭配，坚持学习上互助、生活上互帮等原则。一些家长很在乎学生的座位安排，甚至有些家长只考虑自己的孩子，总希望自己孩子每次都坐在最中间的位置。但好的位置有限，众口难调，这种情况下可以采用"四大组一个星期换一次"结合"每天滚动式向前坐一个位置"的办法让每一个学生都能坐到自己理想的位置，不太理想的位置也就是坐一周，学生只换人，桌椅是不动的，因此就不存在个别家长找班主任说情或者抱怨孩子受到不公平对待等家校纠纷的问题。

（5）进入班级群。新班主任最好由原班主任拉进班级群，请原班主任做开场白，并把新班主任的教学风格做简单的介绍，这样比较容易拉近家长和新班主任之间的距离。新班主任进入班级群后可以多分享班级活动的视频和照片，最好流露出你对班级和学生充满信心和好感，这样家长也会对你充满期待并愿意配合你的教学设想。

（6）建立课堂纪律的口号。特别是低年级的学生，在小组合作交流、游戏互动等环节一旦兴奋起来就不易安静下来了，这就需要新班主任在课前建立大家熟悉的口号来调整班级纪律，如"棒棒棒，我最棒"（学生边拍掌边坐端正），"一、二、三，快坐好"（班主任数一、二、三，学生边说边坐好），"小眼睛，看黑板"（班主任说"小眼睛"，学生说"看黑板"）。

（7）班级事务人人做。一开学，班级卫生、电灯、电扇、投影、小植物等都需要有人负责跟踪管理和服务，因此必须在第一周制定好"我的班级我服务"的值勤表，要尽可能地创设更多的岗位让班级绝大部分学生都有事可做，都有机会锻炼自己的组织能力和培养责任心。一个月开展一次"感恩分享会"，让每一个学生都谈谈他们从服务岗位中获得了怎样的成长。其他学生也谈谈自己的感受，如真诚感谢一至两名同学这一个月里对自己的帮助和服务，逐步形成互帮互助、懂得感恩的班级文化。

（8）建立早读常规。早晨是大脑记忆的黄金时间段，如果不重视早读，学生和教师都得不偿失，学习效果就事倍功半，因此要重视早读常规的建立。首先，这需要和语文、数学、英语三门学科的教师达成共识，建立相应的激励制度和要求；其次，每科要选出两名带读员，建议利用好教学课件的范读功能；最后，要明确早读的内容，并指导带读员如何带读，教授他们管理学生的方法和技巧。

（9）建立课间常规。班主任和学生之所以能建立深厚的感情，其中一个原因是班主任和学生在一起的时间较科任教师多，平时科任教师一下课就离开教室了，但是班主任很自然地留在教室了解班级学生课间的表现。通过课间观察学生的表现，班主任可以发现课堂上很多发现不了的亮点，如课堂上乖巧的学生，下课后可能很调皮；成绩好很会讨教师喜欢的学生，可能课下没有学生喜欢和他玩等，从而更全面地掌握班级学生的情况。另外，观察课间情况也能优化班主任班级管理的思路，促进建立更适合本班的班级公约和评价手段，以及对学生的课间活动做一些指引。例如，下课后第一件事是收拾上一节课的学习用品，并准备好下一节课要用的学习用品，第二件事是上厕所或喝水。课间学生间相互追逐的情况最让班主任头疼，主要是担心学生摔倒或受伤，建议新班主任向学生推荐一些课间游戏，如踢毽子、跳橡皮筋、跳飞机或创建一个手部活动和童谣结合的游戏，让学生在轻松游戏的同时不追跑、打闹。

二、班级管理的常规工作

班级管理是学校教育工作中最重要的一环，这份责任重大的工作确实让很多班主任很头疼，特别是新任教师当班主任，更是觉得无从入手。通常，班级管理的常规工作可细分为"每日工作""每周工作""每月工作"以及"学期工作"。

1. 每日工作

（1）早上到校后，先到班级提醒学生开窗、开灯，并组织学生早读；要在上课前检查学生的出勤情况，对没到校的学生要及时通知家长。

（2）课间要多巡班指导学生检查安全、纪律、仪容仪表、出勤、卫生等。

（3）课间操、年级集会、年级或班级活动必须到岗，眼保健操提倡到岗。

（4）掌握班级上课、学习情况，并对出现的不良现象及时跟踪、纠正，及时和科任教师、学生家长联系。

（5）督管学生午餐和午睡的纪律。

（6）对违反课堂纪律的学生要及时教育，要主动与家长以及科任教师沟通，合力教育，引导学生。

（7）对班级突发事件要第一时间处理，如果处理不了，要寻求同事的协助并尽快通知年级组长和年级行政。学生受伤要通知校医，受伤严重时要拨打急救电话120，并尽快通知学校行政和家长。

2. 每周工作

（1）每周一上午组织学生参加全校升旗仪式。

（2）经常找学生谈心。一学期至少找每名学生谈心两次，关注问题学生并与之谈心若干次，做好后进生的转化工作。

（3）认真上好每周的班队会课。根据学校要求与班级具体情况，每学期召开若干次主题班队会。

（4）准时参加学校的班主任工作例会。

3. 每月工作

（1）组织学生参加每月一次的级会。

（2）指导学生出好班级宣传板报，每月一期。

（3）定期召集班级的家委会成员，开会商讨班级活动。

4. 学期工作

（1）学期初摸清班级情况，了解、总结学生假期生活情况，组建或调整班委和队干。

（2）培养学生自理、自学能力，养成良好的学习、生活习惯，加强班集体的教育，注意培养班队干部，形成良好的班风。

（3）培养学生形成养成良好的个人卫生和公共卫生习惯，监督本班所负责的公共场所的卫生清洁情况。

（4）主动与科任教师、家长沟通，共同教育学生，每学年家访一次，每次家访请家长签名；配合学校少工委开展中队、小队活动，组织家长参加学校亲子义工队公益志愿活动。

（5）学期初做好班级学生的社团报名工作，确保每一个学生都要加入一个社团。

（6）一定要加入班级中家长的QQ群和微信群，加强与家长之间的沟通，了解学生的动态。

（7）学期末要按学校安排完成期末评优工作和学生操行评定工作，做好学生档案管理。

（8）根据实际情况，对全班学生家庭普访一次，与有不良行为的学生的家长要经常沟通。

（9）开好一学期一次的家长会，动员家长参加学校的活动，家长出勤率力争达到100%。

（10）组织学生参加学校、年级举办的各类活动。

三、班级管理的工作技巧

今天的社会，对班主任的工作提出了很多新的考验，具体表现在以下几个方面。

1. 班干部的任用与培养的技巧

在市场经济大环境的影响下，人们变得浮躁，功利心强，家长当中一些人对孩子在班级中的"职位"很看重，都希望自己的孩子从小就能表现突出，对班主任关于班干部的选举和任命有意见。

根据一项针对北京、上海、广州等地20多所中小学校的问卷调查结果显示：

（1）在学校里，最让你自豪的事情是什么？

长久以来，学习成绩一直被当作衡量学生优秀与否的"硬指标"。当学生，首先要学习好。这是很多人的普遍看法。但在学生的眼中，最让他们感到自豪和满足的并不是成绩，而是能否在班集体中体现自己的价值。有46.19%的学生表示，最让他们感到自豪的是可以帮助身边的人解决问题，有一群好朋友；有21.07%的学生认为，考试取得好成绩或在竞赛中取胜是最值得自豪的事。大部分学生都渴望成为集体中有用的人。

（2）在学校里，你最希望得到怎样的评价？

有25.52%的学生希望获得"人品好，值得信任"的评价；有22.54%的学生希望获得"积极热情，热心为大家服务，有公益精神"的评价；只有11.21%的学生希望成为"学习能力强，让人仰望的学霸"。通过为集体服务，帮助同学，学生能够在伙伴关系中找到属于自己的位置，感觉到"我是一个有用的人"。这种价值感的体现才是学生真正的快乐源泉，也是学生在集体生活中最宝贵的收获。因此，班主任在班干部的培养上要传递正确的价值观，让班干部明白自己的职责是为老师和同学服务，自己是因为拥有为班级、为老师和同学服务的能力才被大家拥护和信任。对个别班干部在权力面前滋生特权思想和欺压同学的现象要及时加以引导，在日常班干部会议上可以给学生讲《毛泽东在花山》《周恩来》《雷锋日记》《焦裕禄》等故事，通过故事让学生潜移默化地学习伟大领袖毛主席为人民服务、周恩来总理为人民鞠躬尽瘁、雷锋同志无私奉献以及焦裕禄同志勤政为民的精神。定期组织班干部开展班级工作经验分享会，让班干部谈谈在工作中遇到的困惑，班主任适时给予指导，让工作有方法、能力强的学生学会总结自己的经验并帮助其他班干部，这样团结有活力的班干部队伍一定能成为班主任的得力助手。

2. 与不同类型的家长沟通的技巧

教师和家长有着必然的联系，即使你不当班主任，作为科任教师也需要经常与家长打交道。当然，教师和家长之间的纽带是学生，家校联系是德育工作的重要一环，特别是一些问题学生的根源在于家庭，要想帮助学生健全人格、养成良好的习惯，教师必须和家长多沟通。教育学生要因材施教，同样，班主任在与不同的家长沟通时，也要因学生对象的不同而选择不同的沟通方式，才能达到有效沟通的目的。

（1）开明型家长。这类家长有良好的个人素养，教育子女方法得当，他们对子女的教育宽严适度，家庭教育的理念超前，对待子女的学习态度、生活习惯比较开明、平等。我们在和这类家长相处时要以合作、交流和探索的态度与其沟通，对学生在校的一些表现，我们可以如实地向家长反映，班级事情可以大胆地邀请他们出谋献策，同时他们开明和丰富的阅历也是班级工作良好的资源，可以多让这类家长在家长会上分享他们的亲子沟通技巧，也可以多邀请他们参加班级开展的亲子阅读分享会、推荐书籍等活动。与有主见、知识面广的家长沟通，不要觉得自己是班主任，是老师，就一定比家长更清楚孩子的问题，就一定要家长认同你的观点，这种强加的建议是很难得到家长认同的。

（2）野蛮型家长。对于这类家长而言，他们的孩子是最可爱的，即使犯错了，他们也认为这很正常，甚至还帮助孩子开脱，可能当面附和你，转身就跟孩子说："宝贝，受委屈了，没事。"这类家长也是最难打交道的，特别是当他们的孩子和其他学生发生矛盾和冲突时，他们往往不能客观地看待问题，坚持自己的孩子是没有错的，觉得一定是其他学生冤枉了自己的孩子，甚至觉得班主任也在偏帮他人，对班主任的协调不满意，甚至指责班主任处理不当。一旦他们的孩子受伤，他们就着急得不得了，揪着班主任讨说法，这也是最难化解的家校纠纷之一。

在和这类家长沟通时，我们要先肯定学生的长处，对学生的良好表现给予真挚的赞赏和表扬，并多说一些欣赏他们孩子的具体事例，让家长感受到你对他们的孩子是很关注的，再适时指出学生的不足。同时，班主任要流露出惋惜之情，告诉家长孩子优点很多，如果能把一些缺点改了就更棒了。只有充分地尊重家长的感情，肯定家长对孩子的爱，让他们在心理上接纳，这样的谈话才会奏效。在得到家长充分信任的时候，班主任可以恳切地指出其溺爱对孩子成长的种种危害，再告诉他们一些正确的家教方式和引导方法。

（3）追求自我享乐型家长。这类家长通常是很难沟通的，他们对孩子要求不高，或许是他们当年对读书就不感兴趣，生活习性比较懒散，但是经济上的富足让他们在生活上花更多的时间享乐，因此没有时间也没有精力管教孩子，甚至班主任约见，他们也没有时间，还主动劝教师不要太着急，认为孩子以后会有出息的。与这类家长沟通时，我们要针对这类家长的问题，多查阅有关资料，必要的时候还要做记录。通过一些真实的事例来引起家长的重视，他们从现实的悲剧中意识到自己教育方式的危险性，从而让他们重视孩子的教育问题。

（4）粗暴严厉型家长。这类家长在教育孩子上，信奉"棍棒底下出孝子"，凡事都由家长说了算，孩子稍有差错，轻则训斥，重则拳脚相加。因为过于严格，孩子同家长的关系一般很紧张。生活在这种家庭的孩子在学校的表现呈现出两个极端：一个是非常遵守纪律，胆子很小，学习上不敢发表自己的意见，灵活性较差；另一个是学生可能在学校什么都不怕，对老师和同学充满敌意，有暴力倾向，这类学生其实是班级中最难教育的孩子。由于他学会了用暴力解决一切的方式，因此就像是一个定时炸弹，随时会引爆，让班级乱成一锅粥。所以，班主任要及时与家长沟通，在交流时要多肯定学生的成绩和进步，并及时向家长介绍科学的教育方法，诚恳地告诉家长，作为教师的自己对他的孩子有信心，觉得孩子的潜力很大，是一个很好的苗子，就看家长能不能把他的潜能激发出来，但家长需要转变思想，给孩子勇气和信心。寻求家长的支持，并列举一些暴力教导孩子而适得其反的家庭教育案例，以此警醒家长。

3. 策划亲子活动的小技巧

家长和学生都能热衷于参加班级亲子活动，亲子活动也是家校合作的最佳方式，增进了班主任和家长的沟通与互信，促进了亲子关系的和谐，缓和了家庭成员的紧张的关系，有助于为学生营造温馨安全的家庭氛围，有利于学生身心健康的发展。家长对亲子活动策划有更高的期盼，但是策划亲子活动次数过多，易让班主任黔驴技穷。对此，可以采取以下应对策略：

（1）定期组织家委会成员召开小型家长会，多听取家长对亲子活动的需求和建议。让家委会成员在全体家长当中做一个兴趣爱好的调查，根据全体家长的兴趣爱好进行分类。例如，喜欢做美食烹饪的家长列入"美妈美食缔造组"，善于劳作和做手工艺品的家长列入"兰心蕙质组"，喜欢化妆和美容的家长列入"绅士淑女培养组"，喜欢各种运动和户外活动的家长列入"体魄强健组"等。每个月由这些小组轮流组织、策划与他们的兴趣爱好相关的亲子活动，小组要负责整个亲子活动的策划和活动形式。在这个过程中，家长可以充分地发挥自己的特长，在熟悉的领域带领其他家长和学生活动，这个过程本身很有趣，学生也会对家长刮目相看，觉得家长懂得很多，对家长感到由衷的佩服。此外，志同道合的家长在一起更容易成为朋友。这样，班级亲子活动让学生和家长都能获得成长。

（2）班主任在亲子活动过程中建议不要成为主导人，要把亲子活动的主动权交给家长，让家长们参与其中，以增进家长对班级的归属感。尤其是财务上的事情一定要交给家委会，并指导家长做好财务公开。

（3）班主任在亲子活动过程中要发挥协调作用，如协助收集活动征求意见稿、指导家长做好活动方案以及参与活动免责声明。如果活动路途较远、活动范围较广，要提醒家委会给学生买一次性的保险。

（4）发挥家委会的作用，指导家委会成立紧急突发情况救援小分队、医疗小分队、导航探路小分队、后勤补给小分队等，分工明确。

（5）如果需要开车参加活动，建议家长尽量拼车出行，指导家长给每辆车进行编号，方便活动前后清点人数和报到。在户外进行的亲子活动如徒步、爬山等，一定要有专业人员参与指导，要求家长以小组为单位进行，组内成员要借助微信中的共享位置随时保持联系。

（6）家长策划的亲子活动在活动前一定要上报学校主管行政审批，由学校评估风险并签字批准后再开展，班主任不必参加每一次的亲子活动，毕竟一学期的亲子活动次次参加会对班主任个人的生活造成压力和负担。低年级由于家长和学生之间还不是很熟悉，学生兴趣课也较少，家长也更愿意陪伴学生参与各种班级亲子活动，因此一、二年级可以多组织亲子活动。但是到了中高年级，由于学生学业加重，家长年岁增长，及其在公司逐渐走向更重要的部门和管理岗位，因此亲子活动不宜过多，一学期开展一两次即可。班主任一学期至少要参加一次班级亲子活动。

（7）为了明确职责，保护班主任和组织活动的家长，每次参加活动的家长要签署"免责声明书"。"免责声明书"明确家长自愿参加活动，并在活动过程中发挥监护人的作用，看顾好自己的孩子，组织人员既是家长也是志愿者，不承担活动的安全法律责任。班主任要回收并保存好每一个参加亲子活动的家长的回执。

📖 **参考文献**

［1］郑学志. 与学生家长"过招"——班主任的家长工作艺术和技巧［M］. 北京：中国轻工业出版社，2010.

班级微信群的管理心得与技巧

随着电子产品的高速发展，智能手机的普及和更新换代不断地推动着移动媒体的高速发展，让信息的传播速度更快，传播形式更多样化，传播范围更广。移动媒体正以迅雷不及掩耳之势改变着人们的生活方式，人们的沟通和交流变得更加便捷和高效，家校联系的方式也有了更多的选择。除了打电话、家访、约见等传统交流方式之外，班主任和家长更倾向使用校信通、班级博客、班级QQ群、班级微信群等新媒体平台。新媒体平台不仅具有交互性、及时性、海量性与共享性等特点，而且具有多媒体与超文本、个性化与社群化等众多优势。因此，很多班级都有自己的QQ群和微信群，而微信群因其交流沟通功能强大，日渐成为班级群的主流。

班级微信群在家校沟通中是一把双刃剑。班级微信群具有快捷、互动性强、分享容量大等优点，但是当消极舆论在微信群散播时，班主任要想及时化解舆论危机就变得不太容易了。例如，在微信群传发相片、视频的功能强大，速度快、成本低，但各种声频、视频、图片常常霸屏，以致班级的重要通知被淹没在无用的垃圾信息中。又如，班级群的家长素质参差不齐，如果管理不到位，班级微信群很容易就成了"炒股群""微商群""谣言传播群""攀比群"等。再如，班级学生之间的小矛盾如果随意在群里公开或家长相互指责，就有可能引发不易解决的纠纷。由于班级微信群的传播快、受众面广，家长面子上过不去，纠纷就会加剧，导致学生之间的小打小闹最终演变成成人之间的矛盾；还有一些家长不调查清楚就直接把表面问题放在班级微信群里，你一言、我一语地加以评论，本来是一件小事，结果发酵成了一发不可收拾的大事，即使班主任想要扭转和化解都很难。由此可见，预防和化解班级微信群的舆论危机是当前班主任面临的新考验。

要预防和化解这种危机，避免让班级微信群成为舆论危机的温床，班主任可以尝试以下管理技巧。

一、群规和公约制定的技巧

无规矩不成方圆，班级微信群一定要建立群规和公约。首先，在制定群规和公约前，要引导家委会重视班级微信群的管理，要把班级微信群可能遇到的困难列举出来，寻求家委会的帮助，发动家委会群策群力献智慧，制定微信群管理规定。其次，由家委会召集全体家长以学生各自所在的小组为单位，商议"微信群公约"，通过家长自行讨论、达成共识、投票表决、相互监督，建立的群公约自然带有约束力。又次，提醒家委定期在班级群上营造正能量的舆论氛围。再次，为了客观和公正，避免班主任和不守规则的家长正面冲突，要把班级微信群的主动权交回家长，群主应从家委中投票产生。最后，班主任要引导家长形成共识，自主、自发地管理班级微信群，进而形成人人遵守群规、公约的风气。

二、群规和公约制定的内容

每一个班级都有其独特性，每个班级微信群的群规和公约也不尽相同，但是班级共性的地方还是很多，因此有些规定是可以通用的。例如，微信群不得传发与班级、学生无关的广告、图片、视频；不得转发未经考证的各种传闻和事件；学生的纠纷不得放在班级微信群里大肆宣扬，如有问题或疑虑，要选择正确处理纠纷的途径，或直接找班主任；由于微信群刷屏快，不要把想让班主任阅读的重要内容发至微信群；当班主任或者家委发布班级通知时，家长请不要刷屏，回复时要连同通知的内容一起接龙回复；家长如有急事不要发微信，请直接给班主任打电话；班主任也有家庭，也需要私人时间，请晚上9点后不要在微信群里发布内容，以免班主任为了给大家献花点赞而忽略家人；身教重于言教，学生也是班级微信群的一员，学生常在班级微信群里观察家长的一举一动，家长要做文明人，传递正能量，群里群外要给学生树立学习的榜样。

三、建立班级微信群家委管理制

班级微信群要建立家长值周制度。由家委按学期排好《班级微信群常务群主值周表》，每周由两位家长轮值，负责值周的家长要负责发布班级活动的重要通知，不当值的其他人员不能随便发布和传发信息，毕竟大家的时间都很宝贵，无用无关的信息会耗费大家的精力。值周家长要肩负营造班级微信群正能量的氛围的任务，如每天负责向群里的成员问好、发布天气预报、分享亲子沟通技巧、每周推荐一本适合亲子共读的书。每个家长都有值周的机会，这个过程让家长既参与了班级活动，又推动了家长主动学习亲子相处的技巧。同时，营造了浓厚的班级正能量的氛围，也让家长感受到班级的温暖和亲和力。

四、让学生成为班级微信群的主角

要想班级微信群减少不必要的广告和无聊消息的霸屏，班主任要主动出击，多分享学生在校生活、学习的相关信息，要善于多角度地发现学生积极的、优秀的一面。班主任要成为班级微信群首席直播员，家长通过微信群能及时地了解到孩子在校的学习和生活情况，家长很欣喜地看到自己的孩子主动交流、积极发言、大胆表演、开怀大笑……家长放心了，欣慰了，他们就会从心里感谢教师，感谢学校，自然也会激发家长对班级和学校的归属感与认同感。通过这样的方式，也引导家长把精力放在关注孩子的学习和生活上，自然不愿意在群里乱发无关的信息，其他想借机宣传产品的家长也就不好意思影响他人关注孩子在校的表现了。

五、主动优化班级微信群，采用科学合理的APP

有一篇名为《开学第三天，我退出了家长群》的文章曾爆红网络。不少人说，便于家校沟通的微信群逐渐成了"焦虑群""攀比群""马屁群"，甚至是"广告群"。有人说，家校微信群正在成为大家又爱又恨的存在，"爱"是因为它的方便，"恨"是因为它太方便了。也有不少教师说："有了微信群，每天都像是在开家长会。"还有家长表示："每天看沟通群的时候提心吊胆，消息太多，头都炸了。"班主任也在烦恼，微信群的信息一直在刷屏。家长焦虑：班级微信群的新消息不能不看，看了又心里添堵，每天提心吊胆，怕孩子字写不好、完不成作业、违反纪律或被点名批评，怕群里公布听写、小测等成绩或者公开表扬优秀的孩子，家长觉得像回到了学生时代一样焦虑。微信群最大的优点是互动及时，共享海量信息，但是缺点也是这两点。班级微信群的私密性不足，引发了人们的忧虑，因此班主任要主动发掘和学习运用更优化的适合班级管理的APP。其中，"晓黑板"APP已经开始运用在班级管理中，它在家校沟通平台中具有以下优势：

（1）管理员是班主任，班主任可以与全体家长互动交流，家长和家长之间只能单线交流，家长要与班主任交流也只能私聊，因此，班主任可以掌控班群舆论导向。

（2）可以保护隐私交流，交互功能有指向性，有选择公开或个别交流的功能，班主任无须加家长为好友，自然也能维护个人朋友圈的私密性。

（3）布置作业和发布各项通知准确到位，程序全程跟踪，使命必达。如果有家长没有阅读班主任的通知，程序会及时反馈，只要轻轻一按就会把通知编成短信发送给家长或者主动拨打语音电话给家长，总之，一定会让家长看到或听到通知。

（4）该程序具有与微信同样的功能，可以兼容上传海量的图片和视频等文件。

（5）微信群增加人员的权限比较自由，但是该程序在建群之初家长必须接到班主任邀请才能进群，这有效地防止了一些家长碍于情面或者其他原因把不是本班的家长拉进班级微信群的现象。

小学生日常行为偏差教育的技巧

在社会学的研究中将青少年偏差行为分为一般偏差行为和严重偏差行为，小学生的偏差行为大部分都是一般偏差行为，主要是违反社会规范、不道德不文明的行为。那么，对于比较常见的学生行为偏差，作为教师的我们又该如何应对？

情境案例一：体育课下课前10分钟，王老师让学生自由组合练习呼啦圈，可是眨眼的工夫，就有学生高声喊："王老师，小栋和李杰在打架。"王老师三步并作两步走过去，只见两个小男生正扭打在一起，两人衣衫不整，小栋的脸颊上汗水夹着两路血迹，明显是被指甲抓破皮了，李杰的鼻子有鼻血流出，幸好没有大碍。王老师见状大声斥责道："为什么打架！快，松开手！"可这两个学生还是僵持着谁也不让谁……

上述案例中的情境非常常见，事出必有因，但结果就是大打出手，两败俱伤！因此，处理学生打架的难题几乎每一位教师都会遇到。

案例中的王老师会怎样处理呢？此时正在上课，还有其他学生，并且还有几分钟就要下课了，这时王老师选择快刀斩乱麻，他用教师的威严震慑住学生，这两个学生在王老师劈头盖脸的大骂下不得不分开，虽然喘着粗气但没有再动手。王老师觉得此事已了结，于是就集合学生下课。但这事是否就真的结束了？

案例中的王老师看见学生打架，不分青红皂白，简单粗暴地把两名学生劈头盖脸地痛骂一顿，两名学生确实停止了打架，为此，王老师让两名学生每人写500字的检讨，好像该做的都已经做了。可是这样问题真的解决了吗？情况往往是学生会把怒火转移发泄到老师的身上，特别是在此事件当中受委屈却没有得到公平判决和支持的学生会对老师产生抵抗情绪，从心底憎恨这位老师，在其之后的教学课堂上有意无意地制造麻烦或起哄。案例中王老师对两名学生上课打架的行为进行的所谓的教育也达不到真正的教育目的，下次学生遇事还是会以暴力方式来解决，很可能一下课回到班级两个学生还会继续打架，因为两人的矛盾还没有得到解决。

那么王老师应该怎样处理才恰当呢？

金点子：教师应先沉着冷静地拉开两人再了解打架的原因。什么时候了解呢？在两个学生打架刚被拉开的时刻，学生都处于激动和愤怒中，不冷静，易冲动，这时盘问和教育效果很差，学生不配合，教师也容易发火，不利于后面的教育和引导，因此在处理前应先来个"冷却期"，想办法让学生冷却情绪并且反思错误，如让学生自行数数到200，数完后再开始盘问打架的原因，也可以尝试让两人合作完成一项任务，如让他们一起收拾和整理体育器材。等学生情绪平复后再让学生逐一陈述打架经过及事由，接着教师要引导学生换位思考，想想彼此的感受，并假设身份对调，站在对方的角度感同身受，理解彼此的心情，从而让学生在理解对方的基础上学会包容和宽恕，也让理亏的一方认识错误。在学生认识到彼此都有错误后，教师要引导学生掌握人际交往的技巧和能力，培养学生设身处地地为他人着想的思维方式，即想人所想、理解至上的一种处理人际关系的思考方式。教导学生懂得人与人之间要互相理解、信任，并且要学会换位思考，这是人与人之间交往的基础。互相宽容、理解，多站在他人的角度去思考，学会谅解，告诉学生被"冒犯""误解"的时候，如果对此耿耿于怀，心中就会有解不开的"疙瘩"，但如果我们能深入地了解对方的内心世界，或许能达成谅解。最后再引导学生想想对方曾经给自己的帮助，告诉学生友谊的珍贵，当学生回忆起以往相处的愉快记忆时，让学生拥抱、握手言和。

情境案例二：午休刚结束，刚回到班级的学生急急忙忙跑来办公室告诉周老师，说自己的书包被翻动过，谁丢了钱，谁丢了笔等，这种事情如果不马上解决，后续问题就多了，周老师是该班的副班主任，班主任出差了，周老师需要独自面对班级的失窃事件。

上述案例也很多见，主要发生在小学阶段，因为这个阶段的学生自我约束能力和是非观念不强，因此在班上，今天这名学生少了什么，明天那名学生少了什么很常见，一般犯错的学生是因为一时好奇，而经常拿同学东西的行为一般属于心理疾病，是个别现象。

遇班级失窃事件，教师一定要在第一时间调查处理，切忌耽误时间，一旦有时间让学生转移物品，那将很难有结果，若能及时调查清楚，让学生在第一次做"坏事"时就接受内心的煎熬，则是对学生最好的帮助，以后自然就不敢再做这类事了。

金点子：失窃物品一旦找到，作为教师要学会尽可能地保存学生的面子，一定不能在班级宣布谁偷拿了什么，要尽量维护学生的自尊心，但是作为教师一定要及时通报家长，让家长平时多加强孩子的品行教育，对自己的孩子要做到心中有数。教师也要单独找该学生交流，并告诉他，不在全班同学面前宣布只是想给他一个面子，但绝对不允许有下一回。如此保全学生的颜面，相信学生和家长都会充满感激，这个学生一般也不会再犯同类的错误了。因为对于一念之差犯错的学生来说，被老师发现已经是对他最好的惩罚。

情境案例三：为迎接明天的每月一次的学生行为习惯养成的校级检查，班主任梁老师让班上全体学生先自查，仪表不达标的学生都主动告诉小组长，并承诺今晚回去剪指甲、剪头发，明天一定改正。接着是同桌互查，这时班级变得嘈杂起来，"梁老师，皓天带零食了。""梁老师，我在李佳的书包找到了20块钱。""梁老师，马军带手机来打游戏。"梁老师说："统统没收，学校反复强调不准带零钱和零食到学校，特别是手机这类贵重物品更不能带来学校，玩游戏影响学习。"随即学生自觉把物品上交到讲台，这时马军同学趴在桌子上，用拳头使劲捶打抽屉，发出吓人的响声……

如果你是梁老师，你会怎么处理呢？

第一种处理方法：以幽默方式化解学生的暴戾情绪并顺势先躲开。

有经验的教师肯定都了解胆汁质型学生的特点，他们遇事很容易冲动，情绪很暴躁，两个拳头抓得死死的，做好了随时战斗的准备。

"哎呀呀！马军，那抽屉是铁皮的，你的手一定很疼吧！"梁老师一边拍他的肩膀一边笑着对他说。"如果肿了，来办公室找我，我帮你抹点药油。"全班同学都笑了，马军红着眼睛没说话，说完梁老师就回办公室了。此时梁老师没有发怒，她幽默风趣地化解了一场师生大战。

第二种处理方法：若此时正在上课期间，教师无法回避，这时该怎么办？教师可以从这件事上转移话题，幽默关爱地问候："手痛吗？老师帮你吹吹吧！"如果他继续敲，我们就转移大家的注意力，即兴唱一首学生都会的热门歌曲。如"同学们，马军的手应该很疼，你们的心情也很紧张吧！要不我们先唱一首歌放松一下心情，现在大家配合一下。这首歌是当前的热门歌曲，你们肯定会唱，谁来带领大家一起唱？"（放音乐《平凡之路》，学生一起唱歌）

此时，歌声很快就盖过马军的敲击声，他很快会被现场的热烈气氛所吸引，即使嘴巴不唱，心里也跟着哼唱了，因此他的情绪就平复下来了。一首歌过后，气氛变得缓和，然后再上课，这时学生的精神状态也会更好。

当然，马军的愤怒还没有化解，于是课间，马军和同学打架，幸好值日教师及时发现。这时梁老师会怎么做？

梁老师可以把两人叫到办公室，采用延时教育法，不要急着说教，先让学生自行反思，想想错在哪里。马军不易承认错误，就继续让他好好想想。梁老师在送被打的学生回教室时，应轻声、温柔地安慰并表扬他做得对，不仅要表扬，还要告诉被打的学生，"下回看见同学带手机时单独提醒他，同学会感激你的，如果他还不改正，你再来办公室告诉老师"。这个过程是对学生进行人际交往的指导。回到办公室，梁老师可尝试和马军开诚布公地谈谈，可是马军仍然在那里声嘶力竭地大喊："谁让他多管闲事。"这时马军的情绪还很激动，说明还不是教育的好时机。但梁老师可以这样说："哎呀！冲动是魔鬼，你现在这么激动，我暂时就不说这事了，等你冷静后我们再来讨论这事谁对谁错，你先在办公室做作业吧！"一节课过去，马军的脸色从一开始的脸红脖子粗到现在恢复正常了，于是梁老师让他先回教室。到了第五天，梁老师又找了个机会和马军在操场上边散步边谈心，此时的马军主动承认了错误并保证再也不带手机到学校了。

金点子：你的教育生涯总会遇见性格暴躁、不听从管教、容易迁怒他人、易冲动、爱闹情绪的学生，遇上这类学生，处理不当很可能引火烧身。但凡遇见胆汁质型的学生，若没有特别要紧的、非马上处理不可的事情，可避开他冲动的时候，等他冷静下来再引导他反思，做思想工作，这样的处理方式会让效果理想很多。不然，最终受伤害的、讨没趣的还是教师。

化解师生冲突的方法

在当前学生抗挫能力和心理素质越来越下降的情况下，班主任如果在工作中稍有大意或言语不当往往会引发师生冲突，而由师生冲突引发重大教育事故的往往是班主任。这或许是因为班主任和学生在一起的时间相对较多，通常学生对班主任的情感是复杂的，往往对班主任有一种尊重、爱戴、依赖和信任的情感，渴望得到班主任的认可和关爱。但当班主任让学生感受到失望时，学生往往会做出意外的举动。

真实案例一： 有一个平日成绩中等偏上、性格开朗的学生，由于他午休时不遵守纪律，被看管的老师批评教育。下午上课班主任又把这名学生叫到办公室再次教育批评并打电话给家长——刚和孩子爸爸分居的妈妈。下午放学前，班主任再次对这名学生进行批评教育。下午5点多，这名学生和同班同学一起放学，但他没有回家而是去了同学家所在的小区，之后他独自坐电梯到楼顶后跳下……

真实案例二： "一日为师，终身为父"，然而这名学生竟杀死了自己的老师。2017年11月12日，湖南省益阳沅江市第三中学十六岁的高三学生罗某，在办公室将自己的班主任刺死。没有人想象得到，刺死这位老师的正是该老师教了3年的学生罗某，一个从全班二三十名冲到第一名的尖子生。案发前，老师因为布置作业的琐事训斥了他一句。数分钟后，他冲进办公室，掏出弹簧刀刺向老师。

孩子的内心到底有多苦？到底受了多大的委屈？

你能确定你班级中的学生不会做类似的事？

教师可以做哪些事情来减少这种极端个案的发生？

能不能管学生？该怎样管？

案例的根源：当然，师生矛盾产生的原因有很多，其中最主要的原因是教师对学生的严格要求。教师严格要求学生错了吗？对学生不严格要求的教师，本身的职业道德、师德就有问题，责任心也有问题。但是，责任心强的教师，往往对学生要求很严格，稍有不慎就可能导致师生矛盾的发生。其实，师生之间的矛盾，在每一个学校、班级，甚至每天都会发生。当然后果有轻有重，而造成严重后果的往往是个案。

案例一中的这名学生在午休时影响他人、违反纪律，班主任肯定要批评。但是班主任在批评教育的过程中是否言语失当了？是否把学生推向绝路？该学生的家庭状况和遭遇，班主任是否在平常工作中有深入的了解？如果他知道这名学生的父母在闹离婚，而且已经分居，感受到这名学生像个"皮球"一样被父母在每一次争吵中拿来当话柄时的痛苦、害怕、无助，也许就不会一味地批评教育，从而让孩子心寒失望。如果学生在家里找不到温暖，在学校，班主任的一味批评可能会使学生觉得全世界都抛弃了他。

案例二中的学生才十六岁，懵懵懂懂，自尊心太强，正处在非常容易产生逆反心理的一个时期。现在的学生大多被家里宠坏了，不好管教，而我们的班主任用爱自己孩子的心去爱学生，也习惯了用对自己孩子说话时的语气和学生说话，但学生终究不是自己的孩子，不能容忍班主任对他的严厉和专制。这个学生是无情的，也许从小被宠坏了，也许是家庭教育缺失。面对现在既脆弱又神经敏感的学生，我们必须实现真正的平等对话，拒绝简单粗暴，放下权威专制，积极寻求有效沟通的方式。平时，教师要真心关心学生，和学生建立感情，在批评学生时可以严厉但不要缺乏关爱，每一次批评后再及时兜底。教师要学会在情绪爆发前先转移自己的注意力，深呼吸，冷静一下，并告诉自己犯错是孩子的天性。要准备好批评教育的方式再实施批评，不要对学生进行挖苦式的批评，要耐心听学生把事情说清楚，往往让学生无助的原因是教师不愿意好好地听学生把话说完。

最容易引发师生冲突的关键词：误解、通知家长、嘲笑、被孤立。

作为教师，一定要经常告诫自己：我不要做最后一根稻草，不要做导火索！情况再糟糕，我也不能成为悲剧的制造者。

批评是一种不可或缺的教育手段。正确的批评教育能提高学生明辨是非的能力，使学生认识到自身的缺点和不足，并警示自己不再犯同类错误。但是批评学生要讲究时机、环境以及心态变化，主要体现在以下几方面。

一、不宜在学生刚犯下错误的瞬间立刻进行批评

学生在刚犯错误时抵触心理最强，对批评有防范心理，即使知道自己犯了错也会百般辩解，此时批评会火上浇油。

若教师对事件的来龙去脉掌握不清，很难立刻判断谁是谁非，此时批评教育容易误解学生。

教师临时没有充分准备，且正在气头上，会不分青红皂白地说一些较严苛的话语，容易引发学生的过激行为。

因此，教师不妨给学生一个冷静期和反思期，也给自己一个"调查期"，学生对自己所犯的错误逐渐有所认识后，教师再稍加分析引导，学生就会意识到自己犯的错误，并收到较好的教育效果。

二、不要在人多的环境下批评学生

1. 不要在教室批评学生

虽然在教室批评能达到以儆效尤的效果，但在同学面前受到班主任的批评，对于心理脆弱的学生来说伤害大，学生的人格和自尊心严重受挫，可能引发更大的师生冲突或者是自我伤害，也容易扰乱正常的教学秩序。

2. 不要在办公室批评学生

办公室有其他科任教师，对于平时乖巧的学生来说，被老师叫去办公室受训是一件很丢面子的事情，此时学生可能因心理承受能力低而留下心理阴影。

3. 不要在其他学生家长面前批评学生

现在的家长都很重视自己孩子的表现，特别是现在的父母喜欢"晒娃"，都希望自己的孩子比别人的孩子棒，如果班主任当着其他家长的面批评学生，学生害怕家长知道，也怕其他家长说挖苦的话语，这会严重影响学生的心理健康。

三、教师要有健康的心态

1. 批评学生时，教师心态要平和

在犯错学生面前，师生的人格是平等的。对事不对人，教师要先有爱再

去批评，把批评转换成一种特殊的爱，让学生在严厉的话语中感受到教师的心痛和关爱。教师要"共情"，掌控学生情绪，在教育学生的时候，要了解学生的情绪变化，让教育影响与学生的情绪发展同步。当教师情绪急躁、疲惫、愤怒时，千万不要去批评学生；当学生身体不佳、情绪低落、遭受挫折时，也不要批评学生。

2. 平日要营造和谐师生关系

教师与学生之间要建立良好的情感关系，让学生既能感受到教师对学生的关爱与认可，又能感悟到教师在批评时的期望和爱护，为学生营造安全、可依赖的精神家园。

作为教师的我们，要正确处理自己的情绪，做一个充满阳光的教师，快乐学生，幸福自己！

班主任的价值与幸福

随着新鲜事物和各种社会现象（如网络、电游、二胎、外来务工人员随迁就读、单亲子女、重组家庭等）的出现，班主任的工作面临更多新的考验。我是一位班主任，现在主管班主任队伍建设的行政工作，其实就是引领班主任工作的带头人。我一直在思考班主任工作，也深知班主任的不容易，因此我有感而发，写了一首小诗：

献给班主任

班主任，一个在人群中毫不起眼的角色。

但她"位卑未敢忘忧国"，常以天下为己任！

她有教无类倾尽所学，牢记使命——培养社会主义接班人！

她教人爱国爱民，"先天下之忧而忧，后天下之乐而乐"；

她教人尊老爱幼，"老吾老以及人之老，幼吾幼以及人之幼"；

她教人修身养德，"穷则独善其身，达则兼济天下"；

她教人见义勇为，助人为乐，将心比心，孝敬父母，敬业重道，惜时如金……

班主任！您会魔法吗？

调皮捣蛋的小顽童

在您春风细雨般的滋润下变得知书达理，谈吐得体，仪态大方。

懵懂稚嫩的学生

在您的悉心教导下成为民族之魂、国之栋梁！

班主任！一个在人群中毫不起眼的角色！

您说您愿意站在学生的背后，给予他们发光、发热的能量！

您那明晃晃的眼镜背后蕴藏着哲学家的睿智，艺术家的灵感，科学家的创新……

第二篇　思想火花
——教育随笔

点燃希望的火种
——读《自由在高处》有感

当我随手翻阅《自由在高处》时，发现里面揭示了社会的功利、政府的腐败、人性的丑恶等道德败坏的一面，潜意识让我感觉这又是一个愤青对社会愤世嫉俗地宣泄与呻吟！虽然我们也曾经疾恶如仇地痛斥过各种不公，激愤痛恨世间各种不好的现象，但随着年龄的增长，成熟的我们知道揭丑与对抗只是一种无休止的宣泄，只会让我们对现实产生更多的不满，消极的痛骂对于改变现状毫无益处。坦白地说，刚开始我是带着抗拒心理阅读此书的。相信明天会更好的我，不愿意受悲观、消极情绪的感染！但当我深入地阅读熊培云先生在书中通过对一些社会现象的评论来表达自己对当前中国社会自由的看法之后，我承认我的心灵受到了触动与冲击，我原有的价值观正逐步得到完善。

读完这本书，我三十多年形成的价值观受到了冲击，许多在生活中看来理所当然的事情也不一定是对的！如《诙谐社会，政治如何玩赏》一文，让我知道国民有在快乐中思考的权利；《第六种自由》一文让我知道公众有知情权之外，也应该有不知情权；当我们冠冕堂皇地抵制"超女"等时，那是因为我们没有意识到每一个人都有自己的价值观，人要靠自己来感知世界，我们不应该把个人意志强加于他人，即使我们的理由很充分；还有《看电影，还是哭电影》一文让我意识到我们不该被媒体舆论牵引着走，我们应有审美自治与审美自由！熊培云先生特别注重生活，他说："没有比生活更古老的过去，也没有比生活更高远的未来。"强权可以征服这个国家，却无法征服生活在这里的人们。而生活，可以让战争走开，也可以让帝国毁灭。他认为，历史最真实的面貌是，所有帝国终究灰飞烟灭，只有生活永远细水长流。他还认为，生活可以让一个人获得自由。大环境可以决定一个人的自由度，但是个体的内心也有一个小环境，它有你对美好生活的自由裁量权。对生命的体悟，对世界的理解，都可以让你获得足够的独立和自由，以推动社会的发展。他的文字，让我体会到生活的必要，让我看到时代的进步，让我看到"自由就在高处"等着我们去摘取。

熊培云先生作为《南风窗》《东方早报》《凤凰周刊》等知名媒体的专栏作家，不像一些文人墨客，要么注重风雅言情，要么清高漠视，他关注时代事务，关心百姓生活，宣扬时代价值，倡导时代精神。与其他学者相比，熊培云先生最大的不同之处，在于他愿意且善于以浅显易懂的文字来描述社会的发展，创设与文明进步相适应的社会价值。他带着感恩的心和对社会负责的态度，用文字耕耘在实现中国梦的田野上！他让人们意识到社会残酷的一面，让人们知道今天的世界仍在一个野蛮的时代、一个不自由的时代，但他用他的思想与文字唤醒更多的人，重新审视我们的世界观、人生观。虽然他受西方文化的熏陶，长期求学与工作，能感受西方社会的进步与文明，但是他不消极、不逃避，他没有想过在国外定居，他选择回中国，并且要用思想来点燃推动中国进步的火种！他告诉读者自由虽在高处，但坚信人们终有一天有能力攀登到自由的制高点！他让人们意识到要从自我做起，才能更好地推动社会的进步。

我相信每个人都有享受自由的权利，而且受宪法和法律保护。在现实生活中，不存在绝对的自由，只有相对的自由；纵观自由的发展历史，人类一定会由必然王国走向自由王国，但过程是漫长的，道路是曲折的。人们拥有选择自由的权利，拥有心灵的自由，自由思考，而思路决定出路！

读完《自由在高处》一书，我记住了熊培云先生的一句话：相信我们的国家，比我们想象的自由。

永远爱看的风景

教育是一支歌，一支心灵交流的歌，光阴似水，一路走来，歌声永伴，有些教育之歌随着时间的流逝不留痕迹，而有些教育之歌却永远留在人们的心灵深处，历久弥新。一个学生，一个故事，一个镜头，一个片段，回首往事，漫步其中，如置身一场心灵的洗礼。

我休完产假回来，基于学校缺乏英语教师的情况，作为一名党员教师，我接受了学校的安排，由语文科任教师变成了英语教师。三（1）班从此成为我的牵挂，因为我对学生许下的诺言不能实现了。

现在回想起我第一天给三（1）班学生上英语课时的情景，依然历历在目。我刚走进教室，教室里出奇得安静，53双小眼睛瞪得大大地看着我，嘴角强忍着往上翘。我知道他们心里高兴，看着他们我也忍不住挤了挤眼，连锁反应，他们再也忍不住了："曾老师，我们好想你。""曾老师，欢迎你。"罗亮同学倏地站起来大声说："曾老师，你骗人，你说三年级还会做我们的班主任，上学期我每天都在等你出现。你还说会再给我们举行'才艺展示会'的……"说着眼泪大颗大颗地滑落脸颊。我心疼地快步走上前帮他擦拭眼泪，一把抱住他，我没能说出话，因为喉咙好像塞住了棉花。我的目光轻轻掠过全班学生，几乎所有学生的眼里都泛着泪光，其中栩泳、晓欣、晓莹等同学还哭出了声音。我强忍住眼泪但仍觉视线模糊，"同学们，老师也想你们，老师也想早点回来做你们的班主任的。"我轻轻地摸着罗亮的脸蛋说："我说过你们都是我的孩子，我怎么会不想回来呢？只是老师生了个小宝宝，他还很小，比你们更需要妈妈。你们可以理解老师吗？"罗亮抿着小嘴使劲地点了点头。"谢谢你，谢谢大家。今天老师回来了，虽然我不能做你们的班主任，但老师一定给你们举行一次庆'六一'才艺展示会，到时我们还会请来你们的爸爸妈妈一起开大食会好吗？"听到这儿，刚才还愁眉苦脸的学生一下子全都眉开眼笑了。"太好啦！曾老师，到时候我表演武术操。""我表演诗朗诵。""我买西瓜和可乐来！"看着学生憧憬的眼神，我舒缓了一下情绪，多么可爱而纯真的孩子啊！

教育是一支歌，动听的歌，只有用心去拨动才能使学生奏出动听的乐章。在担任英语科任教师期间，刚接手时有的学生连26个英文字母都不会读。当问学生为什么回家不听磁带时，他们竟然说不想听。学生的回答让我伤心，但我知道这不能怪学生，他们是因为信任我才对我说实话的。晚上，我久久难眠，我知道只能用教师的亲和力和人格魅力激发和带动学生学习英语的热情与信心。于是我制定了相关的学习要求和管理制度，实施"我与曾老师有个约会"的学习激励机制，并对有进步的和成绩优异的学生进行递进式奖励，第一层奖励是我亲手制作的小奖状，第二层奖励是蛋糕和巧克力，第三层奖励是到我家探望小宝宝，第四层奖励就是和我去吉之岛玩益智游戏。功夫不负有心人，学生的英语成绩突飞猛进，一年里所有的测试和考试，他们的平均分都在91分以上，一直稳居年级的第一名。我指导学生的《荷花》参加校朗诵比赛获得了一等奖。为了让学生喜欢表演的天性得以充分的施展，我策划了"庆六一，展我才艺"的主题班会，并给每位家长和科任教师发邀请函，希望有更多的观众来给学生鼓掌。

罗曼·罗兰曾说过："生活中不是没有美，而是缺少发现美的眼睛。"对于我来说，学生的笑脸就是世间最亮丽的风景。那一次，当我只讲了10来分钟课嗓子就完全失声时，我试图继续讲课，努力发音失败时，学生的眼神由迷惑到关切，我更珍惜眼前每一个活泼跳跃的风景。上学期我的职业病——声带双小结越发严重，三两天就完全失声。为了不落下课程，我只好尽力发出气息并通过扩音器才能传出一点点声音，看着懂事的学生都认认真真地听课，我感动了，我讨厌自己的嗓子为什么那么不争气。为了让嗓子快些好，学生经常塞给我润喉片，对此其他教师说："为什么你的学生那么懂事呀！"此时我口里含着的糖早甜入我的心里。医生开的医疗诊断书写着：声带双小结，需要手术治疗。家人纷纷让我换岗或换工作，我更是心急如焚。我坚决不做手术，因为手术过后至少半年才能说话。于是我四处求医，以中医为主，在整个寒假里，我小心地保护嗓子，积极治疗，每天喝大碗的苦药，终于在本学期我的嗓子好

多了，我的学生又能听到我的声音了，我也能继续看我爱看的"风景"。

我没有激情的豪言壮语，更没有骄人的金银财富，但我所拥有的却是无价的爱。在对学生的关爱中，我收获着学生一天天的进步，也在学生的关爱中，收获着为人师的幸福与骄傲！

牵挂你的人是我

我在担任四（1）班的班主任时，班上一个叫莹莹的女学生是我最牵挂的孩子。她有着一双清澈明亮的大眼睛，看见我这个新班主任时她总是笑眯眯的，虽然不常举手发言，但她在课堂上很专注，总是认真做好笔记，字也写得很工整。刚开始我以为她很棒，还准备让她担任班委，可两个星期后，她的一些缺点一一显露。她经常不记得交作业，要么说把作业放在家里了，要么索性说没有做。刚开始，我都一一原谅她，后来我发现她竟对各种奖励和评价都不在乎。哪有学生不喜欢被表扬和奖励的？多年的班主任经验让我敏锐地察觉到莹莹反常行为的背后一定有原因，我决定和莹莹好好谈一谈。

那天语文小组长检查背书签名，莹莹的作业登记本上没有家长的签名，她又被小组长登记了名字。我趁机带莹莹来到校园的美德庭，我们一起坐在大树下的石板凳上，我没有过多地指责她，而是问："你不喜欢曾老师吗？"她摇了摇头。我接着问："那你想我喜欢你吗？我是很喜欢你的，可你的表现好像告诉我，不想让老师喜欢你。"我的话音刚落，她突然抬起头睁大眼睛看了我几秒钟，然后说："曾老师，你真的喜欢我吗？我妈妈都不喜欢我！"她的回答让我很诧异，一时间我不知道该怎样接她的话，想了一会儿我说："妈妈不可能不爱你的，你那么可爱，老师真的好喜欢你。"听了我的话莹莹的眼里有了一丝喜悦。取得莹莹的信任后，她慢慢地打开了话匣子，她告诉我，在我刚接手这个班时，她的爸爸妈妈刚分开不久。之前他们也会吵架，但过几天就会和好的。但是她没有想过有一天妈妈会真的离开家再也不回来了……放学铃声响起，把莹莹送出校门，看着她那娇小的身影，我的内心一直无法平静。本该是天真烂漫、无忧无虑的童年，可莹莹却要独自面对家庭破碎的痛苦和无奈，多么让人心疼的学生啊！我能为她做些什么呢？我想无论结果怎样，我都要陪伴在她的身边和她一起度过漫长的"黑夜"。

谈话后我就预约莹莹的爸爸进行家访，她家在白沙湾老富头村口。对这个村名，之前我从没听过，更没有去过，由于白天要上班，只好晚上让我丈夫陪我一起去找那个村子。好不容易找到了，刚下车就有几只大狗扑来，幸好莹莹的爸爸及时地吆喝住那些吓人的大狗。莹莹知道我要去她家，一整天都很兴奋，那天傍晚她一直在家门口张望着，盼着我快点出现。莹莹的爸爸带着我们来到他们家租住的一栋旧式小楼里，一楼是她爸爸经营花场的营业处，狭小的阁楼便是她和爸爸一起生活的地方。平时除了做饭，其余家务活莹莹也要帮着做。她爸爸说他一个人打理一个花场实在忙不过来，有时就疏忽了莹莹，而她妈妈很少来见莹莹。这时我明白了为什么莹莹有时候头发都没有梳就来学校了。莹莹坐在我身旁，小小的身子靠着我，我忍不住心疼地摸着她的小脑袋说："莹莹，以后我教你扎辫子，好吗？"莹莹甜甜地对我笑着说："好！"于是我把我的电话给了她，让她有事可以找我。经过这次家访我才知道，莹莹父母离婚后他们搬离了原来的家。

家访之后，几乎每晚莹莹都会打电话给我："曾老师我今天一回家就做作业了。""曾老师，我昨晚睡觉时想妈妈，想着想着就哭了。""曾老师，我感冒了，喉咙痛。"……每晚她都要跟我聊上一个小时。有时，实在太忙好不容易跟她挂了电话，但过不了多久，她又会找一些无关紧要的话题打过来。我无法拒绝她，因为她是一个缺乏母爱的孩子，她在试图把对妈妈的牵挂和依赖转移到我身上。

有一天，莹莹终于鼓起勇气跟我说起她父母的事。她问我，"为什么爸爸和妈妈要分开？""为什么爸爸妈妈总是一见面就吵架？"她说她想要爸爸和妈妈生活在一起，她说晚上睡觉她经常冻醒，她妈妈不会像以前那样起来给她盖被子……她的话让我听了好难过，我无法回答，更无法解决，但我并没有气馁。我知道我必须跟她的父母好好谈谈，重点是她的妈妈。要让莹莹的妈妈认识到夫妻之间的矛盾不应该让孩子夹在中间，要让她知道她的女儿是多么需要她，更要让她明白孩子的成长，父母中的任何一个都不能缺席，离异家庭的孩子需要父母更多的关注。

天下没有不爱孩子的母亲，莹莹妈妈了解了孩子的苦闷，也很心疼女儿，她说要让莹莹开心，要让她再次成为开朗的孩子。于是，莹莹的妈妈在工作之余尽量做好为人母亲的分内事。她开始经常参加学校和班级组织的各种活动，如家长会、班级才艺展示会、班级庆"六一"联欢会等。每次活动我都会特意安排莹莹上台表演，让莹莹的妈妈知道她的女儿是很棒的，同时也会特意安排莹莹的妈妈在班级活动中给她庆祝生日或者作为家长代表参与发言，随着莹莹的妈妈参与班级活动次数的增加，莹莹的笑容越来越灿烂。其次，莹莹的爸爸也尽量抽时间陪她做作业，并专门聘请了一个阿姨照顾他们的起居饮食，这样她爸爸就有了更多的时间陪伴和照顾莹莹。由于爸爸和妈妈都尽心为她营造了一个有爱的天空，加上我在班级里不断地表扬和帮助莹莹树立信心，她慢慢成为一位学习成绩优异、心态乐观、乐于帮助他人的好学生，并多次获得"三好学生"和"十佳学生"等荣誉称号。

庆"六一"班级活动，莹莹的妈妈再次来到学校，她给学生带来许多礼物，当她看到莹莹在班上自信地上台表演节目并担任主持时，她握着我的手说："曾老师，这一年来您不辞辛苦地举办各种班级活动，让我们母女俩有很多机会在一起，让我们的心离得更近了，谢谢您。"我握着莹莹妈妈的手，看着莹莹那活泼欢快的身影，顿时觉得布置教室和策划班级活动时的辛苦都是值得的。

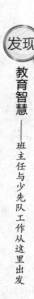

在合适的土壤播撒阳光

美国心理学家威谱·詹姆斯有句名言："人性最深刻的原则就是希望别人对自己加以赏识。"对于学生而言，赏识就是希望得到家长、师长及身边同伴的肯定，这是他们信心的来源，也是学习的动力。现实中优胜劣汰的学生评价方式像放大镜般映照出大部分学生的不足和缺点。

小江是一个腼腆乖巧的小男生，课上很少发言，但一双小眼睛总是聚精会神地看着黑板，平日作业能准时上交，他的听话、乖巧很让人安心，因此，最初一个月他并没有引起我过多的注意。

第一单元测试完毕，我急切地想知道新接手班级学生的学习情况，于是快马加鞭地批改，当改到小江的试卷时，我惊呆了，怎么回事？平日乖巧听话、上课聚精会神的学生，他的试卷上很多题竟然是空着的，结果他得了全班最低分！

课后，我特意找到他，说："小江，你退步了，我们一起来找找原因。"他默不作声地盯着试卷，眼睛越来越红。我鼓励他不要气馁，并强调我相信他下次一定能考好……突然，他的眼泪冲破最后一道防线，肩膀时不时抽动着。为了缓和气氛，我拍了拍他的肩膀说："没事，老师知道你努力了，振作起来！"小江擦了擦眼泪小声地说："老师，我考不好的，我是坏学生！我爸爸说我成绩差，长大也没用。""考得不好也不能说明你是坏学生呀，平日你主动拾起地面的垃圾，积极帮助值日的同学擦黑板，在我眼里你就是乐于助人的好学生！""亲戚到我家总问我是不是'三好学生'，说有奖状才是好学生。我没有，所以我是坏学生。"

原来小江身边的人总以成绩好坏和"三好学生"的标准来衡量他，让他觉得成绩差就是没用，没有"三好学生"奖状就等于坏学生！看着这个沉默寡言的学生，我想，拯救他的自信心比拯救他的学习更加重要！

　　作为主管学校少先队工作的行政人员，我决定以少先队最具有活力和吸引力的品牌活动"雏鹰争章"为载体，创新学生评价模式和内容。我的想法得到了学校的支持，在征求辅导员和队员的意见后，我决定把广东省"雏鹰争章"教材中70多枚奖章进行分类和简化。最后在黄志煊校长的指导下，我们把培育现代公民的成长目标具体细化为"十大成长奖章"，分别是生活小能手奖章、学习小主人奖章、文明小标兵奖章、父母小帮手奖章、才艺小明星奖章、快乐小义工奖章、阳光小少年奖章、环保小卫士奖章、红领巾小领袖奖章和运动小健将奖章。在尊重与信任学生的基础上让学生自荐申报奖励，让学生由被动评价变为主动评价，申报过程就是学生反思的过程，让学生在评价过程中全员参与、全面提升。

　　当《水云轩小学雏鹰争章储蓄本》印刷出来后，我特意亲自颁发了一本给小江。我鼓励他从"十大成长奖章"中选定1～2枚作为成长目标，努力践行，并告诉他这样就可获得老师或小队长颁发的雏鹰印章一枚，月底到大队部可以兑换雏鹰章，他所获得的印章将储存在成长奖章栏。一学期结束后如果储满印章数，就会被评选为班级的"雏鹰之星"；如果没有储满印章数，他可以自主评价，觉得自己比以前有进步，就可向老师提出申请，填写好《争章心得》，经老师审批后可获得成长目标的奖章。我给小江制订了奋斗目标后，借助班级的"争章园地"适时激励他的点滴进步。在评选"每周之星"时，让学生互相推荐并写一写对方的优点，并请学生上台赞一赞他们推荐的人选，通过这一环节，小江发现同学们并没有因为成绩差而嫌弃他，同学们都说他是活雷锋，爱班级，爱劳动。小江逐渐变得开朗了，不再沉默寡言了。学期末小江参加班级的"争章心得演讲"，得到全班同学的支持，全票当选"快乐小义工"和"运动小健将"，并获得"雏鹰之星"奖状。当小江接过奖状时，他的脸上露出了阳光般的灿烂笑容。他说："我要再接再厉，争取在六年级毕业前申报获得'伟人故里中山章'。"

　　启示：每一名学生都有优点，需要我们用心发现，需要我们为他们提供合适的土壤生根发芽。科学合理的学生评价能激发学生潜能，帮助学生找准奋斗的目标，让学生体验成功的愉悦，从而促使学生学会正确认识自我。

香港教育考察印记

　　沐浴着区党工委的殷切关怀，感受着区教办对名师、后备干部的高度重视，东区赴香港教育交流考察团顺利成行，我非常幸运地成为交流考察团的成员。在交流考察期间，我尽情地汲取着香港教育的优秀经验和现代气息。

　　学习交流的时间虽然短暂，但行程却丰富而充实，周全细致的安排让我有机会近距离地感受香港教育的理念、模式和操作。通过进入香港的幼儿园、小学、中学、大学、教育局以及教师中心参观交流、课堂观课，我领略到香港教育的成功，真切地感受到香港优质教育的魅力以及香港教师对教育的执着追求，所到之处的所见所闻都让我留有深刻的印象。

一、校园精细，人情味浓

　　香港寸土寸金，所以香港的学校如果在占地面积上与我们内地的学校进行比较，可称其为"袖珍学校"。但在这些学校里，却蕴含着一种撼人心弦的力量。这种力量由学校的一花、一草、一物所折射出来的人情味凝聚而成。例如，路德会圣十架小学在天台上创建了一个温馨的空中花园，将容易被人忽略的楼顶赋予了新的教育功能，在这灵动的空间让每名学生亲手栽种一盆花，在亲近自然的同时接受生命教育。又如，在马锦明慈善基金马可宾纪念中学，学校利用一切可用的资源，利用教室的外墙让美术兴趣小组的学生大展身手，自由绘画涂鸦，在走廊的墙壁上展示学生制作的小手工，在阳台上垂挂着绿色的盆栽……

　　为了不浪费空间，香港学校的礼堂和会议室都是机动的。例如，礼堂可以根据需要进行临时的、得体的布置，或集会，或上公开课，或开座谈会，或举办游园派对活动。而接待我们的会议室则是根据我们的人数以及需要进行布置。每一次布置都是根据实际情况量身定做，所以会场布置得既科学实用又温馨舒适，处处流露出用心布置的痕迹。在有限的空间做育人的大文章，这让我见识了香港人办事的严谨、高效和富有人情味。

二、师生爱校，归属感强

我们所参观的学校无论是幼儿园、小学、中学乃至大学，都让我们有宾至如归的亲切感。无论是负责接待的领导、相关的工作人员还是正在上课的教师以及在走廊经过的教师，都会满面春风地、热情地向我们打招呼，并主动向我们介绍学校的情况。由此可见，香港人的文明程度之所以高，与其学校一直有以身作则、言传身教的教师做楷模是分不开的。我们所去的学校都会安排学生参与接待，学生热情、主动、大方，就像学校的主人一样欢迎我们，他们自信地向我们介绍学校的发展情况，如数家珍般对我们讲述他们的兴趣活动。看着这些学生，我顿时明确了今后少先队干部的培养目标和发展方向。

在感叹香港师生热情和自信的同时我不禁深思：是什么诱发出师生这种发自内心的情感并付诸行动呢？是爱！这种爱的内涵是丰富的，既有教师对学生的爱，也有学生对教师的爱，还有师生对学校的爱，因为学校让师生有一种家的感觉。这些爱的气息流淌于自然生成的课堂间，浸满由师生共同布置的充满温馨的教室里，飘溢在挂满学生绘画和手工作品以及学生表演、竞技、社区服务活动的大幅照片的墙壁和走廊上……在教师的眼中，粘贴学生的作品和头像，比粘贴名人名家的作品和头像更有意义；在他们看来，唯有学生是最重要的，也是最值得欣赏的。这种爱始于师生之间相互的尊重与欣赏。

回归教育的原点

　　作为一名引领学生思想和品格成长的教育工作者，我常常思考：我能为学生做些什么？中国的未来需要怎样的公民？陶行知先生说过，生活即教育。教育就是为学生的幸福生活奠基。为此我遵循"尊重、民主、开放、多元、可持续发展"的原则，竭力为学生描绘多彩的世界，给他们一个五彩缤纷的童年。

　　"雏鹰之星评选会""班级争章成果分享会""雏鹰争章嘉年华"已成为学生最盼望的节日。"十大成长奖章"让"雏鹰争章"以更务实的形式服务学校的教育教学，让学生收获快乐学习的动力。成立73个红领巾社团，其中，社团自主展示、社团纳新、社团成果展示，为学生搭建了沟通、交流、合作、分享的平台，提升了学生的综合能力，激发了学生的多元智能。推行低、中、高大队委选举，学生自主报名，中队初选；全校直播，分享成长心得，人手一票选举，培养学生公平、民主、平等意识。与市实验小学、市中心小学开展校际红领巾领袖团交流活动，走进工地、走进工厂，开阔学生的眼界，让学生通过眼睛观察世界，丰富心灵，反思自我。组建"红领巾服务队""校园督察员""国旗护卫队""鼓号队""值日队干""少年军校""校长小助理""公益中队"八支分队，组成红领巾领袖团，开展讲座、演讲、交流等活动，提升队干部的管理能力。建立"拾德小屋""雏鹰小天地""馨雨朵朵""童眼看世界""飞扬的红领巾""I Show My Dream""红领巾小书柜""红领巾诚信售书吧""诚信超市"九个红领巾服务岗，培养学生服务校园的意识。以八大公益活动（爱心互助基金会、手拉手和谐共成长、华宇乐爱心教育基地、朝阳牵手夕阳红、情满慈善爱心店、跳蚤市场献爱心义卖、学雷锋服务集市、特困生帮扶）让学生在参与服务社会的实践活动中潜移默化地培育乐善好施的良好品质。

　　学校一般都有文明班级、星级班级之类的评比，这些评比涵盖班级学生的纪律、卫生、仪表、眼保健操、大课间、就餐、午睡等方面。学校制定评比的目的是规范班级管理，引导班级建立常规，进而形成良好的校风和校貌。评比的撒手锏就是扣班分，有评比就有高低，自然就能引起班主任和学生的重视。因此每一分都很关键，班主任一般对学生违反纪律被扣分的事会耿耿于怀，往往把焦点放在学生被扣分这件事上，只批评学生宣泄自己的情绪，而不愿意淡定从容地听学生为什么会做错，也不去引导和教育学生遇到同样的问题时应采取的正确做法。虽然班主任对学生的管教起到了警示和威慑的作用，学生也许短时间不敢再做违纪的行为，但是这种以堵的方式来解决问题，可能并不能让学生真正地认识到自己的错误，甚至不认为自己错了，只是运气不好被队干部发现了而已，下次只要队干部不在就不用顾忌那么多了。这样周而复始，渐渐地班主任和学生的师生关系会变得紧张，这样的结果与制定班级评比的目的相去甚远。

　　为了给学生创设一个灵动、包容的成长环境，我弱化了班级评比中的扣分功能，接受学生会犯错的天性，对初次违纪的学生，我引导队干部不要直接记名扣分，教会队干部对违纪的队员实行"携手共进三部曲"。第一步，严肃告诉违纪的学生什么行为是错误的。第二步，告诉其正确的行为是什么。第三步，带着这名学生一起在校园发现好人好事，并一起给活雷锋现场发表扬信。有些学生被提醒了第一次，第二次还违纪就告诉队干部，帮助其成长要有充分的耐心，学生若是屡教不改则说明我们对其的帮助还不够，我们一定要帮助学生直到改正缺点为止，并告诉队干部对第二次违纪的学生实行"服务令"，队干部可以带着违纪的学生到一年级，帮助一年级的学弟学妹做值日一次，或者帮助校工给花草浇水等。若个别学生被提醒了两次，还没有认识到自己的错误就要记录其班级和名字，并把整改通知书交给班主任，寻求班主任的教育了。

　　通过在班级建立"文明生示范岗"轮值制度，让每一名学生都有机会向全班同学宣传文明课间的要求。学生当值时就会特别兴奋，被认可的内在需要让学生自发地要求自己严格遵守纪律，并自觉为其他同学树立榜样。

　　在年级成立"年级大队委"工作制，开设更多队干部值勤岗位，让更多队员有服务同学的机会；建立年级大队承办队日的制度，让每个年级大队定期开展主题队日，让年级大队队干部负责策划和组织；在学校层面有少工委总队委工作制，总队委一般是由资深的年级大队委成长起来的，年级大队委上升到六年级，通过少工委的考核成为学校的"总队委"，总队委负责一个年级大队委的队干部的培训和管理。

创设丰富多元的学生自主管理岗位，让更多的学生成为校园真正的主人。

学而不思则罔，思而不学则殆

——参与区本培训感想感言

学校办学思路确定后，教师就是关键性的决定因素。"师者，所以传道授业解惑也。"教师作为现代教育的核心力量，教师队伍的建设直接关系到教育事业的可持续发展和教学教研水平的不断提升。

我区开展培训的特色之一是全员参与，包括校长、中层干部、班主任等在内的全体教师参与共同的专题培训，特别是一些教育理念、教育理论以及教育法规的学习，一方面有利于全体教师教育理论和业务技能的整体提升，另一方面有利于全体教师统一对全区和各学校教育管理新措施、新做法的认识。通过培训，校长、中层干部更加了解一线教师的具体教学科研工作，而一线教师也能对学校管理理论有明确的认识。全体教师思想认识统一了，综合素质提升了，就好像火车一样，方向正确，动力充足，自然就会朝着既定的方向跑得又准又快。

当今社会正处于一个知识爆炸的时代，任何人，哪怕是一个天才，穷其一生也无法掌握世界上的全部知识。在当下，让学生牢牢掌握学习的能力比掌握固有的知识显得更为重要。从这一点上看，我区开展的区本培训就是一个营造终身学习氛围、打造学习型组织和培养学习能力的一个良好示范平台与载体。通过组织全体教师定期参与学习，让学习的意识逐步植根于每一位教师的心中，并让学习成为每一位教师的良好习惯。对于一个地区、一所学校而言，学习型管理团队和教师队伍建设起来了，才能适应时代发展的需要，正确把握办学方向，破解发展难题，促进教育事业的不断向前发展。

随着教育事业的发展，学校从校长到一线教师，都面临着越来越突出的工学矛盾。而解决这一矛盾，不仅要靠教师的自觉，还要靠组织的支持。区本培训的实行就为解决这个矛盾提供了一个渠道。一是区本培训是带有一定行政色彩的组织行为，为教师的学习提供了时间的保障；二是有区财力上的支持，能够邀请到更高层次和更高水平的专家来讲课，让参与的教师能够接触到权威和前沿的知识。有了这样的保障，只要参与培训的教师全身心地投入进去，就能有收获、有提高。

经过几年的实践，区本培训对于促进教师队伍建设发挥了重要的作用，取得了很好的成绩。金无足赤、人无完人，事物是不断发展完善的，对于如何进一步完善和提升区本培训工作，我有以下几点建议。

1. 加强培训工作的系统性

培训工作的系统性主要体现在培训内容上要有一个相对稳定的教学大纲，讲授什么内容，学到何种深度都要有一个明确的概念，这样邀请专家学者时就能够做到有的放矢，提高效益。此外，区教办也可指定人员来负责此项工作，这样有利于整体工作的统筹、具体工作的协调和信息的反馈。

2. 加强培训内容的针对性

考虑到区本培训的对象是全区教师，包括校长、中层教师和一线教师，但由于具体岗位不同，所以其知识结构和技能要求也应该是有所区别的。为此，我们在开展区本培训的时候就可以考虑统分结合的办法，对于一些共性的东西实行大课堂制，但针对校长、中层教师和一线教师三个层级分别开设侧重于管理或教学的小课堂。

3. 加强培训目标的实效性

学习和实践是认知活动的两个环节，举办区本培训的最终目的是加强教师队伍的建设。所以，在搞好课堂培训的同时，应该进一步考虑如何将课堂所学运用于教学实践的问题。为了提高培训工作的实效性，还要考虑建立考勤制度、反馈制度和奖惩制度，提高教师参与培训的自觉性和积极性。

小学生现代公民意识校本培训模式探索

党的十九大报告中指出："新时代中国特色社会主义思想，明确坚持和发展中国特色社会主义，总任务是实现社会主义现代化和中华民族伟大复兴，在全面建成小康社会的基础上，分两步走在本世纪中叶建成富强民主文明和谐美丽的社会主义现代化强国。"《国家中长期教育改革和发展规划纲要（2010—2020年）》也明确提出："加强公民意识教育，树立社会主义民主法治、自由平等、公平正义理念，培养社会主义合格公民。"要建成社会主义现代化强国，就必须加强现代公民意识的培养，而在基础教育领域，就是要努力培养学生的现代公民意识，树立和坚定"四个自信"，培养合格的社会主义建设者和接班人。

任何精神层面的培养都依托于一定的形式和载体，学校培养学生的现代公民意识，要立足本地区、本校的实际，探索校本培训模式。校内开展的教育活动多样但未成体系，校外蕴含的育人资源丰富但"杂乱无章"，如何将校内、校外活动进行有机整合，打破校内、校外教育资源的壁垒，充分地发挥学校的育人特色和教育优势，融学校特色与地区特色于一体，是构建小学生现代公民意识校本培训模式的核心问题。为此，中山市水云轩小学（以下简称"水云轩小学"）经过多年的实践和探索，构建起小学生现代公民意识的校本培训模式。

一、基础——概念认知

要进行小学生现代公民意识的培养，首先就要让小学生对"现代公民意识"概念进行初步的认知。现代公民意识要符合国家现代化发展进程的需要，要紧跟现代社会经济、政治制度，社会管理，社会公德发展的步伐，强调主体思想、素质、理念和行为的现代化。现代公民意识概念内涵广泛，培养小学生的现代公民意识，就要针对小学生的身心、年龄等特点，对小学生现代公民意识进行细化。学校根据社会主义核心价值观，制定了小学阶段重点培养的小学生现代公民意识，主要包括国家意识、民主意识、责任意识、公正意识、平等意识、慈善意识、环保意识、诚信意识、文明意识、法治意识十大意识。

对于概念的认知，需要进行系统的学习，对概念内涵形成初步印象，并以此为基础，通过一定的活动情境，不断深化对概念的理解，促进对概念的内化。学校以课堂教学为主阵地，以体验式教育活动为重要补充，有针对性地培养小学生现代公民意识。学校融十大小学生现代公民意识于学校德育课程的内容体系，在思想品德课程和其他相关课程中进行小学生现代公民意识的概念教学，让学生清晰地了解小学生现代公民意识的主要内涵和具体内容。同时，学校以认知体验为起点，启蒙学生的现代公民意识；建设文化体验环境，以文化环境渗透小学生现代公民意识；开展主题体验活动，让学生在实践中体验小学生现代公民意识的丰富内涵。

二、途径——主题实践

水云轩小学有着丰富的校园活动，这对学生的全面发展起着重要的作用，但是，要有效地培养学生的现代公民意识，需要对活动进行分类、融合，创新活动内容和形式，构建培养小学生现代公民意识的实践途径。

1. 政治性实践

中国少年先锋队（以下简称"少先队"）是中国共产党创设和领导的少年儿童群众组织，是少年儿童政治社会化的重要载体。学生在儿童时期的政治学习会对成人后的政治社会生活产生首因效应。少先队的根本任务是培养少年儿童对党和国家的朴素感情，增强少年儿童的民族自豪感和使命感，具有政治性和儿童性的少先队，在小学生现代公民意识培养方面，有着其他儿童组织无法比拟的功能和魅力。为此，学校通过对少先队组织教育理念和组织文化的不断优化，创新少先队活动形式，引导学生树立远大理想，培养学生的现代公民意识和提升学生的综合素质。

学校通过制定领袖气质培养方案，开展小领袖工作心得分享会，为少先队的领袖学生开展成长专题讲座和团队训练等多元化培训课程，提高学生的理论素质和综合能力，培养学生养成正确的世界观、价值观、人生观。实行学生自主管理，创设丰富、广阔、灵活的自助管理平台，让学生在纪律值日、策划活动、监督卫生、校园管理、组织评选等活动中发挥作用，从而培养学生自主管理、组织协调、沟通合作等能力。在大队委换届选举活动中，让学生进行自我介绍、竞选演讲、才艺展示等，激发学生干部的工作积极性和工作热情，并建设完善的少先队文化广场，开设丰富有趣的展示活动，为学生提供自我展示的机会和平台。

2. 体验性实践

体验性实践主要分为主题活动体验、角色定位体验、情境体验三种类型。主题活动体验是学校体验式德育中最直接的部分，包括少先队集体活动、大型疏散演练、特色校园活动、公益活动、亲子活动、游学、主题班会等。通过这些主题活动，让学生获得丰富的体验，在体验中实现了心灵的提升，促进了学生现代公民意识的培养。角色定位体验是指学生在履行自主管理职责时，以身示范，学会服务他人、明辨是非，在思想意识上逐渐实现从学生干部到国家公民的跨步，通过履行自主管理职责不断地深化对现代公民意识的理解。情境体验是指通过校园和教室的环境美化、墙报布置、人文设施设置，创设良好的现代公民意识教育情境，让学生在所见所闻中接受教育熏陶。

3. 开放性实践

一方面，学校开设研究性学习课程，将研究性学习方式与综合实践课程内容相结合，通过开放性的研究问题和实践学习方式，让学生在确定研究主题、拆分子课题、设计采访提纲、实地调研、数据分析、建议提出、演讲宣讲等环节中，解决研究问题，培养现代公民意识。例如，在"劝君莫做低头族"的综合实践研究中，首先，学生上网收集、整理资料并形成相关建议；其次，学生在课上通过小组讨论提出自己的建议；再次，小组长总结归纳组员建议，形成小组建议，接着向全班宣讲展示，接受学生评价并完善建议；最后，形成倡议书向全校师生宣讲。在宣讲互动中，家长的到场和陪伴，极大地激发了学生的热情，学生纷纷向同学、教师、家长展示自己的建议，并在放学后主动向路人宣传。

另一方面，学校将学生社团建设作为培养小学生现代公民意识的重要途径，不断地扩大学生社团的规模，借助社团活动宽阔的活动空间、多元的活动内容、灵活的活动方式等特点，突破封闭的课堂教学。为此学校开设了合唱、舞蹈、管乐、色彩、手工、软笔书法、计算机、电脑编程、"三棋"等62个学生社团，让学生根据自己的爱好，自主选择与兴趣相符的社团课程，并以全校走班的形式进行教学。

4. 沉浸性实践

文化熏陶是培养小学生现代公民意识的重要力量。通过对校园文化的营造和文化活动的开展，让学生沉浸在文化氛围中，潜移默化地接受现代公民意识教育。学校充分地利用全民阅读活动，以及书香校园、诗韵校园建设的资源优势，开展形式多样的校园阅读活动，深化学校书香文化环境的创设，让学生在环境熏陶中内化现代公民意识。例如，成立"书香班级"建设小组，实施"教师—语文科代表—小组组长—学生"四级运行机制，促进全体师生参与阅读活动；设置读书专题墙报、开辟读书交流墙等，优化阅读环境，营造阅读氛围；开展班级图书漂流活动，各年级根据学生特点制订并展示图书漂流计划和成果分享计划；开展诗词创作活动，让学生以诗词的形式表达自己的读书感悟；与中山市文广新局、中山广播电视台、广东声屏传媒股份有限公司联合承办"我爱中华诗词"线上线下诵诗写诗大型评选活动。

与此同时，在班集体中构建组织文化，形成学习共同体、工作共同体、生活共同体、情感共同体、实践共同体，促进学生自主发展和班级参与，培育学生的现代公民意识；组建小组社区联盟组，让每一名学生都有服务岗位和职责，实现学生的有权、有责、有成长；以"联盟组"为单位组成班级社区，展开实践活动，强化学生的集体归属意识、责任感和荣誉感；建立自治共同体，推进团队化班集体的管理运作，促进班级干部协同共进，形成"人人是干部，人人是领袖，人人有事做，人人会做事，事事有人做，事事讲实效"的班集体氛围。

三、深化——时空拓展

只在校园里培养小学生的现代公民意识仍是不够的，我们应该把培养的时空维度从学校拓展到家庭和社会，建立"学校—家庭—社区"全方位的培养模式。水云轩小学在构建小学生现代公民意识校本培训模式的过程中，将小学生现代公民意识的培养与中山市全民修身行动相结合，在中山市全民修身行动的带动下，将社会资源引进校园，把校园活动范围拓展到社会。

首先，学校充分发挥作为中山市东区修身学堂示范点的优势，将社会教育资源引进校园，以修身学堂为载体，结合小学生现代公民意识培养的需要，开展各项修身亲子活动。例如，邀请"中山好人"做报告、邀请法官进行法制讲座、邀请"十佳志愿者"分享志愿服务心得等，让学生在修身活动中培养现代公民意识。同时，通过亲子活动，实现家庭教育和学校教育的同步，发挥"大手拉小手"的教育作用，让学生在与家长共同学习、共同活动中，接受传统文化的熏陶，感受文明风尚。

其次，学校与起湾社区联手共建"乐活社区"，每学期开展"敬老爱老""学雷锋""关爱特殊儿童""慈善义卖""衣物银行""健康徒步、绿色环保""母山公园环保清洁"等志愿服务活动，让学生走出校园，走进社区，走进社会，引导学生体验服务社群，在服务活动中逐渐明确现代公民的角色定位，培养学生服务社会和关爱他人等现代公民意识。

最后，学校积极整合中山读书月、中山大讲堂、香山讲坛、文化消费节、中山书展等社会公共文化活动资源，引领学生主动参加社会公共文化活动，并主动联合社区派出所、工商、消防、交警等部门和组织，发挥其独特的教育作用，结合节日庆祝活动，开展形式新颖的主题活动，以此融通社会公共文化活动资源与学校教育资源，以生动有趣的形式培养学生的现代公民意识。

四、反馈——争章评价

"雏鹰争章"活动是少先队的传统品牌项目，也是少年儿童素质教育的有效载体。水云轩小学少工委于2009年7月，以"队员发展为本，塑造健康人格，培育美好人性，奠基幸福人生"为原则，结合教育发展需要、时代发展特色、中山本土文化以及学校教育实际，建立了具有中山精神和校本特色的"雏鹰争章"体系。在"雏鹰争章"体系的基础上，学校将小学生现代公民意识的评价纳入体系，把小学生十大现代公民意识具体细化为"十大成长奖章"，以"雏鹰争章"为评价方式，促进小学生现代公民意识的培养。在争章评价的具体操作中，学校制定了《水云轩小学雏鹰争章标准》《争章计划》《争章指南》《考章办法》《争章嘉年华记录》《校内外争章记录》，开发了"水云轩小学雏鹰争章储蓄本"，引导学生在学习、生活、自护自救、行为习惯、文明礼仪、道德品质、心理健康、家庭教育等方面争取成长奖章。在六年内集齐"十大成长奖章"的学生可自主申报"伟人故里中山章"。这个奖章蕴含着爱乡、爱国以及孙中山先生博爱、平等、民主、天下为公的思想内涵。学校以此寄望学生，边争章边感知自己的家乡，宣扬"博爱、包容、创新、和谐"的中山精神，引导学生立足中山，放眼世界，培养学生的现代公民意识。

五、结语

综上所述，小学生现代公民意识校本培训模式包括"概念认知""主题实践""时空拓展""争章评价"四部分。其中，"概念认知"让学生初步感悟、认知"现代公民意识"的概念和内涵；"主题实践"为学生体验、培养现代公民意识提供实践平台；"时空拓展"进一步培养和巩固学生现代公民意识，让学生的现代公民意识从意识层面走向社会实践层面；"争章评价"以争章的形式评价学生的现代公民意识，以评价促进学生现代公民意识的培养。上述模式是水云轩小学在总结教育实践经验的基础上逐渐构建而成，随着教育实践和教育改革的深化，小学生现代公民意识校本培训模式将继续丰富、完善。

参考文献

[1] 蔡正学.民主制度从校园生根　公民素质由心底发芽——我的语文自主教育管理评价之道［J］.教育理论与实践，2013（8）：30-32.

[2] 刘芸.国外公民教育制度考察［J］.厦门城市职业学院学报，2014（3）：16-19.

[3] 刘晓芳.国外公民教育变迁与我国公民教育［J］.理论观察，2014（2）：126-127.

[4] 杨丽红.科学推进思想政治教育发展　全面提高公民道德素质［J］.西藏教育，2014（10）：32-34.

[5] 丁玮.中美青少年公民素质教育借鉴比较［J］.江西青年职业学院学报，2014（3）：45-48.

［6］寸晓红，刘建平.多元公民素质培养——通识教育的新视角［J］.佳木斯职业学院学报，2014（12）：95-96.

［7］王丽伟，孙大镭.解析俄罗斯普通教育机构公民教育的历史变迁［J］.佳木斯大学社会科学学报，2014（5）：168-170.

［8］刘芸.国外公民教育制度考察［J］.厦门城市职业学院学报，2014（3）：16-19.

［9］刘晓芳.国外公民教育变迁与我国公民教育［J］.理论观察，2014（2）：126-127.

注：本文系2014年度广东省中小学德育课题"小学生现代公民意识培养的模式研究"（课题编号：GDDYYJ14080）的研究成果。

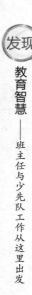
写作教学的有效性策略

写作是学生灵活运用语文能力的体现。让学生学会用语言文字表达和交流其对事物的思想及情感是语文教学的重要内容。但在实际教学中，写作却成了学生不爱、教师头痛的大问题。通常，学生翻开作文本，嘴咬笔头，愁眉苦脸下不了笔；教师翻开内容空洞、语句不通的学生习作，长吁短叹。要想摆脱上述写作教学的困境，我们需要注重写作教学策略的有效性。

一、创设情境，开启学生写作思路

适度创设写作情境，让学生置身于情境中，有话可说、有话可写。情境教学在小学写作教学中非常必要，这是新课程指导下写作教学的有效途径，同时也符合学生的认知规律和思维方式。例如，我在教学苏教版五年级下册的习作4时，播放介绍龟山汉墓旅游节目的视频，借助现代教学媒体我创设了龟山汉墓的有声画面，直观地展现了龟山汉墓的全貌，让学生身临其境，进而让学生体会到写参观记必须按一定的顺序来写。又如，在教学苏教版四年级下册的习作7时，课前我让学生准备眼罩，课上我让学生分组扮演盲人，通过边体验边交流，边交流边观察，让学生在活动中学会观察、倾听、思考、体会，从而激发学生写作的乐趣。创设情境的方式还有许多，如游戏组织、小实验操作、模拟生活场景等。

二、口头表达，过渡为书面表达

说是写的前提和基础，学生表达能力的发展规律是由口头语言过渡为书面语言。学生在情境创设下找到与自身生活经验相似的体验和感受，这时教师需要引导学生充分地说一说，把自己内心的感受和体会用口头语言表达出来，再把说的内容写下来，这既能激发学生的写作兴趣，又能让学生知道该怎样写。例如，在教学苏教版五年级下册的习作7时，我让学生一边听着旋律优美、节奏舒缓的轻音乐，一边闭上眼睛想象浩瀚的星空和皎洁的月色，让学生自由遐想、大胆想象，接着我以评选"最具梦幻夜空"的竞赛活动，激发学生描述其天马行空的想象。各种极富想象力和创造力的语言在学生积极表达的话语中诞生，在竞赛活动的调动下学生的想象力得到尽情发挥，我趁机在学生意犹未尽时，让学生在作文本上写下他们想说的话，从而让学生从口头表达自然过渡为书面表达。

三、读写结合，提高学生的写作能力

阅读是写作的基础。小学作文教学大师薛法根认为，"读"与"写"是一个整体，没有阅读的作文课与没有作文的阅读课一样，都是不完整的语文课。由此可见，我们要将阅读和写作教学结合起来，在阅读教学中，要渗透作文教学理念，培养学生的思维能力和写作方法，依托书本进行仿写、扩写、续写、改写等拓展训练，把学生的写作训练化整为零地贯彻到教学环节中。在阅读中提高写作水平，在写作中促进阅读能力。因此，在阅读教学中，教师要借助文质兼美的阅读题材，让学生在阅读中感悟到文章中的写作方法和表达方式，进而从阅读中学会迁移、学会运用。例如，在教学苏教版五年级下册26课《水》时，为了培养学生的想象力以及揣摩人物心理变化的能力，在教授"母亲锁上水窖，笑着对我们说：'你们真的饿坏了。'"时，我让学生思考母亲还可能对四兄弟说什么话，并让学生续写母亲与四兄弟的对话。同时，本文最大的写作特点是以有水的快乐反衬平日缺水的痛苦，为了让学生掌握写作技巧，我布置了片段的仿写练习。这样的写作训练，由于有了具体的范文以及明确的写作方法，降低了写作难度，学生模仿起来就容易多了。

四、贴近生活，激发学生写作的意愿

《语文课程标准》指出："写作教学应贴近学生实际，让学生易于动笔，乐于表达，应引导学生关注现实，热爱生活，表达真情实感。"由此可见，"生活是写作的源泉"，要让学生喜欢写作，激发学生的写作意愿必须让写作回归学生真实生活，成为学生感受生活、体味生活的一部分，这需要达到

以下几点要求。

1. 命题作文要让学生有话可说

这要求教师在拟定写作题目时要考虑学生的生活经验，所拟的题目要有利于激活学生内心的生活感受以及生活情感体验，让学生有话想说，有感而发。

2. 写作教学要课内课外相结合

作文课堂指导的内容要与学生课余生活相融合，如结合班级亲子义工家庭到敬老院开展"献爱心，生日Party"活动，作文课时我指导学生进行主持稿的写作。又如，结合学校少先队开展"红领巾小领袖演讲比赛"的活动，作文课时我指导学生进行演讲稿的写作。

3. 布置与学生学习生活息息相关的写作体裁

通过写日记、周记、片段、读后感、记录灵感等小练笔形式，既有助于学生积累素材，提高写作能力，又能让写作成为学生认识社会、感知生活的方式和途径。

4. 培养学生勤于观察、思考、体验生活的习惯

学生只有观察生活，才能发现生活中的真、善、美；只有思考生活、积累生活中的素材，才能拥有属于自己的思想和个性见解；只有体验生活，才能抒发其内心的感受，让文章流露出人性的光辉，进而打动读者的心。因此，在写作教学中，教师要引导学生学会观察身边的人，留心身边的事，这样写作的源泉才会生生不息。

（此文写于 2008 年 7 月）

📖 **参考文献**

［1］薛法根. 让孩子获得作文的自由——基于儿童的作文教学策略［J］.
江苏教育研究，2010（2）.

小学英语写作教学

——"与听、说、读相结合"策略研究

听、说、读、写四项技能互相联系，在不同的阶段各有侧重，英语写作技能是在听、说、读的基础上进行的。在小学阶段，写的技能主要包括熟练的英文书写能力、良好的书写习惯和简单初步的写作技能。小学五年级的《开心学英语3》则开始加强写作技能方面的培养。英语写作被认为是最难教的教学内容，如何培养小学生的英语写作技巧是值得当前英语教学工作者共同探讨的课题。我认为写作是听、说、读、写四种能力的综合，它对听力、口语、阅读有促进作用。因此，在写作教学实践中，我尝试在中、高年级渗透"与听、说、读相结合"的写作策略。下面与大家共同探讨和研究。

策略一：写作训练与听、说训练相结合

从口头语言和书面语言的关系来看，学生的口头语言发展在前，书面语言发展在后，因此，在中年级就应该有意识地开展与听、说相结合的写作训练。刚开始教师可尝试先让学生就每课充分交流后仿写一句话，随着交际语的积累应创设有利于学生自由说、或同桌之间互说以及小组对话的情境，以达到互听的效果；然后是让学生自己编对话，让学生利用已有的口头表达能力，过渡到书面表达能力的训练上，降低了学生书面表达能力训练起步阶段的难度。

从"说"到"写"要掌握好"说"的度，在"说"已经达到效果后应及时转到写作训练上来，而不要过度、重复地说，否则就会耽误写作训练。另外，在不同的年级，听、说与写的比重应有所不同，如中年级说和听在课程设计的比重上可以大一些。例如，训练三年级学生介绍家庭成员的写作教学时，可以事先布置学生自带一张全家福照片，为使创设的情境导入自然流畅，教师

先向学生出示自己的全家福照片，并介绍家庭成员。学生对教师有特殊情感，因而对教师的介绍异常热衷和专注。教师边说边投影：This is my family picture. Look！He's my father. He likes pingpong. She's my mother. She likes steak. She likes badminton. He's my brother. He likes chicken. He likes soccer. We're happy.（提供给学生参考和仿写的范文，由学生刚学完的三课书重点句型组成）教师介绍完后，让学生以四人为一小组进行家庭成员介绍，小组活动后以小组竞赛的形式请各组代表上台介绍。经过多次说、互相说、互相听后，让学生效仿范文写介绍家庭成员及其兴趣爱好的小短文。

小学英语写作训练与听和说训练的结合，还体现在作文评讲的过程中。师生共同分析作文，对有疑问的词句进行辨析，既总结了写作的经验，又锻炼了学生听和说的能力。

策略二：写作训练和阅读训练相结合

阅读是写作的基础。在小学英语写作教学中充分发挥阅读的作用可以开阔学生的英语思维，扩展学生对中西文化和各国风土人情的认识，丰富学生的词汇量，积累好词好句，领悟如何使用英语的书面用语和习惯用语来表达思想和情感。

1. 在阅读教学中，教师要指导学生学习作者观察事物、分析事物、遣词造句、连句成段、连段成篇的技巧和方法

所有这些方法，都不能作为写作的知识向学生灌输，而是要让学生在读懂课文的过程中逐渐领悟。在阅读教学中，教师要经常引导学生联系课文的思想内容，斟酌作者用词造句的准确、精练，分析作者表达思想内容的清晰思路，体会作者对客观事物的独到见解，还要让学生多读书，对写得好的课文做到熟读成诵。通过这样一篇篇地阅读，消化吸收，日积月累，学生对于如何观察分析事物，如何运用语言文字表达思想内容的认识会日渐提高，语汇句式也会日渐丰富，这就为写好作文打下了扎实的基础。

2. 在写作教学过程中，教师要引导学生把从阅读中学到的基本功运用到写作中

教师要鼓励学生把阅读中学到的观察事物、分析事物的方法运用于自己的生活实践，鼓励学生根据自己所要表达的思想内容，灵活地运用从阅读中学到的词语句式和表达方法。学生如果在阅读中善于体会吸收，在写作文的时候，课文中的思想、内容、语言都能自然地和自己的生活积累一同浮现于脑海中，涌现于笔端。小学生模仿性强，对于感兴趣的东西喜欢模仿。教师在批改作文时要有意识地注意学生运用了哪些从阅读中学到的知识，发现运用得恰当的要加以表扬，运用得不恰当的要酌情加以指导。在这个问题上，不能采用读一篇仿一篇的立竿见影的做法。因为读一篇仿一篇，很容易导致从形式入手，把要表达的内容往现成的形式里套用，这不符合作文训练的规律，不利于提高学生的表达能力。

尊重孩子的心理特点，营造和谐家庭教育

随着社会经济的发展，中山市的大部分家庭已经步入了小康水平。在丰富的物质条件下，孩子的温饱问题已基本解决，但物质的丰富并不能与心理健康直接等同起来。现在的部分孩子过分胆小、焦虑、冷漠，情绪低落、悲观，自己觉得低人一等，经常发呆，易烦躁发怒，惧怕某些动物和人，固执、自夸、不爱交际、孤僻、紧张、防备，喜欢撒谎、欺骗甚至敌视他人等，这些与社会不相适应的心理品质和心理障碍影响了孩子的健康成长。家庭作为孩子接受信息的最早的主要环境，父母作为孩子的第一任老师，对于孩子良好心理素质的养成具有很大的影响。研究表明，和谐的家庭气氛对培养孩子热爱生活、积极向上的开朗性格十分有利，许多科学家、发明家都是在良好的家庭教育环境中成长起来的。

一、孩子的心理发展特点，决定和谐的家庭教育是一个长期性的工作

孩子的心理发展是与其身体成长相伴而行的，但存在差异性，身体的成长只需要提供充足的营养、足够的医疗保障就能实现，而心理的健康发展则不是那么简单，主要表现为两个方面：一方面，孩子的心理发展需要经历一个较长的时期；另一方面，心理发展有一个由幼稚到成熟的过程，不能跨越阶段成长。所以，家庭教育是一个长期性的工作，作为父母或长辈，需要有这方面的心理准备，并且要制订切实可行的教育计划，这样家庭教育才能达到预期的效果。现在许多家庭都存在这样的情况，孩子的父母由于工作或其他事情，由早到晚忙得团团转，他们很早就将孩子送到幼儿园或托管机构，以为花点钱送到好的幼托单位就能解决问题。家长的这种想法不能说错误，但起码不完全对，

因为家庭教育在孩子的成长过程中具有不可替代性，外界机构在一定程度上无法给予孩子家庭式的教育。所以，无论存在什么困难，我们都提倡父母在孩子的家庭教育中肩负起自己应有的责任。根据现代家庭的工作和生活的实际情况，我们认为，家庭教育无须像上课一样集中时间来进行。相反，家庭教育要始终贯穿于生活中的每一个细节，如吃饭、看电视、外出、探亲等，这样才会获得预期的效果。

二、孩子的心理教育内容，决定和谐的家庭教育涵盖学习、工作和生活各方面的信息

从心理健康的概念可以得知，心理教育涵盖的内容非常广泛，包括人的良好的情绪、敏锐的智能以及适应社会、环境的能力和气质三个方面，而每个方面又包含非常多的具体内容。其中，良好的情绪包括情绪稳定性、积极乐观的态度和完善的性格；敏锐的智能是指人的智力、能力的敏感性，对外界事物吸收的速度和程度，是一个人的学习能力和吸收能力的重要指标；适应社会、环境的能力是指一个人的生存能力和发展能力的体现，气质则是指一个人在语言、行动中所体现出来的一种影响力。上述三个方面的心理教育涵盖了我们学习、工作和生活中的各个环节，贯穿于我们的一举一动、一言一行。所以我们要从生活和学习中的每一件小事出发，用具体的行动和具体的事情来进行家庭的心理教育。

三、尊重孩子的前提，决定和谐的家庭教育要强化孩子的主体地位

过去，我们过多地强调父母或长辈在家庭教育中的主体作用，反而忽视了孩子的参与，孩子只不过是被动地作为教育的接受者。这种教育形式已经不适应时代的需求。为了提高家庭教育的效果，我们要建立一套由家长科学主导、孩子亲身参与的家庭教育模式。作为家长，我们要掌握科学的、合理的家庭教育方法，不要过度追求最好的家庭教育方法，而要根据孩子的发展特点选择最适合孩子的教育途径。同时，家长也要强化孩子在家庭教育中的主体地位。实践出真知，对于生活中的知识，特别是良好行为习惯的培养，只有孩子经过自身的行动、体验和感受，才能更好地、更深刻地进行巩固和内化。好的家庭教育既能使孩子走好自己的成长之路，又不会束缚在家长的世界里。我们

应该珍视孩子的意见，让他们自己做主，成就自己的美好前途。

四、从操作的方法和手段来讲，和谐的家庭教育要讲究科学合理

孟母断织的故事反映了孟母很讲究教子的方法。对孟子不想学习的想法，孟母既不是简单粗暴地斥责，也不是灌输大道理，而是采用对比式的启发教育，使孟子从中悟到停止学习的错误，从而回心转意，更加勤奋学习。教子贵在讲究技巧和方法，否则，你的观点再正确，愿望再好，也可能无济于事，事倍功半。有的父母教育孩子时，往往空洞地说教，缺乏与孩子沟通的技巧，这是当下家长应该改进的。

1. 要懂得尊重和赏识孩子

家长要为孩子的一生负责，对家庭应有高度的责任感，使孩子能在民主和睦的家庭氛围中成长。家长要把孩子视为家庭中的主要成员，在人格上要平等相待，不要把成人的意见强加于孩子身上。对孩子的正当行为应及时加以肯定和鼓励，对孩子的不良行为要讲明道理加以制止，而不是简单粗暴地打。家长在家庭教育中要与孩子建立平等的关系，应采用平等对话和讨论的形式进行教育，多采用赏识教育或激励教育的办法，善于发现孩子的闪光点，帮助孩子建立自信心。

2. 要学会与孩子进行沟通和交流

现在许多父母和孩子之间出现的问题主要是缺乏沟通，父母不知道也不了解孩子的真实想法，孩子也不能体会父母的苦衷。所以，作为父母要尽可能地抽时间与孩子进行交谈，要注意放下架子，态度要亲切、真诚和自然，使孩子感受到父母对他的关怀和爱护，从而无拘无束地向父母打开心扉。当前的沟通方式已随时代的进步不断推陈出新，因此，家长要与时代并进，注重学习，勇于接受新事物，要尝试与孩子用他们愿意接受的方式沟通，如QQ、微信、短信、视频对话、邮件、书信等。

3. 要能够以身作则

身教重于言传。孩子的模仿能力很强。父母是孩子人生道路上的第一位老师，孩子模仿的第一个对象就是他的父母。俗话说，"有其父必有其子"。父母长期与孩子共同生活，父母的言行举止、思想作风和行为习惯，时刻都在影响着孩子。所以，父母要注意自己在生活中的一言一行，处处起榜样作用，

在日常的学习、生活和工作中以自身的行动来对孩子进行潜移默化的教育，让孩子在父母良好的影响下健康成长。

父母犹如孩子的一面镜子，孩子是父母的影子，在孩子的知识、能力、行为、品德的白纸上，无论如何都要涂染上父母教育的色彩。孩子的很多行为习惯、道德行为的养成主要靠家庭教育。从整体上说，要重视家庭教育，努力营造温暖、和谐的家庭氛围。现今社会上青少年犯罪率不断上升，已成为一个严重的社会问题。究其原因，与家庭教育、学校教育密切相关，尤其是家庭教育的影响最为深远。这些"问题青少年"往往就生活在"问题家庭"中，他们从家庭中所得到的正确的关爱和教育往往是缺失的。因此，营造温暖、和谐的家庭教育氛围极其重要且极具现实意义，因为温暖、和谐的家庭教育氛围，不仅有利于孩子的人格发展，还有利于孩子在有爱的家庭环境的熏陶、激励下奋发图强，实现美好愿望。

📖 参考文献

［1］曾文珍.家庭心理教育不可少［J］.中山日报（家教版），2005.

［2］周桂珍，王新礼.教育学、教育心理学［M］.济南：山东大学出版社，2005.

［3］张永红.培育孩子好心智——儿童心理健康培养［M］.北京：人民军医出版社，2005.

［4］殷友莲.绘画团体辅导高年级小学生孤独的干预研究［D］.中国优秀硕士学位论文全文数据库，2017.

［5］赵晴.浅淡幼儿挫折教育［J］.参与与评价：科研版（特色教育探索）.2012.

［6］刘佳.进城流动学生的课堂行为研究［D］.中国优秀硕士学位论文全文数据库，2014.

［7］刘洁.家教的艺术［J］中小学心理健康教育，2015.

［8］周君君.给学生一份关爱，送学生一份安全——营造小学生心理安全氛围的策略研究［J］.教师，2009.

［9］刘丽荣.小学阶段亲子沟通的现状分析以达拉旗某小学为例［D］.中国优秀硕士学生论文全文数据库，2014.

关于语文作业模式改革的思考

作业是教学效果反馈的一种手段，布置作业是每一位教师最简单的、不可或缺的工作。教师在作业的布置上除了要体现学习效果以外，更多情况下还要把作业作为加强和巩固教学效果的一种补救措施。

为了让学生能更扎实地掌握当天所学的知识，产生了很多不同的作业类型，如抄写词语、听写词语、预习新课、看图写话、背诵、默写、完成练习册……这些作业的作用已不只是教学效果的反馈，更多的是机械性的抄写。这些作业的设置有些是学校明文规定要求完成的，有些是同年级教学经验较丰富的教师自行设计的。他们认为低年级的学生主要是要识字、认字，让学生多写多练有好处。因为小学生的记忆特性主要是直观的、机械性的模仿。我也认同这个道理。于是很长一段时间，我给学生每天布置大量的形式单一、缺乏新意的作业，学生也没有提出过异议，而平时的测试和学科竞赛的成绩，让我更坚定了自己的做法。但是一位家长的一次来电让我醒悟了！

事情是这样的，连续几天，我们几位语文老师经常讨论一个问题：第三次的语文学科竞赛要考课文的填空该怎么办？对于低年级来说，每篇课文都要求背诵。让学生背诵课文不是一件难事，但是让学生边背边默写就难了。课文中有许多二类字，笔画多而且文中的段落很长。出题的教师对二年级的教学难点、重点和主次不太清楚，这样学生的复习就变得漫无边际了。没有思考太多，我就让学生把第四单元的4课书抄一次。第二天，家长打电话告诉我，他的孩子昨天写作业写到十一点多才完成。我顿时醒悟了，昨天布置的作业确实不太合理。我在班上询问了一下情况，虽然大部分学生都在七点前后完成了，但是基础较差、自觉性低的学生一般都做到十一点多。这让我突然意识到作业竟成了学生沉重的负担！我曾听一个朋友说他看过某小学的一个学生晚上边抄课文边哭的情景，而她的孩子却因老师布置了一些有趣的、量少、成效高的作业而对完成作业乐在其中。这是多么强烈的对比啊！

其实作为教师的我同样希望学生喜欢自己布置的作业。看来，我应该改变自己布置作业的方法和形式，尽量让作业的形式多样、灵活，既能充分调动学生学习和自觉完成作业的积极性，又能进一步发掘学生的潜能，培养学生各方面的能力，提升他们的综合素质！于是，经过初步考虑，我决定试用以下几种作业形式。

1. 复述课文

要求学生把当堂课要求背诵的课文回家用自己的话复述一次，然后由爸爸妈妈充当裁判进行评分。

2. 绘课文

低年级的课文大多故事性强、趣味性浓、情节简单。因此，我要求学生在理解的基础上用连环画的形式把一些课文的内容画出来，通过用自己喜欢的图画和色彩把故事展现出来，进一步加深学生对课文的理解。

3. 成语摘抄

先让学生准备好一个摘抄本，由学生自行在《成语词典》中选择喜欢的成语，然后摘抄下来并抄录每个成语的意思。

4. 故事情节摘录

每天晚上让学生读三个故事，从中选一个抄写喜欢的段落，并用水彩笔把故事中的情节画下来，作为这一段的插图。

5. 写周记

要求学生准备一个周记本，每周六、日各写一篇周记，并在周记下面由父母充当老师进行评分，写上评语。

当然，这些作业并不是每天都要求完成，而是隔三岔五地进行，这是我进行教学改革尝试的第一步。虽然我知道改革必将带来风险，如短时间内成绩出不来，在现阶段以应试为主的教学制度下的各种测试和学科竞赛的平均分、满分率、合格率也会下降。但是我应该为学生的将来着想，当他们到了五、六年级时，成绩自然就会有让人意料不到的惊喜。

在我们对作业布置这方面进行改革创新的时候，我们也希望检验教师教学水平的各种学科竞赛的形式能跟着一起改革，不要一味地考书本中死记硬背的词、句、段。因为牵动教师的竞赛成绩在一定程度上也影响着教师教学的模式和布置作业的形式。要真正让学生从繁重的作业中解放出来，促进学生健康快乐的成长，需要我们共同的努力！

探索校园电视台的德育功能

随着教育现代化的进程，越来越多的学校组建了校园电视台。校园电视台是教育现代化发展的趋势，在现代教育的发展过程中校园电视台的德育功能日益突出，既能丰富学生的校园生活，又能拓宽学校育人的途径，更能焕发德育的新活力。

为了更好地适应素质教育的发展，顺应新时代学生的发展特点，提高德育工作的实效性，改革德育工作模式迫在眉睫。校园电视台与学校德育工作的有效整合将会推进德育工作的创新步伐，为学校德育工作提供更高效、更广阔的平台，主要体现在以下三个方面。

一、促使学生接受思想道德教育的方式由被动转向主动

随着社会的进步与发展，学生所接收的信息越来越丰富，学生的视野更加开阔，他们感知社会的层面也越来越深刻。对于伴随科技高速发展而成长起来的这一代学生再不能一味地说教、灌输长篇大论，这些陈旧的德育工作方式很难激发学生参与的热情，更难进入学生心灵而产生共鸣。为了适应当前学生的认知水平以及社会大环境发展需要，在开展德育主题教育活动的时候，可以适当借助校园电视台呈现贴近生活的录像或DV短片，让原本呆板的思想道德教育变得直观、真实、生动、灵活，激发学生参与的兴趣进而敞开心扉地接受教育。例如，在庆祝中华人民共和国成立60周年对学生进行的爱国情怀教育的主题活动中，我们借助校园电视台呈现德育素材的强大功能，把新中国60年来在军事、科技、政治、经济、文化等方面所取得的成就及其光辉的历史以视频形式展示给学生，让学生穿越时空界限全面地认识我们的祖国，进而产生深厚的爱国情愫，从而达到教育的目的。

二、有利于新型人才的培养

现在社会竞争激烈，需要学生独立自强并有强烈的社会参与意识。校园电视台能创设更丰富、更广阔、更灵活的平台。首先，学生通过参与校园电视台的组建以及节目的策划和拍摄，可以培养自主管理、组织协调、沟通合作、策划创新的能力。其次，邀请学生在节目中对社会现象、校园生活进行讨论，可以增强学生的自信心和独立性，增强学生的辩证思维能力，让学生通过自身的体验去接受正面信息。最后，发挥校园电视台宣传榜样、树立典范的作用。例如，通过节目策划和安排从各个侧面展示一系列五星班级、优秀教师、十佳学生的风采，将会激发先锋模范人物（班级）的带头示范作用，树立的榜样越典型，越能调动广大师生的主观能动性，越能在校内形成团结合作、积极向上的良好氛围，增强了德育的实效性。

三、有利于创新德育工作模式

时代在发展，学生的身心发展水平不断提高，对周遭事物也越发地敏感。对大千世界了解越深入，学生的求新意识也就越强烈，这就导致学校德育工作模式必须紧跟学生的心灵世界与生活方式；让德育工作更生活化、时效化、信息化是时代对德育工作提出的新要求，这就迫使我们的德育工作必须与时俱进，不断创新。校园电视台与德育工作的有校整合将会创新德育工作模式，如创新家长会的召开方式，以往的家长会必须在大礼堂召开，对空间和人数以及形式都有限制，现在以校园电视台为媒介，各班家长集中在各自的班级，通过闭路电视转播，可以直接把电视台现场录制的节目传输到各班级，在电视台直播室不仅可邀请校领导发言，还可以邀请专家与众多家长一起讨论家教热点，同时可以近距离、多角度、大容量地展示学生的作品，可以播放学校制作的校园活动的视频宣传短片，向参会的家长展示学校一学期的工作，帮助家长全面了解学校，促进家校合作。

综上所述，校园电视台所蕴含的德育功能，是当前其他教育模式无法比拟的。它在学校德育工作中，对学生树立正确的价值观、高尚的道德情操、健全的人格、坚忍的意志品质、良好的行为习惯等方面的培养具有独特的作用。我们相信以校园电视台为载体将会拓宽学校德育工作的渠道，进一步促进校园文化的建设，丰富学生的校园生活，提升学校的品位，让我们的学生更健康、更快乐地成长。

参考文献

[1] 周森鑫. 依托校园媒体开辟德育阵地 [J]. 科学咨询（教育科研），2013.

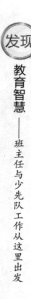

正确认识课堂上的师生关系

东北师范大学的博士生导师刘建军教授郑重地指出，学生是完整的人，是独立的主体；教师也是完整的人，也是独立的主体。但在课堂上，教师与学生都不是完整的主体。学生需要教师的引导及对知识的归纳和分析，教师需要根据学生的反应反馈自己的教学方法和手段的有效性，同时促进教师个人专业成长和个人修养的提高。两者之间的关系是相辅相成，互为补充的，作为教育最前线的教师应该正确认识师生之间的关系，良好的师生关系是教学质量和教学效果的重要保证。在刘建军教授的思想指引下，结合工作实际，笔者提出以下三点关于课堂上师生关系的观点。

一、师生互动，交流思想

一节成功的课堂教学建立在教师和学生共同参与、互相平等交流的基础上。以前，我们常说教师既是导演也是演员，如果教师在讲台上演"独角戏"，那戏不一定是精彩的。刘建军教授认为："只有师生共同参与、互相碰撞，激起思维的火花，师生间才能达到教学相长、共同提高的境界。"要想达到这种境界，教师必须在课堂中善于留意每一名学生个体思维发展的需要，并能根据学生的思维方式和速度，及时调整教学的设置和调控好个人的教学思路。在师生交流时要善于抓住机会提出一些问题让师生共同思考，同时调动每一个学生思维的积极性和创造性，让每一名学生都有机会与教师产生情感和思维上的共鸣。

二、尊重学生，和谐共生

在课堂中，教师的"引"呼唤着学生的"应"。这种一"引"一"应"

必须建立在尊重学生的基础上，否则就会出现教师牵着学生走的现象。学生作为独立的主体，在课堂上是与教师平等的角色。教师尊重学生是爱护学生的表现，同时也是营造和谐课堂、打造魅力课堂的前提。因此，教师应当自觉树立高度的工作责任心和社会责任感，以平等、公正、真诚的态度对待学生，努力创设轻松、民主、和谐、愉悦的课堂学习情境，让学生在温馨、和谐的氛围中探究、成长，最终实现师生共同进步，教学相长。

三、激发创造，促进发展

创造力是人的一种高级能力，创造性的活动是人类最重要的实践活动，是社会发展的原动力。在课堂中，教师要培养学生的创造意识，激发他们的创造热情。创造意识来自对问题的质疑，只有善于发现问题和提出问题的教师才能引导学生产生创造的冲动。"学贵知疑，小疑则小进，大疑则大进。"只有不断地鼓励学生的好奇心，敢于向传统的方法和权威挑战，才能够不断地激发学生的创造意识，发挥学生的创造力，因为永不满足的怀疑精神是创造之母。在课堂教学中，教师要善于使用鼓励的语言、信任的表情和及时的肯定与表扬，激发学生的各种创造动机，启迪学生的创造精神。

作为教师，一定要和学生建立一种和谐的关系，只有这样，教学工作才能顺利开展，才能达到预期的效果。

探讨少年儿童快乐成长的有效途径

随着通信科技的进步，网络、视频传媒、手机短信、报纸杂志等不时冲击着学生的感官，学生自觉或不自觉地感知了社会的方方面面。面对社会日益多变的复杂形势，学校要以有效的德育途径来健全学生的人格，完善学生的认知水平，培养学生具备良好的行为习惯、社会认知能力和心理品质，促使学生更健康、更聪明、更快乐的成长。结合我校德育工作，具体做法如下。

一、整合社会资源，营造德育大环境，让学生更健康成长

1. 联合学校、家庭和社区力量，为学生认识社会保驾护航

要让学生在接触社会、感知社会的同时得到正确的引导和有效的保护。学校在组织学生开展社会实践活动的同时，要发挥学校、家庭、社区三位一体的德育合力，以家校短信平台、家长开放日以及亲子义工等家校合作的新方式，提高家校沟通的有效性；主动联系管辖区所在的派出所、福利院、交警、巡警、消防等部门定期开展"同育新苗"共建活动；每学期开展法制、防火、防电、交通等安全知识讲座，同时结合各主题纪念日开展地震演习、紧急疏散、劳教人员现身说法等体验教育活动。

2. 利用德育宣传阵地，树立正面的社会舆论导向

帮助学生正确认识社会，需要教师在德育工作中发挥学校宣传阵地的作用。通过宣传阵地让学生了解社会的热点和焦点，让德育宣传阵地成为学生了解天下大事的窗口，同时向学生灌输积极向上、催人奋发的社会现象和社会风尚，帮助学生树立正确认识社会的标准和是非观。

3. 营造高雅校园文化，引导学生用高品位的眼光看待社会文化

在物欲横流的经济大潮下，社会文化的消极因素带有浓厚的金钱意识、

享乐意识、情爱意识，给学生带来不良影响，容易误导学生的审美眼光。作为教师，面对良莠混杂、参差不齐的社会文化，我们要深挖校园文化的内涵，营造高雅的校园文化，发挥校园文化的无声导向作用和无形感化作用，使学生的心灵在"润物细无声"的过程中得到洗涤和净化；要在打造优美、舒适的校园环境基础上，开展各种形式的文化主题活动，加大书香校园的建设力度，活跃校园文化生活，提升文化育人的魅力，使校园形成强烈的文化氛围，从而产生巨大的凝聚力和吸引力。

二、以少先队为载体，提升学生的社会竞争力，让学生更聪明

1. 融合社会热点，提升学生的自主能力

少先队大队肩负着引导学生认识社会、体验社会的重任。在"社会即学校，生活即教育"观点的引领下，少先队活动应紧跟时代的步伐，主动融合社会的热点元素，这将焕发少先队活动的活力和魅力，使少先队开展的主题教育活动与时俱进，给学生提供认识社会的模拟平台。例如，在中山电视台举办的"寻找新主播"选拔大赛的热潮带动下，少先队大队以培养学生自信、大方，勇于挑战自我、肯定自我的优良心理素质为目标，开展主题为"寻找红领巾·小水滴广播新主播PK大赛"的教育活动。为了在活动中发挥少先队大队干部的主观能动性，练就其统筹、策划能力，此次活动全程将交由少先队大队委组织与开展，让每名学生都能得到锻炼的机会。整个活动意在培养新时期少先队队员组织、反应、沟通、合作的能力。

2. 运用现代电子产品，提升学生的感悟能力

现代电子产品时刻都在冲击着学生的生活，我们不能再以禁止使用的方法来"掩耳盗铃"了。其实只要做好文明使用电子产品的引导工作和合理使用电子产品的疏导工作，就可以用好现代电子产品这把双刃剑。例如，少先队和学校的信息技术科组联合组建学校"红领巾小水滴广播站""红领巾DV新闻采访组"和"寻找校园真、善、美摄影小组"，邀请家里有现代电子产品的学生参加这些红领巾兴趣小社团，并在辅导员的引导和组织下，在校园内有效地使用电子产品。兴趣组成员通过广播、DV新闻、摄影作品对学校里的好人好事及少先队活动新动向进行及时的宣传、表彰，弘扬正气，批评不文明行为，让学生在浓厚向上的文化氛围中健康成长。

3. 采用激励手段，提升学生的领袖能力

为了让学生更好地适应社会发展的需要，应发挥少先队的组织功能，着力培养学生的领袖才干。学校通过创设更丰富、更广阔、更灵活的平台，让队干部在纪律值日、策划活动、监督卫生、校园管理、组织评选等活动中发挥自主管理的能力，培养学生自主管理、组织协调、沟通合作的能力。为了更好地激励队干部的工作积极性，保持学生的工作热情，激发学生为师生服务的意识，教师应善于发现每一名有领袖潜质的学生，并以有效的激励措施细心地呵护学生展露的才华。例如，大队部发挥"红领巾DV新闻采访组"的宣传作用，开设"每月校园风云人物"专访节目；寻找认真、积极的大队委、鼓号队员、红领巾广播站的成员、值周队干为采访对象；"每月的校园风月人物"专访节目视频在午间校园新闻时间播出并将专访节目上传到中山市教育信息港的网站上。通过庞大的宣传力度和辐射效应，激发出为师生默默付出辛劳与汗水的队干部们的荣誉感和使命感，带动一大批队干部的工作积极性与主动性，在全校形成"我是队干我光荣"的良好舆论氛围。

三、亲子义工搭建认知社会的桥梁，让学生快乐成长

1. 创设认识社会的大环境

学校以亲子义工为载体，为学生创设更多接触社会的机会。在家长的陪同下，让学生大胆地参与学校和社区开展的一系列活动，如"白色污染讲座""向白色污染Say No""绿色中秋月饼盒回收""社区亲子读书""为地震灾区义卖"等活动。同时，联合其他行政部门开展公益活动，如与东区供电部门联合开展"节能减排，从我做起"的公益宣传活动，与市青年志愿者协会举办"兴中园服务集市"活动，与市光荣院举办"亲子缅怀革命先烈"活动，与市青年志愿者、凯茵新城联手举办"为地球添绿意"的植树活动，"为贫困生献爱心的环保助学活动"等，这些活动开创了学生认识社会的新途径。

2. 创设感恩社会的大环境

随着市场经济的发展和外来文化的影响，中华民族的传统文化与美德受到了一定的冲击，有的学生存在感恩意识淡薄的道德缺失倾向。为此，作为教师，必须对学生进行感恩教育，培养学生感恩意识，树立正确认识社会的价值观。学校以亲子义工的名义开展了一系列公益活动，如"支援汶川重建慈善捐

款""探访福利院、五保户""亲子书法义卖活动""我健康，我快乐，亲子运动会""亲子认养树木活动"等公益活动，让家长和学生在这些志愿服务活动中亲身体验到助人为乐的满足与快乐，感受社会弱势群体的艰难，更好地激发学生帮助他人的热情，培养学生感恩社会的良好心态，从而探索出一条感恩教育的新方法。

3. 创设回馈社会的大环境

学生在家长和教师的带动下参加一系列公益活动，让学生在现实生活中跟随家长和教师感悟"赠人玫瑰，手留余香"的道理，在帮助他人的同时，感受人间有爱的幸福和价值，在帮助弱势群体时，学会感恩与回赠，在每一个幼小的心间埋下一颗等待发芽的爱心种子。例如，在"为地球添绿意"的植树活动中，学生和家长通过自身的劳动实践，能激发学生对树木的爱护之情，进而养成保护绿化的好习惯。又如，在"向白色污染Say No"的活动中，学生通过学习环保知识，向路人宣扬环保意识，对环保有更深的理解，对环保的支持度也大大增加。此外，还有形式多样的公益慈善活动，如"探访福利院、五保户""为患病儿童慈善义卖""为贫困生献爱心的环保助学活动"等，学生在活动中感受到社会弱势群体的无助与困苦，并真诚地通过自身的行动，尽自己的力量去帮助他们，从而奠定回馈社会的愿望并自觉内化为学生自身的行为习惯。

新时期 新使命

　　学校作为培育人才的摇篮，教育工作在社会主义现代化建设和提高国民素质、促进人的全面发展中起着基础性作用。因此，在全国各族人民为实现中华民族伟大复兴而不懈努力之际，教师应清晰地认识自己所肩负的新时期使命——为国家的发展和民族复兴培养有德有才、全面发展的社会主义建设者和接班人，德才兼备的新生代是我们实现中国梦的基础和保障。

　　2017年8月教育部印发的《中小学德育工作指南》中指出，中小学必须坚持把德育工作摆在素质教育的首要位置，树立育人为本的思想。由此可见，在校园里，德育工作，人人有责，每一位教师都要积极主动地参与到德育工作中，平日要多关注学生的思想品德的形成以及良好行为习惯的养成，主动帮助学生疏导心理障碍，提升学生的人际交往能力。

　　以往谈起德育工作，大家觉得这是班主任和年级组长的事，当任教班级的学生行为出现偏差时，大家会习惯性地把问题抛给班主任，觉得这些事情应由班主任处理，而自己只是负责上课。当走进教室看见地面有纸屑，垃圾桶的垃圾溢了一地，桌椅歪歪斜斜，一些科任教师也能坦然处之，心安理得地觉得班主任来了自然会教育学生的，便熟视无睹地开始讲课。可见，一些教师的自我定位就是一个教书匠，认为教师的主要职责是传授知识，因此他们只关心教学上的事情，如课堂上更多关注学生上课的精神状态、学生完成作业的情况和学业检测的成绩，往往忽略了对学生行为习惯的养成、身心健康、人际交往等背后隐藏的教育难题。

　　虽然现今人们都认同素质教育的重要性，但是在实际教育工作中，学校和教师"重智育，轻德育"的现象依然很普遍。学校、教师、家长乃至社会评价一个学生依然以分数为衡量的主要标准，学生因分数而荣耀，也因分数而受辱的情况很普遍。个别教师甚至对成绩优异的学生偏爱到选择忽视这些学生在思想和品行上的不足，以至于一些大家眼中的好学生因学业竞争引发人身伤害事故，因人际交往而引发心理障碍，在遭受挫折后因心理脆弱而选择跳楼自杀等极端偏差行为。这些在现实中真实发生的、令人痛心的种种悲剧不得不引起我们的深度反思：学业过度竞争和以分数论英雄的评价标准是导致学生心理"畸形"的罪魁祸首。

现在不论是家长还是学校，对学生的评价总是论成绩好与坏，这样的评价方式必然导致学生把成绩看得重于一切。教育的目标是培养德、智、体、美、劳全面发展的人，但应试教育的大背景下，好学生的标准变得只剩下"智"了。

一些学校只重视智力教育，而对生命教育、感恩教育、法制教育、责任教育、环保教育、安全教育、生存教育、国防教育、心理健康等德育教育不重视，即使开展了也只是简单的形式化说教，学生没有深刻的体验和感知。

学校的德育教育应该通过教育教学及体验活动提高学生的道德意识，是一个培养学生的道德情感，使学生养成良好的道德习惯，建立学生的道德信仰的过程。这个过程需要学校和教师形成共识，为了帮助学生获得德育的认知和判断是非的勇气和力量，愿意全方位创设空间和情境让学生获得更多的真实情感体验，从而让学生通过亲身感受和实践体验获得道德的感悟，进而建立道德情感和道德信仰。这个过程和当前的STEAM教育很相似。STEAM教育就是集科学、技术、工程、艺术、数学于一体的综合教育。它倡导将各个领域的知识通过综合的课程结合起来，加强学科间的相互配合，发挥综合育人功能，让学生在综合的环境中学习，在项目活动中应用多个学科的知识解决问题。这与大德育观推崇的理念一致，德育工作也应该与环境、人、物、数学、艺术、科学、语文等各学科融合，学科教育共同合作，为德育创设体验的空间和模拟的情境，让学生在多学科整合中，获得道德认知的多元感知，建立更坚定的道德情感和更真实的道德水平。

学校是适龄儿童停留时间最多的地方，更是少年儿童的成长训练场。学生除了在学校学习知识，掌握技能，更应该学习如何做人，为日后获得幸福而美满的人生打下坚实的基础。因此，承担着传道、授业、解惑责任的教师，在校园里应让学生感受到来自师长、同伴和集体的关爱与温暖，并且关注学生的身心健康，教导学生待人接物的方法与技巧，让校园成为培养学生健全人格、良好习惯以及独立思考的能力的场所。

如果教师只停留在如何把教材的知识点灌输给学生、竭尽全力让学生在考试时把背过的考点再现的教学方式上，在信息时代的今天很容易被淘汰。随着人工智能、大数据以及新媒体数字化等科技的高速发展，在"互联网+"时代的今天，学生有什么知识不能通过网络获得呢？教师不能单纯地关注课堂、教材、考点或学生的成绩，而应以身作则、言传身教。重视学生道德水平的发展和社会公德建立才是教师立身之本。教师要时刻铭记时代赋予我们的使命——为国家的发展和民族复兴培养有德有才、全面发展的社会主义建设者和接班人！

树立大德育观是提升公民素质的捷径。大德育在学校的"大"包含以下三层意思：一是德育的空间大，整个校园应是一个德育大教室，即校园"处处都是育人环境"。二是德育的主体大，教职工人人都是德育工作者，都负有立德树人的神圣职责。"人人都是德育教师"，保安、饭堂厨师、清洁阿姨也要以德育人，对学生成长都有教育和引导的职责与义务。尤其需要教师激发学生的主体意识，让学生成为自身品德养成的真正主人，而不是被动和消极的接受者，这就是我们一直努力追求"自育品格"的德育特色。三是德育的含量大，不仅德育课程、德育教学、德育活动是德育，所有课程、教育教学活动以及学校环境建设、学校文化建设等都应是德育，德育应涵盖学校的全部工作，课课有德育、事事有德育，使学校德育工作在学科教学和活动开展中得以有效地进行，为使学生在学校学习期间逐步树立美好的道德理想和道德观念，形成良好的道德品质和道德习惯，使学生成为有德之人奠定坚实的基础。大德育在某种意义上可以说是对学校教育本质的回归，对教师职业本质的回归。

在全员育人的基础上，教师要学会专业育人，德育工作不是简单地告诉学生是与非，有时候要做得更多，如帮助学生改正错误，修正学生的不良习惯，需要教师共同合作、想方设法创设情境，铺垫升华，让学生心悦诚服地接受教育。德育讲究方法，育人效果才能事半功倍。做好德育工作需要教师具有教育的艺术和智慧，但更多的时候只是需要教师做一个引起学生注意的动作，讲一句富有启迪的话语，给学生一个获得力量的眼神。每一个在思想和行为上犯错的学生其实就是缺乏对道德行为的基本认知，以及判断是非的经验，这时就需要教师创设情境，用心引导，如陶行知先生的"四颗糖的故事"。苏联教育家苏霍姆林斯基说过，没有大爱就没有教育。教育是爱的艺术，教育学生同样需要爱的智慧和关怀。德育技巧不仅要体现教师的爱心和耐心，而且也能折射出教育管理的智慧和能力。例如，当你走进教室，看见教室地面上的纸屑，如果你选择视而不见，那么学生的卫生习惯自然很难形成；如果你主动捡起放进垃圾桶，然后再引导学生谈看法和建议，就能逐步引导学生养成良好的卫生习惯。每一位教师走进教室都应该抓住任何教育的契机及时教育学生，人的道德发展都是从他律转变到自律的过程，特别是小学生，处于他律阶段。当学生做得不好时，教师要告诉学生什么样的言行是对的，什么样的言行是错的，每一位教师都有责任帮助学生提高道德的认知水平。德育的根本任务就是从小培养学生养成良好的行为习惯、生活习惯，形成正确的人生观、价值观和世界观。每一位教师都应该自觉地培养学生养成良好品德和行为习惯，让学生成人成才！

小学生公民素质养成与教育现状研究

——以中山市东区水云轩小学为例

中国改革开放以来，在政治、经济、军事、文化、科技、体育等方面取得了重大成就。经济的快速发展使中国在世界中的经济地位不断上升，但是要实现中华民族伟大复兴的中国梦，需要我们建立大国的形象与威信。新华通讯社总编辑何平提道："形象，对于一个国家而言，如同对一个人一样，是很要紧的。良好的国家形象，是一种无形的力量，是吸引力、感召力和影响力。"[①]国家的形象也影响着一个国家的软实力。"国家软实力"是指文化、教育、制度建设、法律环境、管理能力、国民的形象、国民的心态以及民族精神等，是一个国家除经济和军事实力外更重要的一种力量[②]。其中，"国民的心态"和"国民的形象"在近年来成为我国软实力提升的绊脚石。随着中国经济的高速发展，我国成为世界第二大经济体，国民越来越富裕，普通公民有了更多的机会走向世界，而有些国人在国外表现出随地吐痰、乱扔垃圾、不遵守交通规则、高声喧哗等陋习，其根本原因是我国部分国民缺乏公民素质。公民素质主要涵盖了公民意识和公民道德规范，公民意识教育需要从小启蒙和养成。根据《公民道德建设实施纲要》的规定，基本道德规范是指爱国守法、明礼诚信、团结友善、勤俭自强、敬业奉献。社会主义道德建设以社会公德、职业道德、家庭美德、个人品德为着力点。这四者之间是有机统一的，其外延由大到小，内涵由浅至深。人从自然人到社会人发展的过程中，需要接受社会

---

① 胡晓明. 国家形象 [M]. 北京：人民出版社，2011：1-2.

② 赵刚，肖欢. 中国软实力：超越经济和军事的第三种力量 [M]. 北京：新世界出版社，2010：1-5.

公认的道德准则和行为规范的教育和引导。与逐渐成熟起来的青少年相比较，小学生的心理发展和变化具有较大的可塑性，是培养良好心理品质与行为习惯的好时机①。因此，在小学开展公民素质教育符合人的成长和认知规律。在学校层面，学校教育一直以应试教育为主导，使得学校的德育工作在某种程度上发生了偏差，重智育、轻德育的问题日益严重。学生良好行为习惯的养成教育不被重视，德育活动单一、脱离学生生活等现状致使素质教育效果甚微②。现今在校学生中独生子女占绝大多数，在独生子女家庭中，一些家长包办孩子的一切，减少了孩子为达到与其相适应的自理能力所必须进行的学习、实践及体验的机会，使得孩子的自理能力差、自主意识薄弱。由于独生子女没有兄弟姐妹一起玩耍，容易形成不合群、爱独占一切、同情心和责任感较薄弱等不良性格③。这些成长经历对于学生的公民主体意识和责任意识的形成、公民素质行为的养成都是极为不利的。由此可见，研究小学生公民素质养成和教育的现状与策略具有现实意义。《国家中长期教育改革和发展规划纲要（2010—2020年》明确提出，要"加强公民意识教育，树立社会主义民主法治、自由平等、公平正义理念，培养社会主义合格公民"。这一提法指明了学校德育工作的努力方向，明确了当前德育工作的目标。培养现代公民素质要从小启蒙，并贯穿校内外，从学生的实际生活入手，渗透国家意识、法律意识、公民意识、责任意识、社会公德意识、环境意识和健康的心理等教育，学校通过生动的、富有趣味性的途径帮助小学生建立适应现代社会发展的思想、行为和综合素质。

查阅文献和书籍发现，目前关于公民素质教育的研究，大部分都是关于大学生和中学生（中职生）的，而关注小学生公民素质教育的研究则非常少。其实小学生所处的年龄特点决定他们的可塑性、模仿力很强，在小学阶段对学生进行意识启蒙、思想教化、良好行为习惯的养成其效果更显著，并对其一生有着深远的影响。此外，本研究可从理论上填补公民素质教育在小学开展的

---

① 王海英.小学生身心发展规律与特点［EB/OL］.http://3y.uu456.com/bp_3ikjx1drrv4c2db00673_1.html.

② 李唐华.试论小学教育问题之重智育轻德育［J］.中国校外教育.基教（中旬），2013（4）：1-2.

③ 郑艳苹.中国独生子女家庭教育存在的问题浅析［J］.科教论坛，2004（1）：46-46.

研究空白。同时，大胆探索少先队组织在公民素质教育中的独特优势。因为任何精神层面的培养都要依托于一定的形式和载体，而少先队组织在小学是德育的主阵地，在学校教育中发挥着不可替代的作用。少先队是少年儿童成长的摇篮，是少年儿童学习共产主义的地方，是建设社会主义和共产主义的预备队。少先队独有的儿童性、自主性、组织性在学生心目中具有较高的地位与吸引力。少先队组织开展的教育活动突出了少年儿童的主人翁地位，让学生打心底里向往加入少先队，凡具有少先队特色的教育活动少年儿童更乐于参加，表现得也更为积极，自愿接受少先队的教育。针对少年儿童的年龄特点，应充分发挥学校少先队的组织优势、活动优势和体验优势，探索少先队在公民素质教育养成中的积极作用，进一步丰富和完善我国关于公民素质教育的实践理论。

作为伟人孙中山先生的故乡，2011年9月在中央和省宣传部门的支持与指导下，中山市作为广东省的首个试点启动了为期五年的全民修身行动，目的是培育适应经济、政治、社会发展新要求的现代公民以及社会管理新模式。全民修身是希望从提升市民道德、公共素质、文化素质着手，分别开展"公民道德素质培育行动""城市人文精神光大行动""慈善友爱自觉实践行动"等活动，培养与城市发展相适应的现代文明市民[1]。小学生正处于世界观、人生观、价值观的形成期，社会是未成年人的第一课堂，社会风气对未成年人思想道德教育有着最直观的影响[2]。因此，当政府、机关、工厂、社区、学校都围绕"文明修身"这一主题开展一系列的公民教育活动时，学校作为公民素质教育的主要阵地，尤其是小学，探讨"全民修身行动"与"大手拉小手"的整合，让社会修身的正能量感染小学生，可以使小学生公民素质教育达到事半功倍的效果，从而为小学生公民素质教育探索出一条与社会主旋律相结合的有效途径。

立足于广东中山这个改革开放的前沿阵地，遵循少年儿童身心发展和素质培养的规律，探索学生喜爱、家长喜欢、教师乐意使用的公民道德素质养成的路径，对探索学校、社会、家庭"三位一体"的小学生公民素质培养模式有

---

① 全国全民修身样本意义何在［N］．南方日报，2012-03-28.
② 范玉凤．未成年人思想道德教育规律刍议［J］．河北师范大学报学报，2005（5）：62-65.

着十分重要的现实意义。

一、基本概念

1. 公民

"公民"一词在中国的法律上首次使用是在1953年的《选举法》中[①]。《中华人民共和国宪法》规定：凡具有中华人民共和国国籍的人都是中华人民共和国的公民。也就是说，在中国，凡是依法取得中国国籍的人，不分民族、不分性别、不分教育的程度、不分财产状况、不分居住期限，都是中华人民共和国的公民，享有国家宪法和法律赋予的权利和义务。

2. 公民素质

有了公民身份，并不意味着就是合格的公民，而要成为民主法治国家的合格公民，必须提高公民素质。所谓公民素质，是指"人"的全面素质，特指与一个国家法律制度、政治制度相适应的品德、知识、机能、情感。开展公民素质教育要以爱国主义教育、集体主义教育、社会主义教育、责任教育、法制教育、公德教育和人格教育为主要内容。公民素质，从教育学意义的范畴来讲，是指人在先天的学习和培养以及环境的影响下，所具备的相对稳定的品质和身心，又称为公民素养[②]。公民素质最主要的内容包括主体意识、权利意识、责任意识、参与意识、守法意识、道德意识。从广义上来看，公民素质是指公民在德、智、体、美、劳等方面所具备的一切素质的总称，其中有些是先天性的素质，有些是后天的。从外延来看，不同学科对公民素质外延的表述是不同的。从心理学、教育学意义上划分，公民素质可以分为理解性素质（知识、判断力、理解力）和实践性素质（性格、态度和技能）；从政治社会学来看，公民素质又包括公民道德素质、政治法律素质、文化素质等内容。从哲学视野的角度来看，公民素质可分为公民与国家关系维度中应具备的公民素质，如爱国素质、政治参与素质、规则素质、权利的素质；公民与社会关系维度中应具备的公民素质，如独立自主素质、社会参与素质、勤俭素质、自强素质；

---

① 邓达.德育与公民教育关系之辨［J］.教育学术月刊，2010（02）.

② 赵肖男.我国公民素质问题研究［D］.济南：齐鲁工业大学，2013.

公民与公民关系维度中应具备的公民素质，如友善素质、诚信素质、合作素质、宽容素质。①

3. 少先队

少先队的前身是中国少年儿童队，从20世纪初的劳动童子团算起，已有近百年的历史。中国共产党自成立之日起，就十分重视少年儿童组织的建设。1949年10月13日建立了中国少年先锋队，这一天是中国少年先锋队的建队日。现在每年的这一天也是各学校选拔少先队新队员的日子。少先队是培养少年儿童成长为社会主义接班人的组织，是建设社会主义和共产主义的预备队。中国共产党委托中国共产主义青年团直接领导少先队。少先队肩负着为党与国家培养可靠的接班人的使命。新时期少先队的根本任务可以从两个层面去阐述，"第一个层面是引导少年儿童有爱心，养成良好的道德行为习惯，增强国家意识、科学意识、劳动意识、审美意识。这是最基本的层面，与国民教育有共同之处，与队章的规定也是一致的。""第二个层面是灌输培养少年儿童对党和社会主义祖国的朴素感情。"②

4. 少先队组织

少先队的最高领导机构是中国少年先锋队我国工作委员会（简称全国少工委），是团中央主管的部门，在省一级是省少工委，设在共青团省委；在市一级是市少工委，设在共青团市委；在区镇一级是区（镇）少工委，设在共青团区（镇）委；再下一级就是社区少工委和学校少先队大队。2009年中山市少先队大胆开创新局面，中山市城区七所小学率先在全国成立校级少工委，创新了少先队组织模式，最大限度地整合了学校以及社会的资源，服务学校少先队工作，为队员发展提供更多的平台。《中国少年先锋队章程》③第十一条规定：凡是6周岁到14周岁的少年儿童，愿意参加少先队，愿意遵守队章，向所在学校少先队组织提出申请，经批准，就成为队员。为了让学生自主管理组织，少先队大队部建立层级管理架构。学校少先队大队下设中队，凡是学生加入少先队组织的，就同时组建了中队；中队下设小队，由队员自由组织小队。

---

① 秦树理. 国外公民学 ［M］. 郑州：郑州大学出版社，2009.
② 张先翱. 实施少先队根本任务的途径和方法 ［J］. 少年儿童研究，2010（20）：44-48，51.
③ 中国少年先锋队第五次全国代表大会2005年6月3日通过。

小队接受中队领导，中队接受大队领导。

二、基本理论

1. 柯尔伯格的道德认知发展理论

柯尔伯格提出了个体道德发展的三个水平的理论，分别是：前习俗水平，处于这一水平的儿童对文化规则中的是非善恶观念十分敏感，其道德判断着眼于人物行为的具体结果或自身利害关系；习俗水平，处于这一水平的儿童已内化现行的社会规则，其特点是能了解、认识社会行为规范，认为规则是正确的，意识到人的行为要顺从现行社会秩序，且有维护社会秩序的内在愿望，并遵守、执行这些规范；后习俗水平，处于这一水平的儿童其特点是道德判断超出世俗法律和权威的标准，能以普通的道德原则和良心为行为的基本依据[①]。柯尔伯格的道德认知发展理论说明学校的思想道德教育在人的道德认知上是发挥主导作用的，学校在开展公民素质教育时要遵循人的道德认知发展规律，并帮助学生提升公民素质认知水平，因为这将直接影响学生公民素质行为的表现。

2. 习惯养成的21天理论

行为心理学认为，一个人新的习惯或理念的形成并得以巩固，至少需要21天的时间，称为"21天效应"。这个现象也告诉我们：一个人的行为、生活方式或想法，如果重复21天就会成为一个习惯性的动作或想法。习惯形成的过程分为三个阶段：第一个阶段（1～7天）的特征是"刻意、不自然"，这一过程让人不自然、不舒服，因为需要刻意地提醒自己去改变，克服困难去做某一动作或坚持某种想法；第二个阶段（8～14天）的特征是"刻意、自然"，要养成的某一动作或某种想法开始变得比较自然，比较舒服了，但是一不留意，还会恢复到以前，因此，需要刻意地提醒自己改变；第三个阶段（15～21天）的特征是"不刻意、自然"，其实这就是习惯，这一阶段被称为"习惯性的稳定期"。进入这个阶段，某一特定的动作或想法就已经变成自身的一种习惯了，

---

① 朱家安. 从柯尔伯格的道德认知发展理论谈现代德育观的建构 [J]. 广西大学学报（哲学社会科学版），2006（4）：35-38.

这种习惯已成为你生命中的组成部分①。习惯养成的"21天效应"给我们的启示是，在德育工作中，小学生的思想品德和行为习惯的养成是需要不断重复和坚持的，作为有智慧的德育工作者应该借助各种活动载体和激励手段，帮助小学生坚持重复某种好的行为和做法，直到超过21天这个时间长度，进而内化为小学生的一种心理自觉，养成一种终身受益的文明行为习惯。

3. 强化理论

美国心理学家斯金纳等人提出的强化理论是指在操作性行为中，如果行为的结果是能使人的需要得到满足，这种行为便会重复出现，并得到增强。运用强化理论来修正人的行为，大致有四种，即正强化、负强化、消退强化、惩罚强化。在实施素质教育的今天，作为教师，我们反对惩罚强化，淡化负强化，在工作中常用的应是正强化和消退强化②。

学校要多用正强化，刻意激发道德情感。正强化是指借用某种具有吸引力的方式，如认可、赞赏、增加工资奖金、提升等奖酬，或创造一种令人满意的环境，以表示对人的某一行为的肯定或奖励，从而使这种行为重复出现。根据这一点，学校在小学生素质教育过程中要多运用正强化，通过树榜样、多表扬、多肯定、多宣扬等手段，让学生自愿自发地养成良好的行为习惯。另外，学校要巧用消退强化，帮助小学生矫正不良倾向。消退强化是指取消正强化，即对学生的某种不良行为和做法不采取行动、不表态，以表示对该行为和做法的轻视或某种程度的否定。一般来说，一种行为长期得不到正强化，就会逐渐消退。实际上消退强化也是一种负强化。消退强化对矫正小学生当中各种不良行为表现和自私自大的思想倾向均有很好的教育效果。

三、相关研究现状述评

近年来，中国部分公民在国外的不文明行为引起了广泛的关注，在抨击这些不文明行为的同时，我们欣慰地发现，人们已经开始重视并对公民素质现状进行反思。此外，社会对学校教育也提出了新的要求：每一名学生在踏入社

---

① 冯伟，方元.21天习惯养成法［J］.香港：中国文化出版社，2011（5）：8–12.
② 钟力平.斯金纳的强化理论及其应用［J］.企业改革与管理，2008（2）：70–71.

会前都应具备一个合格公民应有的公民素质，这就要求当前学校思考如何开展公民素质教育这一课题。这些都是一个良好的开端，特别是近年来学术界对我国公民素质问题做了研究和论述，其研究的焦点问题主要有以下四个方面。

1. 关于公民素质内涵的研究

陈依云提出，公民是社会的细胞，公民素质的高低决定着社会精神文明的面貌。公民素质建设是提高全民族素质的一项基础性工程，有利于推进中国先进文化的建设，有利于"依法治国"与"以德治国"相结合的治国方略的实施，有利于全面推进建设有中国特色的社会主义事业[1]。陈小浒强调，科学素质是公民素质的基础性素质，对构建和谐社会作用重大。公民的科学素质对先进生产力发展起了基础性作用；对上层建筑影响广泛；对建设创新型国家至关重要[2]。冯建彤强调我国社会的法治化进程逐步加快，需要公民提升个人的现代法制观念，从而构筑完备的法律体系和司法体系[3]。罗秋萝提出，公民作为和谐社会的主要元素，是构建和谐社会、推动社会进步的主要力量。而应建设和谐社会的要求，公民应从高素质、高品位及较高法律意识努力提升自身素质，从而成为与和谐社会相适应的合格公民[4]。

综上所述，公民素质是指一个公民应具备的一种内在的质的规定，其内涵包括公民道德建设、公民科学素质及现代法制观念，公民素质的提高对建设和谐社会、加快创新型城市的建设及加快推动中国社会主义法治社会的进程有着深刻而长远的意义。

2. 关于我国公民素质状况存在的不足的研究

葛红兵、刘凤美在《公民素质与文化创意产业》中运用大量的数据说明我国公民文化素质现状，文化软实力不足，而公民素质的高低需由教育投入和文化产业产出的"硬件"来支撑，强调要在公民文化生活中创造宽容、创新、

---

① 陈依云.公民道德建设，精神文明建设的基础性工程［J］.理论探索，2008（3）：25–26.

② 陈小浒.科学素质与和谐社会［J］.科协论坛，2007（1）：6–7.

③ 冯建彤.倡导现代法制观念 提高公民法律素质［J］.安徽冶金科技职业学院学报，2008（S1）：113–115，117.

④ 罗秋萝.和谐社会与公民素质［J］.江苏省社会主义学院学报，2007（46）.

和谐的精神生态，着重发展文化创意产业①。徐善衍指出，改革开放以来，我国公民科学素质有了很大提高，但仍远远不能适应我国实现全面建设小康社会的宏伟目标，状况堪忧，并提出需认真贯彻落实人才强国战略，促进全民科学素质的提高，使我国从人口大国迈向人力资源强国②。

中华人民共和国成立后，宪法明确规定"凡具有中华人民共和国国籍的人都是中华人民共和国的公民"，我国公民的历史仅有短短的60余年，且中华人民共和国成立后也没有进行过完整的公民意识教育，更由于特定的经济、政治、文化等原因，公民意识淡薄、公民素质低是不争的事实。严峻的现实使我们清晰地认识到提高全民公民素质的紧迫性，能担此重任的唯有教育。

3. 关于公民素质教育的比较研究

武卉昕本着对中国公民素质教育现状的忧思及对俄罗斯国情的了解，对两国公民素质的历史、现状、目标、内容特点、方法等方面进行了翔实的分析和比较，并指出中国公民素质及教育的弱点和不足，进一步提出了提高我国公民素质的有效途径③。丁玮提及中国和美国虽然是两个意识形态完全不同的国家，但是公民素质教育就其本身的社会道德要求和一定的政治倾向性而言具有相通之处，并在文章对中美公民素质教育方法从多方面进行了比较与研究，在此基础上看到可借鉴之处、找到不足之处并加以改进④。诸惠芳客观地总结了世界各国实施中小学公民素质教育的基本经验，并在此基础上结合我国实际，提出我国实施中小学公民素质教育应当着重注意的一系列问题⑤。

改革开放后，中国迅速发展起来，在经济、社会等方面均进入世界前列，但公民素质整体上相比于其他国家而言还是比较低的，公民素质教育也滞后于其他国家。应通过与世界各国公民素质教育的比较，反思我国公民素质教育的进程，借鉴其他国家的有效经验，找到自身的不足之处并加以改进。

---

① 葛红兵，刘凤美.公民素质与文化创意产业［J］.社会观察，2008（1）.

② 徐善衍.全面建设小康社会必须大力加强公民科学素质建设［J］.中国青年科技，2004（3）.

③ 武卉昕.中俄公民素质教育的比较分析［D］.哈尔滨：哈尔滨工程大学，2004.

④ 丁玮.中美青少年公民素质教育借鉴比较［J］.江西青年职业学院学报，2003（11）.

⑤ 诸惠芳.中小学公民素质教育的国际比较［J］.中小学教学教材，2014（3）.

4. 关于公民素质教育的内容、策略与途径的研究

温婧指出，公民素质教育需要通过一定的途径加以实现，从家庭、学校及社会三个层面加强公民素质教育。在家庭层面，家长要对孩子开展公民意识的启蒙教育，让孩子从小能够对公民意识有所了解；在学校层面，学校要从构建学校课程体系、开展公民实践活动、引导学生参与学校和班级管理以及建立师资队伍等方面对学生开展公民素质教育；在社会层面，国家要发挥好政府实施公民素质教育的主导作用，加强大众传媒的宣传与引导，优化公民素质教育的整体环境[1]。王静在公民教育的理念、内容体系、目标等层面对如何改善我国公民教育实施现状提出两点要求，即充分发挥政府实施公民教育的主导作用和重点突出学习实施公民教育的基础地位[2]。唐书怡以"小悦悦被车碾压事件"为切入点，反思中国如今出现的道德低洼，旨在探索出与当前多元文化背景具有同一性，与社会主义现代化发展要求相适应的公民道德教育实施战略，强调须大胆学习国外的先进经验、强化网络道德教育阵地、教育内容关注群众需求及强化社会舆论的正面引导[3]。

学生正处于世界观、人生观、价值观形成的关键时期，公民素质养成和教育更应该从小抓起。结合上述文献的研究成果，学校应从教育起点、平台、载体和动力四方面入手，推动小学生公民素质教育的发展：一是遵循学生身心发展规律，适时开展公民素质教育，让小学生逐步加深对公民素质的认知；二是有效地整合社会、家庭和学校这三个教育平台，形成公民素质教育的强大合力；三是通过科学合理、丰富多彩的社会实践活动和校园文化建设等载体，提升小学生对公民素质教育的参与度；四是有效地借助大众传媒的力量，加大宣传力度，营造全社会关心、支持和参与公民素质教育的良好氛围。

四、研究思路与方法

1. 研究思路

本文以水云轩小学开展公民素质教育的探索为研究对象，通过对水云轩

---

① 温婧. 公民素质教育的意义、内容与途径［D］. 内蒙古：内蒙古师范大学，2013.

② 王静. 我国公民教育实施现状及对策研究［D］. 合肥：合肥工业大学，2010.

③ 唐书怡. 多元文化背景下的公民道德教育实施策略探究［J］. 中学政治教学参考，2013（9）.

小学公民素质教育的现状和困难的分析，探索在水云轩小学开展公民素质教育的策略与途径。

2. 研究方法

（1）文献法

收集相关的理论、文献资料，学习科学理论，借鉴成功经验，查新论证，指导实践。

（2）问卷调查法

通过对水云轩小学3~6年级学生发放"公民素质"调查问卷，学生问卷共有21题，涉及小学生的公民素质认知、公民责任意识、公民主体意识、小学生公民素质行为表现、小学生公民素质教育现状与评价五个方面的问题，并根据不同的问题情境和研究所要得到的有效信息设计选项。为了研究教师在小学生公民素质教育中的作用与影响，设计了教师问卷。教师问卷共20道题，涉及对学生公民素质的评价、学校对学生进行公民素质教育评价以及存在的问题等方面。

（3）访谈法

通过访谈，用具有情境的典型事例佐证调查问卷所反映的问题，拓宽研究问题的思路以及探讨更具有现实意义的策略。

中山市水云轩小学学生公民素质养成与教育调查

一、公民素质养成与教育现状——基于学生的调查

1. 样本描述

本次对学生的调查样本一共有500份，回收问卷500份，删除信息不全的问卷13份，有效问卷487份，有效率为97.40%。从性别的分布上看，男生有247人，占50.70%；女生有240人，占49.30%，性别分布比较均匀。从年级分布上来看，五年级学生样本最多，占总样本的45.20%，三年级、四年级和六年级的学生数比较接近，分别占样本数的20.30%、19.70%和14.80%。年龄分布与年级分布相关，10岁年龄段的学生最多，其他年龄段的学生数比较接近。从学生父亲的职业分布上看，自由职业者占样本的比重最高，为26.90%；个体经营者占样本的比例最小，为16.40%。从学生母亲的职业分布上看，专业技术人员和家庭主妇占样本的比重较高，分别为23.60%和39.20%。样本的人口学变量统计结果见表1。

表1 样本的人口学变量统计结果

题项	组别	样本	百分比（%）	题项	组别	样本	百分比（%）
年级	三年级	99	20.30	年龄	8岁	80	16.40
	四年级	96	19.70		9岁	102	20.90
	五年级	220	45.20		10岁	180	37.00
	六年级	72	14.80		≥11岁	125	25.70
学生父亲职业	个体经营者	80	16.40	学生母亲职业	个体经营者	60	12.30
	工人	82	16.80		工人	60	12.30
	公务员与企业管理人员	83	17.00		公务员与企业管理人员	61	12.50

题项	组别	样本	百分比（%）	题项	组别	样本	百分比（%）
学生父亲职业	专业技术人员	111	22.80	学生母亲职业	专业技术人员	115	23.60
	自由职业者	131	26.90		家庭主妇	191	39.20

2. 小学生公民素质养成现状分析

（1）公民素质认知

探讨小学生公民素质养成现状。首先，要了解小学生对公民素质教育活动的认知问题，即学生是否知道合格的公民素质的行为规范是什么；在日常行为中，哪些行为是不符合公民素质规范的；怎么做才是正确；等等。本次调查在学生问卷中设计了3个题目用以调查学生的公民素质认知问题。学生问卷中第1~3题的具体分析见表2~表4。

表2　志愿者服务活动的意义认知（公民素质认知）统计表

选　项	样本	百分比（%）
A. 可以帮助他人	326	66.90
B. 有承担社会责任的教育意义	136	27.90
C. 没有想过这个问题	20	4.10
D. 没什么意义	5	1.00
合计	487	100.00

表2是对学生问卷中第1题的分析。在第1题中，我们可以看到，在"志愿者服务活动的意义认知"的调查回答中，选择A选项的学生有66.90%，说明多数学生认识到了志愿者服务活动的意义所在；选择B选项的学生有27.90%，说明学校教育对学生是有很大影响的，但是这种影响对部分学生还没有转化为行动；选择C选项的学生有4.10%，说明少数学生还没有关注到这一块，或者说教育没有有效地引导学生去关注；选择D选项的学生有1.00%，说明有部分学生没有帮助服务别人的意识。总体来说，大部分学生都认为志愿者服务活动可以帮助他人，学校教育能够对小学生产生很大的影响。不过，学校应意识到，教育学生不能只是空洞地说教，更要从实践中教会学生知道应该怎么做以及这样做的意义是什么。

表3　对在公共场所不顾别人大声讲话的人的看法（公民素质认知）统计表

选　项	样　本	百分比（%）
A. 不礼貌	290	59.50
B. 不懂礼貌	179	36.80
C. 嗓子大	6	1.20
D. 很着急	12	2.50
合计	487	100.00

表3是对学生问卷中第2题的分析。在第2题中，我们可以看到，在"对在公共场所不顾别人大声讲话的人的看法"的调查回答中，选择A选项的学生有59.50%，说明很大一部分学生知道这是不礼貌的行为；选择B选项的学生有36.80%，说明这部分学生不仅知道这样的行为不礼貌，还知道应该怎样才是礼貌的；选择C选项和D选项的学生分别为1.20%和2.50%，这说明少数学生还没有接受关于公共场合的礼貌教育。总体来说，大部分小学生都知道什么是不礼貌的行为，但还需要让学生知道什么样的行为才是礼貌的。

表4　班里或者学校开展班队干部竞选意义和目的认知（公民素质认知）统计表

选　项	样　本	百分比（%）
A. 为同学服务	248	50.90
B. 锻炼自己	192	39.40
C. 提高自己的威信	19	3.90
D. 可以受到老师的重视	28	5.70
合　计	487	100.00

表4是对学生问卷中第3题的分析。在第3题中，我们可以看到，在"班里或者学校开展班队干部竞选意义和目的认知"的调查回答中，选择A选项的学生有50.90%，说明有一半以上的学生参与竞选班队干部都是为同学服务的，他们的服务意识和团队意识较强。选择其他选项的学生共有49.10%，说明近一半的学生的竞争意识比较强，这跟现代人的生活压力有一定的关系。总体来说，大多数学生参与班队干部竞选都是为同学服务，服务意识相对较强，但是学校还是应该加强对学生助人为乐精神的培养和服务意识的教育。

（2）公民责任意识

小学生公民责任意识的养成，对学生公民素质的行为规范提升有重要的意义。这一部分问卷涵盖了保护环境的责任意识、做学校主人翁的责任意识、需要什么样的团队以及公平公正意识等方面。在本次的学生问卷中，第4～6题的具体分析见表5～表7。

表5　保护环境的责任意识（公民责任意识）统计表

选 项	样 本	百分比（%）
A. 要从我做起	406	83.40
B. 是大人们的事	3	0.60
C. 是环卫工人的事	7	1.40
D. 是国家的事	71	14.60
合计	487	100.00

表5是对学生问卷中第4题的分析。在第4题中，我们可以看到，在"保护环境的责任意识"的调查回答中，选择A选项的学生占83.40%，说明学生具有良好的公民责任意识，绝大多数学生已经建立了"保护环境，人人有责"的意识。但是选择其他选项的学生共有16.60%，这说明还是有部分学生的公民责任意识薄弱，这表明平时学生生活过于依赖父母、老师或是父母干预得过多，教育不足。其中选择C选项的学生占1.40%，说明这部分学生的环保意识不强，没有参与的精神，认为环境保护都是环卫工人的事情，可能在平时的生活中也会有乱扔垃圾的行为，并理所当然地认为总会有环卫工人去清洁的。

表6　为了美化校园，对学校征求学生意见看法（公民责任意识）统计表

选 项	样 本	百分比（%）
A. 为了建设美丽的校园，我积极表达自己的意见	422	86.70
B. 这不是我关注的事，管好自己就行了	18	3.70
C. 这是校长的事，没有必要征求学生的意见	21	4.30
D. 这是走形式，即使学生发表了意见也没用	26	5.30
合计	487	100.00

表6是对学生问卷中第5题的分析。在第5题中，我们可以看到，在"为

了美化校园，对学校征求学生意见看法"的回答中，选择A选项的学生占86.70%，说明学生具有"我是学校一分子"的意识，愿意为建设校园积极主动地去提出自己的意见，会较好地行使及履行小主人翁的权利和义务；选择B选项的学生占3.70%，说明这部分学生有不管闲事、"事不关己，高高挂起"的想法，不想行使及履行向教师和学校提意见的权利和义务，主动放弃这份责任；选择C选项的学生占4.30%，可以反映出学生在平时的学习生活中，习惯于听从教师和家长的安排，行为和思想上都缺乏主动性；选择D选项的学生占5.30%，这些学生在平时生活中可能向教师提过意见和想法，却被教师以不正确的方法否定，导致学生不再关心学校事务，认为提了也没用。

表7 在班上民主投票推选大队委和班干部，你一般会怎么做（公民责任意识）统计表

选 项	样 本	百分比（%）
A. 推选最佳人选	368	75.60
B. 投自己一票	47	9.70
C. 帮好同学拉票	42	8.60
D. 推选关系好的同学	30	6.20
合计	487	100.00

表7是对学生问卷中第6题的分析。在第6题中，我们可以看到，在"班上民主投票推选大队委和班干部，你一般会怎么做"的回答中，选择A选项的学生占75.60%，说明大部分学生有较强的责任意识，知道选出来的班干部和大队委是要为学生服务的，要选择合适的能够担当的人；选择B选项的学生占9.70%，这类学生可能自认能够担当这一责任，也可能是出于某种私心和利益，责任意识比选A选项的学生较差；选择C选项的学生占8.60%，如果"好同学"的理解是具有担任职务能力的同学，这个选项也是可以的；选择D选项的学生占6.20%，表明有一部分学生并没有意识到其责任。

（3）公民主体意识

学生公民主体意识的养成，从教育的意义上看就是个体自我意识的养成，对学生公民素质的提升起着重要的促进作用。这一部分问卷涉及了学生在完成某项任务的时候是否会对自己提出合适的要求，进行适当的约束，面对同伴之间竞争的心态，以及如何看待自己的优缺点和自我评价等主体意识。在本

次的学生问卷中，第7～8题的具体分析见表8、表9。

表8　对轮流值日做清洁的态度（公民主体意识）统计表

选　项	样　本	百分比（%）
A. 认真打扫卫生	290	59.50
B. 尽力做到最好	165	33.90
C. 只要不比别人做得差就行	24	4.90
D. 过得去就行	8	1.60
合计	487	100.00

　　表8是对学生问卷中第7题的分析。在第7题中，我们可以看到，在"对轮流值日做清洁的态度"的回答中，选择A选项的学生占59.50%，这个选项表明学生只是单纯地完成一个任务；选择B选项的学生占33.90%，这个选项体现的是学生对自我的要求，在完成某项任务的时候会注重能力的学习和提升；选择C选项的学生占4.90%，选择D选项的学生占1.60%，这两项说明有部分学生并不是很乐意为教室的清洁出力，只是轮值的时候不得不做，有竞争对手的存在和比较才会促使他去努力地完成，如果没有可以比较的人可能就会降低要求，过得去就行，这也说明竞争对手的重要性，教师可以适当激发学生之间的良性竞争，促进学生进步。

表9　意识到自己在某些方面比不上别人时的回答（学生主体意识）统计表

选　项	样　本	百分比（%）
A. 努力赶上	392	80.50
B. 发展自己特长	64	13.10
C. 承认不如别人	19	3.90
D. 用自己的优点比别人的缺点	12	2.50
合计	487	100.00

　　表9是对学生问卷中第8题的分析。在第8题中，我们可以看到，在"意识到自己在某些方面比不上别人时"的回答中，选择A选项的学生占80.50%，努力赶上是对自己不足的正确认识和对他人优秀的一种肯定，是正确的竞争意识的体现；选择B选项的学生占13.10%，这个选项反映学生有较好的心理素质和自我调节的能力，这方面不如他人，我就努力发展自己擅长的方面，这点值

得肯定，但是缺乏对自我缺点的正确认识，有逃避心态。选择C选项的学生占3.90%，这个选项说明学生缺乏必要的竞争意识，有心理自卑的体现，在某种教育方式下容易出现此类心理特征，比如常见的"别人家的孩子"，父母和教师对学生自信心的培养不够到位，缺少必要的鼓励和引导。选择D选项的学生占2.50%，这个选项表明学生不敢承认自己的缺点和不足，没有要改正自我不足的意识，缺少向优秀的人学习的意识。

（4）公民素质行为表现

在了解学生对公民素质认知、公民责任意识和公民主体意识的基础上，需要进一步了解小学生公民素质行为表现处在何种水平上，这是本次研究关注的重点。我们选择了人们普遍关注的公民素质问题中的社会责任感与社会责任智慧、是否愿意帮助他人、生活自理能力以及相关行为表现等问题进行调查。在本次的学生问卷中，第9~15题的具体分析见表10~表16。

表10　当有老人摔倒需要帮助时，你会怎么做（公民素质行为表现）统计表

选　项	样　本	百分比（%）
A. 毫不犹豫地帮助	402	82.50
B. 打110报警	52	10.70
C. 想到做好事会有麻烦的	24	4.90
D. 想到不要理睬吧	9	1.80
合计	487	100.00

表10是对学生问卷中第9题的分析。在第9题中，我们可以看到，在"当有老人摔倒需要帮助时，你会怎么做"的回答中，选择A选项的学生有82.50%，首先说明小学生的思想比较单纯，其次是学校每年开展的学雷锋活动效果显著，大多数学生都会选择去帮助摔倒的老人。选择B选项的学生有10.70%，对于小学生来说，这是当今社会应该倡导的科学智慧的帮助他人的方式，但是选择采取这种方式帮助他人的小学生数量远远低于选择"毫不犹豫地帮助"的，说明小学生的社会责任智慧还是非常薄弱的，也说明学校在教育学生履行社会责任时的教育智慧还有不足，这一方面做得还远远不够或者说没有取得很好的效果。选择C选项的学生占4.9%，说明社会上借摔倒敲诈的负面新闻已经影响到学生参与助人为乐的积极性。选择D选项的学生有1.80%，说明少数学生需要加强这方面素质的教育，这类学生的社会行为表现可能与家庭教育的缺失有

关，需要重点分析。总体来说，大多数小学生都知道要帮助他人，都有乐于助人的意识，但是仍有很大一部分学生缺乏履行社会责任的智慧，这也说明我们的教育成功地教给了学生帮助他人的意识，但是并没有很好地教给他们帮助他人的正确做法。

表11　在公交车上遇见老年人和孕妇让座的行为（公民素质行为表现）统计表

选　项	样　本	百分比（%）
A. 主动让座	434	89.10
B. 有人让座我也让座	23	4.70
C. 别人没要求一般不让座	24	4.90
D. 不会让座	6	1.20
合计	487	100.00

表11是对学生问卷中第10题的分析。在第10题中，我们可以看到，在"在公交车上遇见老年人和孕妇让座的行为"的回答中，认为"老年人和孕妇在社会人群中都属于弱势群体"，选择A选项的学生占89.10%，说明大部分小学生都知道对弱势群体要给予更多的关爱，主动让座体现了学生具有良好的素质，有奉献精神和同情心，懂得尊老爱幼。选择B选项的学生占4.70%，占比很小，说明了在小学生行为观念没有十分成熟的情况下，行为上容易受他人的影响，由此可见，在平时的生活中，教师、家长及社会其他成员的行为规范会影响小学生的行为选择，在小学生教育中榜样的作用不容忽视。选择C选项的学生占4.90%，说明小学生是愿意让座的，只是不愿意主动，如果有第三者要求给上车的老人或者孕妇让座位，小学生也是愿意让座的，说明他们有关爱之心，但是对要关爱弱势群体的认识不够。选择D选项的学生占1.20%，这类学生对于尊老爱幼的传统美德的认知存在缺失。

表12　在公共场所看见水流不止的水龙头你会怎么做（公民素质行为表现）统计表

选　项	样　本	百分比（%）
A. 立即关掉	414	85.00
B. 顺手就关掉	67	13.80
C. 观望他人	2	0.40

选 项	样 本	百分比（%）
D. 当没看见	4	0.80
合计	487	100.00

表12是对学生问卷中第11题的分析。在第11题中，我们可以看到，在"在公共场所看见水流不止的水龙头你会怎么做"的回答中，选择A选项的学生占85.00%，它体现的是一种公民责任感和"节约资源，人人有责"的思想。选择B选项的学生占13.80%，可以理解为在自己顺手的情况下才会主动关掉水龙头，反之不顺手的话可能就算看见也当看不见，但是也具有一定的节约资源的意识。选择C、D选项的学生分别占0.40%和0.08%，这两类选项可以反映两个问题：一是榜样的带动力量，二是学生的公民意识。关掉水流不止的水龙头是一个很平常的小举动，但可以看出，需要加强学生的主人翁意识和社会责任意识。

表13 参加学校组织的社区志愿服务活动的频率（公民素质行为）统计表

选 项	样 本	百分比（%）
A. 经常参加	123	25.30
B. 有时参加	196	40.20
C. 很少参加	98	20.10
D. 没有参加过	70	14.40
合计	487	100.00

表13是对学生问卷中第12题的分析。在第12题中，我们可以看到，在"参加学校组织的社区志愿服务活动的频率"的回答中，选择A选项的学生有25.30%，选择B选项的学生有40.20%，选择C选项的学生有20.10%，选择D选项的学生有14.40%。结合表13对学生问卷中第12题，对志愿者服务活动的意义认知的分析说明，虽然很多学生认为社区志愿服务活动可以帮助他人，但在具体的实践过程中经常参加的并不多，甚至还有一部分学生从没参加过，这说明学生在参加社区志愿服务活动的行动上还需加强，学校的教育不只是让学生认识到参加社区志愿服务活动可以帮助他人，还要真正让学生做到帮助他人，或者学会帮助他人。

表14　每天上学整理学习与生活用品的情况（公民素质行为）统计表

选　项	样　本	百分比（%）
A. 在前一天晚上自己整理好	328	67.40
B. 由自己整理好	127	26.10
C. 临时准备	24	4.90
D. 由长辈整理好	8	1.60
合计	487	100.00

　　表14是对学生问卷中第13题的分析。在第13题中，我们可以看到，在"每天上学整理学习与生活用品的情况"的回答中，选择A选项的学生有67.40%，说明大部分学生不仅具有自理能力，能够自己整理物品，而且有很好的习惯，会在前一天晚上整理好，这是非常好的。选择B选项的学生有26.10%，这部分学生能够自己整理物品，也是非常不错的。选择C选项的学生有4.90%，说明这部分学生并非自己不会整理或者没有自理能力，只是没有养成合理地规划自己时间的习惯。选择D选项的学生有1.60%，说明还是有少数学生需要长辈来帮助整理物品，自理能力较差或者说没有自理能力。总体来说，大部分学生的自理习惯养成较好，其自理能力也比较强，说明学校和家庭都很注重学生自理能力的培养。

表15　"你好、谢谢、对不起、没关系"等礼貌用语使用情况（公民素质行为）统计表

选　项	样　本	百分比（%）
A. 已经成为习惯用语	299	61.40
B. 必要时一定会用	120	24.60
C. 有时会用	52	10.70
D. 一般不会用	16	3.30
合计	487	100.00

　　表15是对学生问卷中第14题的分析。在第14题中，我们可以看到，在"你好、谢谢、对不起、没关系等礼貌用语使用情况"的回答中，选择A选项的学生有61.40%，说明大多数学生都养成了说"你好！""谢谢！""对不起！""没关系！"等良好的礼貌用语的习惯，这是非常不错的。选择B选项的学生有24.60%，这部分学生知道这些礼貌用语，并且在必要的时候会用，但

他们还没有将使用礼貌用语形成一种习惯。选择C选项的学生有10.70%，说明有少数学生知道这些礼貌用语，但是并不能够经常性地使用，还需要对这些学生加强这方面的培养，要让学生养成使用礼貌用语的习惯。选择D选项的学生有3.30%，说明还有学生一般不会用礼貌用语，这部分学生并非本身不礼貌，很可能是没有接受这方面的教育，尤其是家庭教育。总体来说，大多数学生会习惯性地使用"你好！""谢谢！""对不起！""没关系！"等礼貌用语，但是部分学生还是需要加强礼貌用语的使用，使礼貌用语成为与人交往的常态用语和行为方式，"言如其人"，这既是社会对一个人的公民素质的评价标准，也是衡量一个社会的文明程度。社会和学校应该高度重视这方面的教育。

表16　学校公用洗碗水槽堵塞了是否能够主动清理（公民素质行为）统计表

选　项	样　本	百分比（%）
A. 主动帮忙	396	81.30
B. 老师叫我去就去	47	9.70
C. 一般不会主动帮忙	39	8.00
D. 装没看见	5	1.00
合计	487	100.00

表16是对学生问卷中第15题的分析。在第15题中，我们可以看到，在"学校公用洗碗水槽堵塞了是否能够主动清理"的回答中，选择A选项的学生有81.30%，这是非常好的，说明大部分学生都关注身边的小事，并且能够从小事做起，身体力行。选择B选项的学生有9.70%，说明这部分学生并非不关注身边的小事，只是还没有形成主动关注的意识。选择C选项的学生有8.00%，说明这部分学生只是在某些特定的场合或者根据自己的状态有选择性地关注身边的小事，在家长和教师的引导下，学生才会关注身边的小事，从小事做起。选择D选项的学生有1.00%，说明这些学生不愿意关注身边的小事，明知身边有些小事会给大家带来不便，但是认为这不关自己的事，不想有所作为，这些学生需要学校和家庭的共同教育和引导。总体来说，大部分学生会关注身边的小事，从小事做起的公民意识较强，但是还有部分学生需要教师和家长的教育与引导。

3. 公民素质教育现状

（1）学校教育

在学校，对学生进行公民素质教育的途径有很多，如学校每周的升国旗仪式，通过升国旗唱国歌可以培养学生的国家意识及爱国意识；德育课的教师对学生进行专题和专门的公民素质教育，也是影响学生公民素质的主渠道。那么学校的教育活动对学生有何影响呢？学生又是怎样评价这些教育的有效性呢？在本次的学生调查问卷中，第16～18题的具体分析见表17～表19。

表17　学生参加升国旗时的感受（公民素质教育）统计表

选　项	样　本	百分比（%）
A. 感到很庄严	207	42.50
B. 产生自豪感	200	41.10
C. 感到就是升旗	65	13.30
D. 想别的事	15	3.10
合计	487	100.0

表17是对学生问卷中的第16题的分析。在第16题中，我们可以看到，在"在参加升国旗仪式时你经常会有什么感觉或者在想什么"的回答中，选择A选项的学生有42.50%，说明升旗仪式可以给学生带来庄严、肃穆、严肃和敬畏的感觉，小学生在升旗仪式下的这种感觉，可以对小学生公民素质中的国家意识和民族精神培养产生影响。选择B选项的学生有41.10%，说明学生具有积极的自我感觉。例如，"我感到我在国旗下成长，我很幸福""我感到我是一个中国人，我很自豪"等，对于小学生公民素质教育而言，这也是不可忽视的一种教育。从现实情况来看，学生知道升国旗是一件很庄严、肃穆或是一件倍感自豪的事情，说明升旗仪式已经达到了对小学生公民素质教育的作用。不可忽视的是，选择C选项的学生有13.30%，表明这部分学生认为升旗就是一种形式，说明这些学生没有正确地理解升旗仪式的作用，也说明升旗仪式对这部分学生没有起到很好的教育效果。选择D选项的学生有3.10%，说明有极少数学生参加升旗仪式是迫于校纪校规的强制规定，升旗仪式对于这些学生而言，没有起到教育作用。总体来看，要让学生深刻认识到升旗仪式是一件非常严肃的事情，学校还要进一步强化学生对升旗仪式的认知教育，让学生真正地理解升旗的意义和目的。

表18　对德育课的老师上课评价（公民素质教育）统计表

选　项	样　本	百分比（%）
A. 讲得很生动很有趣	23	47.00
B. 讲的知识不讲都知道	229	4.70
C. 很无聊	43	8.80
D. 使我长知识了	192	39.40
合计	487	100.00

　　表18是对学生问卷中第17题的分析。第17题是想了解学生对于德育课与公民素质教育的评价、知识积累的认识以及对是否得到知识的一个判断。在第17题中，选择A选项的学生占47.00%，这部分学生最多，一方面有可能是教师的德育课讲得十分生动有趣，另一方面有可能是在外部因素的影响下勾选的，反映的是学生对教师授课方式的满意程度。选择B选项的学生占4.70%，反映了教师的信息更新程度在一定程度上落后于学生。选择C选项的学生占8.80%，可能反映了学生对于教师讲课的内容和形式都不喜欢。选择D选项的学生占39.40%，从小学生公民素质养成看，学校的德育课科任教师肩负着重要的责任，小学生德育课是学生养成良好的公民素质与习惯的重要途径，通过德育课能使学生提高对公民素质的认知、意识，使学生在生动有趣的故事中增长知识是非常重要的，也是必须强调的。

表19　教师对学生生活和学习习惯的养成关注程度（公民素质教育）统计表

选　项	样　本	百分比（%）
A. 非常重视	418	85.80
B. 有时实在看不惯就管管	22	4.50
C. 不一定关注	33	6.80
D. 只关注成绩	14	2.90
合计	487	100.00

　　表19是对学生问卷中第18题的分析。在第18题中，我们可以看到，在"教师对学生生活和学习习惯的养成"关注程度的回答中，选择A选项的学生占85.80%，说明大多数教师关注学生生活和学习上的习惯养成，这对学生公民素质的养成有着直接的正能量的意义。选择B选项的学生占4.50%，说明也有一

些教师对学生的不良习惯和行为表现往往是睁一只眼闭一只眼的，只要不特别严重教师都不去管，教师的这种忽视的态度不利于学生养成良好的公民素质，可能会导致学生抱有侥幸心理，放松对自己的要求，助长不良习惯。选择C选项的学生占6.80%，选择D选项的学生占2.90%，选择这两个选项的可能是学习成绩较差的学生。在班级中，时常会出现成绩好的学生会得到教师更多的关注，成绩较差的学生会被要求不要扰乱班级秩序和课堂纪律即可，对其学习习惯不做太多关注。这就要求教师更多地关注学习成绩较差的学生，学生成绩不佳或者基础较差，但他们仍需要培养良好的学习习惯和教师的关爱。

（2）家庭教育

良好习惯的养成是良好的公民素质的基础，特别是对于小学生个体成长的初期阶段而言，父母是孩子的第一任老师，也是在其成长初期的最重要的老师。父母对孩子的良好习惯的养成对于小学生而言至关重要。在本次学生问卷中，第19题的具体分析见表20。

表20　父母对孩子生活和学习习惯的养成关注程度（公民素质教育）统计表

选　项	样　本	百分比（%）
A. 非常重视	429	88.10
B. 有时实在看不惯就管管	26	5.30
C. 不一定关注	22	4.50
D. 只关注成绩	10	2.10
合计	487	100.00

表20是对学生问卷中第19题的分析。在第19题中，我们可以看到，在"父母对孩子生活和学习习惯的养成"关注程度的回答中，选择A选项的学生占88.10%，其比例高于教师对学生生活和学习习惯的养成教育评价，即对于教师而言，更多的家长关注孩子生活和学习上的习惯养成，这说明家庭对孩子的公民素质教育更加重视，对学生的公民素质的养成具有直接的、正能量的意义。选择B选项的学生占5.30%，对此分析，笔者认为可能是家长工作较忙，用于关心孩子生活及学习细节上的精力不足，属于只看结果不看过程一类的家长。选择C选项的学生占4.50%，选择D选项的学生占2.10%，这两项说明这一部分学生的家长可能会对成绩过分重视，在孩子有退步现象时采取较冷的态度或进行惩罚，而不关注孩子退步的原因或没能在平时生活中帮助孩子找出原因，

让孩子觉得家长只关心成绩。这些数据说明，要关注家庭教育对学生良好的公民素质养成的影响。

（3）社会教育

社会开展传统节日的庆祝和主题教育活动可以引导人们对民族的认知以及培养民族自豪感，以激发民族精神和爱国精神。从小学生生活的空间和受教育的客观环境看，社会对他们的影响至关重要。小学生对中国传统节日所蕴含的深厚意义的理解，可以培养学生的民族精神和对中华民族传统文化的认同感和自信心。社会主义核心价值观涵盖了国家、社会、个人层面的价值准则，对小学生加强社会主义核心价值观的教育，帮助学生在成长的道路上找准社会的价值取向和正确的社会风尚，为学生的终身发展奠定了坚实的价值观和人生观基石，也是提升学生公民素质认知的直观手段。

表21 学生对节日的偏好（公民素质教育）统计表

选 项	样 本	百分比（%）
A. 六一	205	42.10
B. 春节	200	41.10
C. 圣诞节	52	10.70
D. 中秋	30	6.20
合计	487	100.00

表21是对学生问卷中第20题的分析。在第20题中，可以看到，在"你最喜欢过的节日是什么"的回答中，选择A选项的学生最多，有42.10%；选择B选项的学生占41.10%；选择C、D选项的学生分别有10.70%和6.20%，这是符合小学生的年龄特征的，说明被调查的对象是自己认真作答。从学生偏好的节日占比可以看出，社会将六一儿童节作为学生的共同节日，让学生眼里能有自己的节日，使学生感受到了节日的快乐。从理论上讲，一个文明的社会，以法定的方式给儿童过节，这本身就是一种社会公民素质教育，寄期望于未来，学生是这个社会的未来，这种期许也是潜移默化的公民素质教育。同时，在社会对六一儿童节的关注下，学校开展一系列主题活动以及展示学生的才艺，都是对学生进行公民素质教育的重要环节。

春节是与中国传统习俗有密切关系的节日，春节被赋予的含义是团圆、合家欢，对于家长长期在外地工作的学生而言，春节是一家人最开心的时候。

中秋节同样是中华民族的传统节日，但占比只有6.20%，这一比例是非常低的，说明社会和学校在传统文化和中华民风民俗的教育方面需要加强重视。而圣诞节等西方节日却越来越吸引小学生，这是学校应该关注和反思的。

表22　对社会主义核心价值观的背诵情况（公民素质教育）统计表

选　项	样　本	百分比（%）
A. 完全能背诵	330	67.80
B. 能背诵一些	142	29.20
C. 不能背诵	11	2.30
D. 背诵没有意思	4	0.70
合计	487	100.00

从小学生的学习与教育活动规律看，首先应该让学生形成"是什么"的概念，这种"是什么"的概念可以利用"诵读"的方法，让其了解社会主义核心价值观的内容。按照记忆的规律看，背诵是记忆很好的方法。表22是对学生问卷中第21题的分析。在第21题中，可以看到，在"对社会主义核心价值观的背诵情况"的回答中，选择A选项的学生有67.80%，选择B选项的学生有29.20%，选择C、D选项的学生分别有2.30%和0.70%。大多数学生能背诵或背诵一些社会主义核心价值观，说明在学校和社会的影响下，绝大多数小学生对社会主义核心价值观的内容是什么很了解，社会主义核心价值观的教育在社会和学校贯彻得比较扎实。但是从严格意义上看，有32.20%的学生是不能完全背诵其内容的，这说明在进行小学生公民素质教育中还存在上级有要求就"抓一阵子"，上级不检查"排不上位子"的突击性、应景式教育的现象。

4. 不同人口学背景的差异分析

学生的公民素质不仅与学校教育、家庭教育、社会教育有关，还与学生的性别、年龄、父母的职业背景有关，本研究利用学生问卷中学生的性别、年龄和年级、父母职业背景等人口学信息进行差异分析。

（1）性别与公民素质差异

为了分析不同性别的小学生在公民素质上的差异，本研究采用独立样本T检验的方法进行分析。表23显示，小学生公民素质的性别差异主要表现在认知、责任意识、主体意识、行为表现和素质教育五个维度。男、女学生除在认知维度上没有显著差异外，在责任意识、主体意识、行为表现和素质教育四个维度上都有显著性差异。从T检验的结果看，女学生在责任意识、主体意识、行为表现和素质教育方面的显著性高于男学生。

表23 小学生公民素质的性别差异（T检验）

公民素质	男生		女生		T	方差
	均值（M）	标准差（SD）	均值（M）	标准差（SD）		
认知	10.15	1.335	10.36	1.156	−1.876	0.062
责任意识	10.88	1.748	11.25	1.330	−2.576	0.000
主体意识	6.89	1.000	7.06	.790	−2.049	0.015
行为表现	23.86	3.155	24.50	2.199	−2.614	0.001
素质教育	20.96	2.665	21.65	2.124	−3.194	0.003

（2）年龄和年级与公民素质差异

一般说来，随着年龄和年级的增长，学生对于如何在学校做一名好学生、如何在社会做一名好公民会有更多更深的理解，将此结论运用到本文中便是最好的说明。高年级和年龄较大的学生的公民素质要显著好于低年级和年龄较小的学生。事实是否真的如此？需要通过数据进行检验。具体分析见表24、表25。

表24 小学生公民素质的年级特征

公民素质	三年级		四年级		五年级		六年级		F	P
	均值（M）	标准差（SD）	均值（M）	标准差（SD）	均值（M）	标准差（SD）	均值（M）	标准差（SD）		
认知	10.23	1.463	10.28	1.382	10.21	1.171	10.36	0.997	0.292	0.831
责任意识	11.04	1.463	11.15	1.392	10.96	1.724	11.29	1.399	0.932	0.425
主体意识	6.95	0.862	7.00	0.940	6.98	0.931	6.94	0.854	0.081	0.970
行为表现	23.98	2.531	24.24	2.744	24.04	2.994	24.78	2.104	1.525	0.207
素质教育	21.40	2.403	21.45	2.432	21.12	2.644	21.51	1.728	0.771	0.511

表25　不同年级小学生公民素质的特征

公民素质	（I）年级	（J）年级	平均差	标准差	方差
行为表现	五年级	六年级	−0.737	0.372	0.048

从表24中可以看出，除了在主体意识维度上六年级学生得分不是最高外，在其他四个维度（责任意识、认知、行为表现和素质教育）得分都是最高。虽然六年级得分最高，但是和其他几个年级数值差异并不大。单因素方差分析的结果也反映了这一现象，在认知、责任意识等五个维度上，各年级之间都没有显著性差异（P值均大于0.05）。

从表25中的多重检验数据可以看出，虽然总体上没有大的差异，但是在细微方面还是存在差异，在行为表现这一维度上，六年级的表现要显著好于五年级，但是这个结论并不能说明公民素质显著地受到年级的影响。既然公民素质没有显著地受到年级的影响，是否会受到年龄的影响呢？本研究也对此做了分析，结果表明公民素质并没有受到年龄的影响。

（3）父母职业背景与学生公民素质的差异

从理论上讲，家庭中父母的职业背景对小学生的公民素质养成具有重要的作用，特别是母亲的职业与教育背景尤为明显。同样，小学生公民素质的养成也自然会受到家庭中父母职业背景的影响，父母的哪种职业背景会对小学生公民素质的提高产生更有利的影响作用呢？这需要对父母的职业背景做差异分析。

① 父亲的职业背景对学生公民素质的影响（见表26、表27）。由表26可以看出，父亲是个体经营者的学生在认知、责任意识、主体意识、行为表现和素质教育现状五个维度上的均值得分均为最低；父母为专业技术人员的学生，在五个维度上的均值得分均为最高。从单因素方差分析的结果来看，父亲的职业背景不同，学生在认知维度上有显著性差异（P值<0.05），而其他四个维度差异不明显（P值>0.05）。

从表27中的多重检验结果看，在认知维度上，父亲是个体经营者的学生其认知水平要显著低于父亲是工人、公务员、企业管理者、专业技术人员和自由职业者的学生；在责任意识、主体意识和行为表现维度上，不同家庭职业背景的学生没有显著性差异；在素质教育维度上，父亲为专业技术人员的学生要显著好于父亲是个体经营者和企业管理者的学生。

表26 小学生公民素质的家庭职业背景（父亲）特征

公民素质	个体经营者 均值（M）	工人 均值（M）	公务员与企业管理人员 均值（M）	专业技术人员 均值（M）	自由职业者 均值（M）	F	P
认知	9.84	10.33	10.27	10.40	10.32	2.774	0.027
责任意识	10.79	11.21	10.92	11.21	11.11	1.242	0.292
主体意识	6.91	7.05	6.92	7.10	6.89	1.110	0.351
行为表现	23.86	24.06	24.12	24.59	24.13	0.934	0.444
素质教育	20.90	21.17	20.99	21.68	21.50	1.855	0.117

表27 不同家庭职业背景（父亲）小学生公民素质的多重检验

公民素质	（I）职业	（J）职业	平均差	标准差	方差
认知	个体经营者	工人	−0.492	0.196	0.012
		公务员与企业管理人员	−0.428	0.195	0.029
		专业技术人员	−0.559	0.182	0.002
		自由职业者	−0.483	0.177	0.006
素质教育	专业技术人员	个体经营者	0.785	0.356	0.028
		公务员与企业管理人员	0.697	0.352	0.049

② 母亲的职业背景对学生公民素质的影响。在家庭教育过程中，父亲和母亲各自扮演着不同的角色，两种角色缺一不可，互为补充，没有高低之分。在分析家庭职业背景对学生公民素质的影响时，不仅要考虑到父亲的职业，同时也要考虑到母亲的职业。

表28、表29显示，在认知维度上，母亲为个体经营者的学生认知水平显著低于母亲为专业技术人员和家庭主妇的学生；在责任意识维度上，母亲为个体经营者的学生要显著低于母亲为家庭主妇的学生；在主体意识和行为表现维度上，母亲为不同职业的学生没有显著性差异；在素质教育维度上，母亲为公务员与企业管理人员的学生要显著低于母亲为家庭主妇的学生。

表28　小学生公民素质的家庭职业背景（母亲）特征

公民素质	个体经营者	工人	公务员与企业管理人员	专业技术人员	家庭主妇	F	P
	均值（M）	均值（M）	均值（M）	均值（M）	均值（M）		
认知	9.83	10.20	10.26	10.46	10.27	2.537	0.039
责任意识	10.68	11.05	11.08	11.07	11.17	1.123	0.345
主体意识	6.88	6.93	6.93	7.04	6.98	0.383	0.821
行为表现	24.07	24.02	24.39	24.01	24.29	0.363	0.835
素质教育	20.88	21.15	20.74	21.43	21.58	2.038	0.088

表29　不同家庭职业背景（母亲）小学生公民素质的多重检验

公民素质	（I）职业	（J）职业	平均差	标准差	方差
认知	个体经营者	专业技术人员	−0.628	0.198	0.002
		家庭主妇	−0.434	0.184	0.019
责任意识	个体经营者	家庭主妇	−0.489	0.231	0.035
素质教育	公务员与企业管理人员	家庭主妇	−0.843	0.357	0.018

　　将父母职业对学生公民素质的影响综合来看，可以得到以下结论：当父母的职业为个体经营者时，对学生公民素质的养成起着不利的作用，这种不利的作用主要体现在对学生认知的形成上；作为家庭主妇的母亲对学生公民素质的形成起着更有利的作用，其主要作用体现在认知、责任意识和素质教育上。

　　综上所述，父母的职业背景不同，对学生公民素质的影响也不同，但是其本质问题并不是职业的问题，而是职业背后所隐藏的与学生交流的时间问题。职业为个体经营者的父母为什么会对学生公民素质产生不利影响呢？母亲作为家庭主妇时为什么能对学生公民素质的提升具有更有利的作用呢？归根结底反映的是，父母与子女是否有更多的时间交流互动这个问题。要想让学生以后更好地被社会接纳，成为一个合格的社会人，并不需要父母改变自己的职业，而是要求父母花更多的时间和精力，与学生进行多方面交流，这才是根本的解决办法。

二、公民素质养成与教育现状——基于教师的调查

为了验证学校、社会和家庭对小学生公民素质教育的影响，我们在对学生调查的同时，也对教师进行了调查。调查内容主要涉及教师对学校开展公民素质教育活动的经常性作用，家庭、社会对学生公民素质养成的影响与重视的评价，以及各方所起作用的看法等。

1. 教师对学校开展公民素质教育活动的评价

表30显示，在教师问卷的第1题中，在"为了提高学生的素质，学校经常开展一些德育体验活动"的回答中，选择"非常符合"的教师有56.80%，选择"比较符合"的教师有40.50%，选择"不太符合"的教师有2.70%，选择"不符合"的教师为零。由此可见，97.3%的教师都认为学校应该经常开展一些德育体验活动来提高学生的素质教育，这也说明我们的学校教育在提高学生的德育过程中起到至关重要的作用，这是非常值得肯定的。

表30 教师对学校公民素质教育活动现状评价（教师问卷）

题项	非常符合		比较符合		不太符合		不符合	
	样本	百分比（%）	样本	百分比（%）	样本	百分比（%）	样本	百分比（%）
T1学校经常开展德育体验活动	21	56.80	15	40.50	1	2.70	0	0.00
T2清明节、国庆节开展爱国主义活动	24	64.90	13	35.10	0	0.00	0	0.00
T3班主任老师经常开展团队活动	24	64.90	11	29.70	2	5.40	0	0.00

在表30中对教师问卷第2题的分析中，我们可以看到，在"每年清明节、国庆节，学校都要开展一系列爱国主义活动"的回答中，选择"非常符合"的教师有64.90%，选择"比较符合"的教师35.10%，没有教师选择"不太符合"和"不符合"。可见，所有的教师都认为每年的清明节、国庆节，学校都要开展一系列爱国主义活动，这也说明学校确实在每年的清明节和国庆节时开展一系列的爱国主义活动，从而对学生进行爱国主义教育。

在表30教师问卷的第3题中，我们可以看到，教师在"为了提高小学生的人际交往能力，班主任老师经常开展团队活动"的回答中，选择"非常符合"

的教师有64.90%，选择"比较符合"的教师有29.70%，可见94.6%的教师都赞同班主任经常开展团队活动，团队活动能使学生的人际交往能力得到锻炼。选择"不太符合"的教师有5.40%，没有任何教师选择"不符合"项，这说明还是有少数的教师不认同这一观点，可能有些班主任对开展团队活动方面的工作不够重视，有欠缺，学校可以采取适当的激励措施来鼓励班主任积极开展团队活动，从而提高学生的人际交往能力。

2. 教师对学校公民素质养成与重视程度的评价

表31显示，在教师问卷的第4题中，在"学校十分重视学生的音乐、体育、美术等人文素质的养成"的回答中，选择"非常符合"的教师有75.70%，选择"比较符合"的教师有24.30%，没有教师选择"不太符合"和"不符合"项。由此可见，所有的教师都认为学校很重视学生的音乐、体育、美术等人文素质的养成，只是对于重视程度的评价有高低之分。

表31　教师基于学校、家庭、社会对学生公民素质养成的评价（教师问卷）

题项	非常符合		比较符合		不太符合		不符合	
	样本	百分比（%）	样本	百分比（%）	样本	百分比（%）	样本	百分比（%）
T4学校重视学生人文素质养成	28	75.70	9	24.30	0	0.00	0	0.00
T5学校关注学生良好习惯养成	27	73.00	9	24.30	1	2.70	0	0.00
T6学校经常征求学生的建议	12	32.40	24	64.90	1	2.70	0	0.00
T7学校没设计素质养成规划	2.0	5.40	1.0	2.70	21	56.80	13	35.10
T8学校重视成绩和排名结果	1	2.70	5	13.50	18	48.60	13	35.10
T9小学忽视素质养成现象	2	5.40	9	24.30	18	48.60	8	21.60
T10家长对习惯的养成重视	14	37.80	19	51.40	1	2.70	3	8.10
T11素质养成社会没足够重视	10	27.00	2	5.40	22	59.50	3	8.10

表31显示，在教师问卷的第5题中，在"学校十分关注学生的生活和学习上良好习惯的养成"的回答中，选择"非常符合"的教师有73.00%，选择"比较符合"的教师有24.30%，选择"不太符合"的教师有2.70%，没有教师选择"不符合"项。由此可见，97.3%的教师都认为学校十分关注学生的生活和学习上良好习惯的养成，说明学校确实是重视的，少数教师选择"不太符合"，说明学校还有需要加强和完善的地方。

表31显示，在教师问卷的第6题中，在"为了提高学生参与学校管理的意识，学校经常征求学生的建议"的回答中，选择"非常符合"的教师有32.40%，选择"比较符合"的教师有64.90%，选择"不太符合"的教师有2.70%，没有教师选择"不符合"。由此可见，97.3%的教师都认为学校经常征求学生的建议，从而提高学生参与学校管理的意识。其实，学校这样做不仅可以提高学生的管理意识，还可以提高学生的责任意识和自主意识，让学生认识到学校管理不只是学校的事，还是学生自己的事情，需要学生主动参与。虽然仍有少数教师选择"不太符合"，但是大多数教师是认同的，说明学校在这一方面做得还是非常好的。

为了防止教师在学校、社会、家庭对于学生的公民素质教育评价k的社会价值取向，我们在教师问卷中设置了反向题目，以测试其真实性。

表31显示，在教师问卷的第7题中，在"学校还没有建立健全学生基本公民素质教育的规划"的回答中，选择"非常符合"的教师有5.40%，选择"比较符合"的教师有2.70%，说明8.10%的教师认为学校还没有建立健全学生基本公民素质教育的规划。选择"不太符合"的教师有56.80%，选择"不符合"的教师有35.10%，说明大部分教师认为学校已经建立健全了学生基本公民素质教育的规划。由此可见，被调查的学校确实重视学生公民素质养成与教育。

表31显示，在教师问卷的第8题中，在"学校非常重视学生的成绩好坏以及排名结果"的回答中，选择"非常符合"的教师有2.70%，选择"比较符合"的教师有13.50%，说明16.20%的教师认为学校非常重视学生的成绩好坏以及排名结果，并认为学校有把升学率放在第一位的倾向。选择"不太符合"的教师有48.60%，选择"不符合"的教师有35.10%，说明83.70%的教师认为，对于学生的成绩好坏和排名而言，学校更关注学生公民素质的发展。

表31显示，在教师问卷的第9题中，在"在小学也存在重视成绩，忽视学生基本公民素质的养成的现象"的回答中，选择"非常符合"的教师有5.40%，选择"比较符合"的教师有24.30%，合计占比为29.70%。数据说明，在小学确实存在重视成绩，忽视学生基本公民素质的养成的现象。选择"不太符合"的教师有48.60%，选择"不符合"的教师有21.60%，说明70.20%的教师觉得在小学并不存在重视成绩、忽视学生基本公民素质的养成的现象。这与第

8题属于同样的问法，都是从反面来评价学校对学生素质教育的重视程度。由此可以推论，在小学存在重视成绩、忽视素质教育的现状，虽然这种现状与家长的教育愿望有关，但是也说明公民素质教育和公民素质养成要达到国家社会的要求，仍然有很长的路要走。

表31显示，在教师问卷的第10题中，在"总体上看，学生家长对学生良好习惯的养成非常重视"的回答中，选择"非常符合"的教师有37.80%，选择"比较符合"的教师有51.40%，说明大多数教师认为，家长对学生良好习惯的养成是重视的，这可能是从学生平时的行为中表现出来的。选择"不太符合"的教师有2.70%，说明仍有教师觉家长并没有对学生良好习惯的养成给予重视。选择"不符合"的教师有8.10%，说明这部分教师发现学生的日常行为习惯并不好，并且把原因归于是家长对学生行为习惯养成的不重视。

在教师问卷的第11题中，我们可以看到，教师在"小学生基本公民素质的养成教育还没有得到社会的足够重视"的回答中，选择"非常符合"的教师有27.00%，选择"比较符合"的教师有5.40%，说明有一部分教师认为小学生基本公民素质的养成教育还没有得到社会的足够重视。选择"不太符合"的教师有59.50%，选择"不符合"的教师有8.10%，说明大部分教师还是认为小学生基本公民素质的养成教育已经得到了社会的足够重视。

综上所述，教师基于学校、社会、家庭的三维视角，从整体上认为学校对学生公民素质养成与开展教育活动很重视，对学生的公民素质养成与教育也处在重视的范畴，但还是存在重视成绩、忽视学生的公民素质养成与教育的现象。

3. 教师对学校、社会、家庭及对学生素质影响的评价

探讨教师对学校、社会、家庭及对学生素质影响的评价就是从教师的角度观察学校、社会、家庭在学生公民素质养成与教育中的影响作用。

表32显示，在教师问卷的第12题中，在"少先队组织对学生的素质培养起到了至关重要作用"的问题中，选择"非常符合"和选择"比较符合"的教师合计有86.50%，说明教师认为少先队组织对于学生素质的培养具有十分重要的作用。选择"不太符合"和"不符合"选项的教师合计有13.50%，说明还是有部分教师认为学校的少先队活动对于学生素质的培养没有起到作用。总体来说，多数教师都认为，少先队组织对学生素质的培养是具有十分重要的作用

的，但是在活动内容和培养方法上需要继续改进。

表32　学校、社会、家庭在学生公民素质养成与教育中的影响作用（教师问卷）

题项	非常符合		比较符合		不太符合		不符合	
	样本	百分比（%）	样本	百分比（%）	样本	百分比（%）	样本	百分比（%）
T12少先队对素质培养很重要	8	21.60	24	64.90	4	10.80	1	2.70
T13家庭对学生成长更为重要	21	56.80	15	40.50	1	2.70	0	0.00
T14社会风气对学生素质影响大	8	21.60	24	64.90	4	10.80	1	2.70
T15体验式教育提高学生素质	12	32.40	25	67.60	0	0.00	0	0.00
T16教师素质高低影响学生素质	12	32.43	14	37.84	7	18.92	4	10.81
T17校长重视有助于学生素质提高	26	70.30	11	29.70	0	0.00	0	0.00

在教师问卷的第13题中，在"家庭教育对学生的成长是否比学校更重要"问题的选择上，选择"非常符合"和"比较符合"的教师合计有97.30%，选择"不太符合"的教师有2.70%，没有教师选择"不符合"。由此可见，大部分教师认为家庭教育比学校教育更为重要，良好的家庭教育、家庭氛围对学生的健康成长具有学校教育无法替代的作用。据此可以认为，如果教师与家长进行及时有效的沟通，共同关心孩子的健康成长，能够有效地促进学生的公民素质的提高。让人不可忽视的是，仍有一部分教师认为，家庭教育没有学校教育那么重要，我们据此得出两点分析：第一，教师没有正确认识到家庭对学生成长的重要作用，即教师可能不会与学生的家长进行积极有效的沟通；第二，教师认为，某些学生家长不具有良好的家庭教育的能力、某些学生不具备良好的家庭环境，在这样的情况下，学校教育的作用就更为重要。总体来说，教师要注意多与家长进行积极、良好、有效的沟通。

在教师问卷的第14题中，在"社会风气的好坏，对学生的道德素质影响更大"问题的选择上，选择"非常符合"和"比较符合"的教师合计有86.50%，选择"不太符合"和"不符合"的教师合计有13.50%，说明大部分教师认为整体社会的风气好与坏对学生的公民素质养成有很大的影响。

在教师问卷的第15题中，在"体验式的素质教育，可以显著地提高学生的公民素质"问题的选择上，选择"非常符合"和"比较符合"的教师合计有100.00%，没有教师选择"不太符合"和"不符合"。说明体验式的教育形式得到了教师极大的认可，即体验式的教育方式可以积极地尝试运用到其他学科的教育活动当中，实践性教学方法具有十分明显的优势。

在教师问卷的第16题中，在"教师素质的高低直接影响学生的公民素质"问题的选择上，选择"非常符合"和"比较符合"的教师合计有70.27%，选择"不太符合"和"不符合"的教师合计有29.73%。说明大部分教师认为自身的素质行为和素质水平会对学生的公民素质产生直接的影响，即这些教师在平时的生活中会对自己有一个比较严格的自我要求，会比较注意自己的一言一行。此外，仍有部分教师认为教师素质的高低对学生的公民素质不会产生十分重要的直接影响，那么他们在平时的生活中可能就不会那么注意自己的一言一行，行为举止比较懒散，这就要求学校重视教师职业道德的培训和考查，纠正一些教师不恰当的行为和思想。

在教师问卷的第17题中，在"校长重视学生综合素质发展，有助于学生公民素质的提高"问题的选择上，选择"非常符合"和"比较符合"的教师合计为100.00%，没有教师选择"不太符合"和"不符合"。由此可见，教师都认为校长的重视程度关系着学生的公民素质教育效果。前面几题，如教师问卷的第2题"每年清明节、国庆节学校都要开展一系列爱国主义活动"和第6题"为了提高学生参与学校管理的意识，学校经常征求学生的建议"等关于学校管理活动和教学活动的开展相匹配，可信度高。

小学生公民素质养成与教育的对策

通过对水云轩小学的"小学生公民素质养成与教育状况调查"的结果进行认真的分析与总结，在查阅了有关的政策、文件以及公民素质教育的相关文献后，笔者结合水云轩小学开展小学生公民素质教育的现状，从探索具体实施的模式与途径来谈小学生公民素质教育发展的对策。主要从以下几个方面着手。

一、强化育人意识，明确公民素质教育在小学德育工作中的地位

公民素质教育是培养和引导公民自觉提高自身素质的重要系统性基础工作，在小学开展公民素质教育是一项长期的、重要的社会系统工程，学校应深入地贯彻落实科学发展观，全面地贯彻党和国家的办学方针，扎实地推进公民道德教育，落实社会主义核心价值观，因地制宜地开展符合学校实际的公民道德教育实践活动和践行社会主义核心价值观的体验活动，让小学生通过走访社区、访谈优秀共产党员、与感动中山的好人零距离接触以及图说"价值观"等活动，在亲身体验中有感悟、有收获。因此，学校应通过创设书香校园，开展经典诵读，学习太极扇、武术操，背诵武德训等活动让全体师生在吸收和涵养现代文化的同时能有效地传承和弘扬中华民族数千年积淀下来的文化精髓，促进学生朝着品德高尚、行为健康、心智完善、情趣高雅的方向发展，努力创建富有内涵、具有特色的公民素质教育模式。同时，学校要把学生的公民素质教育作为学校德育工作的首要目标，让公民素质教育作为学校的德育工作的重点加以重视，加强小学生思想道德建设，提升小学生公民素质教育的成效。

二、完善公民素质教育机制，让小学生公民素质教育获得制度上的保障

按照中共中央关于"要把德育工作放在首位"的指示和素质教育"以育人为本"的方针，组织全体教职工认真学习并深刻体会公民素质教育的重要性与实施公民素质教育的时代感和使命感。学校应该根据本校实际情况进行建章立制工作，要从制度上保障开展小学生公民素质教育所需要的政策和资源，同时在德育工作评价中应建立开展公民素质教育的相应标准和指引。制定"五级联动"管理机制（以校长为首要，以德育处为枢纽，以班主任为主体，以科任教师为辅助，以共建单位和家委会为协力），明确岗位职责，分级管理，分工协作，形成全员参与公民道德建设的格局和运行机制。在具体实施中应该推进"四育"制度（教书育人、管理育人、服务育人、心理育人），全方位提高教育实效。制定学校日常性公民素质教育工作方案，落实学校蹲级、跟科、落班工作，为小学生公民素质教育的开展奠定坚实的基础。为了壮大德育工作队伍，形成更强的工作合力，学校应创新少先队组织形式，建立学校少工委，并由校长担任少工委主任，分管德育的副校长和社区相关领导为副主任。为了整合更多的社会资源为学校少工委工作服务，少工委委员可由社会各行各业的精英和热心人士担任。为加强学校少工委日常工作队伍，少工委选拔优秀的教师担任少工委总辅导员和副总辅导员，具体负责指导年级、班级的少先队组织开展公民素质教育体验活动。

三、营造浓郁的传统文化氛围，提升小学生公民素质教育的认知水平

对小学生进行公民素质教育，首先要让他们了解符合公民素质的行为规范是什么，也就是说，要提升小学生公民素质教育的认知水平，达到知行合一的教育效果。单一的说教和强硬的要求容易让学生反感和排斥。因此，我们要发挥环境育人的功能，学校不仅要重视校园物质环境的建设，而且要注重校园精神环境的建设，让学生徜徉在优美而富有文化气息的校园中耳濡目染，接受美德的熏陶和文明的养育，努力打造能养育精神、陶冶性情、启迪智慧、浸润心灵、升华人格的育人环境，达到润物无声的效果，让校园氤氲着古韵与书

香，演绎着传统与创新。通过打造"名人园""对弈园""经纬园""美德庭"等主题庭园，潜移默化地向学生传递中华美德和文明风尚。学校要为学生营造健康积极的精神文化环境，从公民教育的信念、思维以及与之相适应的心理和行为态度等方面进行建设，充分地发挥环境中的软文化功能，进一步形成教育的精神动力，从而促进学生朝着品德高尚、行为健康、热爱学习、热爱社会等方面发展。同时，学校要用传统文化养育现代精神，在学校公民素质教育中渗透传统文化，在校园设计中体现传统文化，在教育活动中传承传统文化，在日常生活中实践传统文化，在特色活动中展现传统文化，并且结合现代文化的要求，以社会主义核心价值观为切入点，让精神文化更加丰富，更加深入，也更加贴近生活实际，从而增强学生对中华民族传统文化的认同感和自豪感，使其自觉地接纳社会主义核心价值观和人生观，提升对公民素质教育的认知水平。

四、加强公民素质教育队伍建设，营造全员参与公民素质教育氛围

教师对学生的生活和学习习惯的养成教育是否足够重视至关重要，关系到公民素质的高低。教育的对象是小学生，其自控能力和自我约束力都较弱，而且行为较为反复，难以持之以恒。因此，建设一批有教育能力、有专业素养和育人艺术的教师队伍是开展公民素质教育的重要智力支撑和保障。在实际工作中，学校要着重抓好三支队伍建设，以优化队伍建设为突破口为公民素质教育保驾护航。一是建设全员德育队伍，优化校园德育软环境建设，建设好一支坚强有力的公民素质教育队伍，引导教师在思想上重视学生生活和学习习惯的养成评价。二是构建优质高效的班主任团队，树立班主任是班级学生公民素质教育的第一责任人的意识，加强班主任之间的联系和学习，坚持从形式和内容两方面公正、客观地衡量班主任的工作，鼓励班主任主动认真地开展班级公民素质教育工作；定期举办班主任例会，研讨班级公民素质教育工作，开展班级管理经验交流，共同提高班主任工作实效；加强班主任队伍（尤其是年轻的班主任）的培训，提高班主任班级工作的理论水平和管理实效；通过开展班级公民素质教育模范班，引领班主任科学有效地进行教育活动，促进班级健康成长。三是加强少先队辅导员和中队辅导员队伍的建设，充分发挥少先队在公民

素质教育的前沿阵地作用，让公民素质教育更扎实、更全面地开展。

五、拓宽公民素质教育的渠道，搭建学生公民素质行为的实践平台

公民素质教育的渠道要多样化，并全方位地贴近学生的生活和学习的需要，因此公民素质教育要贯穿课上和课下、校内和校外。小学生德育课程是学生养成良好的公民素质与习惯的重要途径，学校要重视课堂渗透，深入开发课堂这一主阵地的作用，让课堂和公民素质教育同步成长。学校要重视德育课堂教育，充分发挥德育课堂教学的主渠道作用，通过德育课使学生提升公民素质的认知水平并增强公民主体意识，使学生在生动有趣的故事中增强公民责任意识和获得文明行为规范的常识。同时，把公民素质教育渗透到各学科之中，尤其是通过品德与语文、品德与社会、品德与生活等课程，让公民素质教育与其丰富的人文精神相融相生，及时、准确地挖掘学科中所蕴含的教育因素，有效地对学生进行思想品德教育。在学校主题教育中要加强学生的日常行为规范和习惯养成教育、安全教育、文明礼仪教育，"三热爱"（热爱祖国、热爱党、热爱学校）教育、"三感恩"（感恩老师、感恩同学、感恩父母）教育、社会主义荣辱观和社会主义核心价值观教育等。通过深化少先队、团队工作，完善教育基地、社会实践活动基地，让公民素质教育在校内校外全面开花。要注重以活动促教育，通过举行全员军训，锻造学生坚强的意志和艰苦耐劳的精神；注重以少先队为载体开展常规教育活动，如新队员入队仪式、主题教育活动、先进典型评选、社区志愿活动等，让学生在喜闻乐见的活动中去涵养公民意识，在实践活动中服务社会、服务他人，搭建学生公民素质行为实践的平台。为了更深入地促进公民素质教育的开展，学校还需要多渠道构建小学生公民素质教育的有效途径，通过让学生参与学校的管理，开展走进社区、校园义卖等活动在学生稚嫩的心田培植民主、公平、慈善、环保、协商、责任、义务、权利等公民素质。

六、建立"学校—家庭—社会"三位一体的立体化公民素质教育网络

教育是一个社会化工程。学校要主动适应教育形势的发展，深入务实地

构建"大公民教育"体系，大力推进开放性教育，建设"学校—家庭—社会"三位一体的立体化教育网络。进一步深化公民素质教育实践，形成学校、家庭、社会齐抓共育的育人"统一战线"。加强学校、家庭、社会的联系，通过家访、校讯通、家校联谊、亲子义工活动、家长委员会议等家校平台的建立与开展，形成共同抓好公民素质教育的合力，提高教育的有效性和针对性。把市区两级开展的全民修身行动作为开展公民素质教育的载体，结合学校实际制订各项修身活动计划，并以修身学堂建设为主线，使修身氛围更加浓厚，基础更加扎实，实践更加深入，成效更加明显。通过家长学校的每学期开设专题培训，提升家长的家庭教育水平和亲子沟通的能力；通过亲子参与修身学堂的活动，发挥小手拉大手的带动作用，让平日繁忙的家长群体走进学校，接受传统文化的熏陶和文明风尚的感知，进而提升家长群体的公民素质，让家长和孩子一起学习、一起提升。学校应加强与社区的联动，深化"乐活社区"敬老活动，慰问孤寡老人，让敬老的传统美德之花开遍校园；开展形式多样、丰富多彩的亲子义工和志愿者活动，为培育亲情、共育美德创设了平台。此外，学校主动联合共建单位和周边公安、工商、城管等部门，充分发挥它们的独特作用，让公民素质教育延伸到社区和社会，并且从中吸收公民素养，拓宽教育资源，优化教育途径。

七、发挥激励和评价的功能，引导小学生自觉养成公民素质

教育要强调"知行合一"。首先，在小学开展公民素质教育要制定明确的要求和目标，让学生清楚哪些是一个合格公民应该有的素质，哪些行为是值得学习的，哪些行为是错误的，这在小学开展公民素质教育是必不可少的。其次，根据小学生的认知规律和思维发展的特点决定在制定"小学生公民素质成长目标"时应该根据年级段实行分层目标。成长目标制定后，如何吸引学生去学习并付诸行动？美国心理学家威谱·詹姆斯有句名言："人性最深刻的原则就是希望别人对自己加以赏识。"[1]所谓赏识就是充分肯定学生，增强学生的自信心，点燃学生的学习热情。于是我们把小学生公民素质分层成长目标与

---

① 何跃兰.赏罚分明塑造儿童健康心理［J］.云南教育（视界综合版），2007（5）：48.

少先队最具有活力和吸引力的激励评价体系——"雏鹰争章"进行整合，把培育小学生公民素质分层成长目标具体细化为"十大成长奖章"。为引导学生知行合一，制定《水云轩小学雏鹰争章标准》《争章计划》《争章指南》《考章办法》《争章嘉年华记录》《校内外争章记录》，开发了《水云轩小学雏鹰争章储蓄本》，引导学生在学习、生活、自护自救、行为习惯、文明礼仪、道德品质、心理健康、家庭教育等方面争取"十大成长奖章"。为了激发学生在践行小学生公民素质分层成长目标基础上朝更高的目标前进，可发挥本土人文优势，开展"伟人故里中山章"申报活动，通过孙中山先生的伟人效应和思想境界引导学生自觉提升公民素质，立足中山，放眼世界，开启世界公民意识、建立服务社会的愿景。

八、创设民主公平的成长环境，启迪学生的公民意识

公民意识包括的内容非常广泛，而且需要一个长期的教育和熏陶的过程。学校作为学生公民素质教育的主阵地，其首要职责是对学生的公民素质教育进行初始阶段的、科学系统化的启蒙，并为学生公民素质教育创设一个公平、民主的环境。教育的公平性主要体现为起点公开和过程公开，让每一位学生都有接受教育和接受同等质量的教育的机会。民主的教育能培育出具有民主意识、责任意识、公平意识、慈善意识、环保意识、协商意识的现代公民。学校要让学生成为校园真正的主人，凡是市区级的学生荣誉一律要求候选人在全校分享成长心得，由全体学生人手一票选举产生；通过开展民主选举班队干部活动与定期举行中队长联席会议和少先队代表会议，征集学生对学校发展的建议与提案，让学生代表们与校领导面对面提出提案并要求解答，从而增强学生的公民参与意识与公民责任意识；举行"我是校园真正主人"的演讲赛，让学生建立主人翁意识并思考怎样去行使主人翁权利与履行主人翁义务。教育的民主性体现为学生可以自主地选择除教学大纲之外的课程进行学习，学校要在课余时间广泛开展丰富多彩的社团活动，打破过去大一统的教育模式。学生通过自愿参与和自主选择的方式，在校园内找到符合自己兴趣爱好的社团活动，让学生的创新思维在社团里放飞，让学生的特长在社团活动的孕育下自由发展，力争培养出一批又一批具有创新意识和综合素质良好的现代小公民。

九、关注学生身心健康，培养学生良好的心理素质和健全人格

学生的公民主体意识的养成，对学生公民素质教育的提升起着重要的促进作用。学生的公民主体意识包括学生是否能正确地评价自己，如何看待自己的优缺点，怎样正确处理与同伴的人际关系等心理问题。因此，学生公民素质教育应关注学生的身心健康问题。首先，学校要对全体学生开展心理健康教育，使学生不断正确认识自我，增强调控自我、承受挫折、适应环境的能力，面对同伴之间的竞争保持健康的心态，从而培养学生健全的人格和良好的个性心理品质。其次，学校要对少数有心理困扰或心理障碍的学生，给予科学有效的心理咨询和辅导，帮助他们尽快摆脱困扰、调节自我，提高心理健康水平，增强发展自我的能力。学校应开设心理健康教育课程，同时设立心理健康教育咨询热线，既要完善学校心理咨询室的专业设施设备，也要关注特殊学生的心理需要，成立关注特殊学生个案小组，并对个别特殊学生展开辅导和跟踪的工作，同时要发挥驻校社工的作用，开展辅导工作和举行社工服务活动。最后，通过对个别存在心理问题或出现心理障碍的学生及时进行认真、耐心、科学的心理辅导，帮助学生解除心理障碍，同时学科教学、班主任工作中都应重视对学生心理健康的教育，培养学生良好的心理素质和健全的人格。

十、培养学生良好的行为习惯，让学生具有世界公民的素养

在小学开展公民素质教育的重点是培养学生养成良好的行为习惯。规范文明有礼、得体大方的行为，养成良好的习惯，是学生成就未来的基础。良好行为习惯的养成单靠说教对小学生来说并不能达到理想的效果，应通过开展系列活动把行为习惯融入活动中，发挥家长、教师以及同伴的榜样示范作用，在日常生活、学习中点滴积累，反复引导，习以为常，这才有利于学生良好习惯的养成。另外，学校应结合重大节日举行主题性活动，让学生在典礼文化的熏陶感染下，产生自觉自愿的行动意愿，让学生在实践中形成良好行为习惯。通过开展《每月文明障碍测试》，让学生在知行合一的前提下，朝着文明的言行约束自己，同时，通过"抓拍身边好榜样"的活动，随时随地拍摄校园里自觉遵守纪律、文明有礼的学生风采，利用学生的红领巾电视台进行宣传，让全体学生在树典型、学榜样中实现自主教育。通过设立"整改通知书""表扬

信"，明确告诉学生做得不足的地方和做得好的地方，让学生找到努力的方向与动力。同时建立学生文明行为习惯养成的反馈机制，了解学生良好行为习惯缺失的原因，寻求班主任、科任教师的合力教育。通过"致班主任的一封信""致午管老师的一封信""致同学们的一封信"等书信的表达方式把原来生硬的要求和约束以书信的方式娓娓道来，更容易赢得师生的认可并达成共识，从而让教师更关注学生的学习和生活习惯的养成教育。良好的行为习惯的养成是一个长期的过程，除了学校教师的重视和教育外，更需要家长的重视。每一名学生生活上的第一任老师都是家长，因此家长在学生的良好行为的引导和教育上有着不可替代的作用。根据《水云轩小学学生公民素质养成与教育调查》中关于"父母职业背景与学生公民素质的差异"的分析可知，小学生公民素质教育的养成受到家庭成员以及其职业背景的影响。因此，我们要重视家校合作，通过家长会、家访、电访、QQ群、微信群、亲子团队拓展、短信平台等渠道广泛开展家庭教育宣传，普及家庭教育知识，推广家庭教育的成功经验，帮助和引导家长树立正确的家庭教育观，将习惯养成的教育延伸到家庭，进而促进学生良好行为习惯的养成。

小学生公民素质教育应作为新时期学校德育教育的重要内容，应该引起足够重视。相信通过完善公民素质教育机制，让学生的公民素质教育获得制度上的保障，公民素质教育将成为一道亮丽的校园文化；通过开展学生的公民素质教育的环境建设，营造浓郁的公民素质教育环境，校园里的每一道景观都蕴含着丰富的教育风景，让学生沉浸其中并得到熏陶和浸润；通过加强公民道德队伍建设，营造全员育人氛围，公民素质教育获得了广泛的共识和支持，促进了公民素质教育的顺利开展；重视常规教育，让公民素质教育与日常生活和日常教育活动有机整合，公民素质教育无处不在，就像呼吸一样影响着校园里的每一个人；通过建立"学校—家庭——社会"三位一体的立体化公民素质教育网络，拓宽了教育的途径，丰富了教育的内容，开发了教育的资源，联通了教育的桥梁，接通了公民素质教育的地气。公民素质教育将作为社会教育的一道绮丽的景观在水云轩小学的大地上似火般红艳，如蓝草般碧绿，映照着师生的心灵，闪烁出教育的灵光。

附①

小学生公民素质养成与教育状况调查问卷（学生问卷）

亲爱的同学，欢迎你参加小学生公民素质教育的问卷调查，谢谢你的支持！

基本信息：

1. 你的年龄_____

2. 你是：_____

  A. 男生   B. 女生

3. 你父亲的职业是：_____

4. 你母亲的职业是：_____

请阅读下面的每个问题，选择最适合你的答案。请在相应的选项上打"√"。

1. 你认为，志愿者服务活动的意义是：

  A. 可以帮助他人   B. 有承担社会责任的教育意义

  C. 没有想这个问题   D. 没什么意义

2. 在公共场所，对不顾别人大声讲话的人，你觉得这样的人：

  A. 不礼貌   B. 不懂礼貌

  C. 嗓门大   D. 很着急

3. 班里或者学校开展班队干部竞选，你认为参与竞选可以：

  A. 为同学服务   B. 锻炼自己

  C. 提高自己的威信   D. 可以受到老师的重视

4. 你认为保护环境：

  A. 要从我做起   B. 是大人们的事

  C. 是环卫工人的事   D. 是国家的事

5. 为了美化校园，学校要在学生中征求意见，对此你的看法是：

  A. 为了建设美丽的校园，我积极表达自己的意见

  B. 这不是我应该关注的事，管好自己就行了

  C. 这是校长的事，没有必要征求学生的意见

  D. 是走形式，即使学生发表了意见也没用

6. 班上民主投票推选大队委和班干部，你一般会：

    A. 推选最佳人选   B. 投自己一票

    C. 帮好同学拉票   D. 推选关系好的同学

7. 每当轮到你值日做清洁时，你会：

    A. 尽力做到最好   B. 认真打扫卫生

    C. 只要不比别人做得差就行   D. 过得去就行

8. 当意识到自己在某方面比不上别人时，你会：

    A. 努力赶上   B. 发展自己的特长

    C. 承认不如别人   D. 用自己的优点比别人的缺点

9. 当有老人摔倒需要帮助时，你会：

    A. 毫不犹豫地帮助   B. 打110报警

    C. 想到做好事会有麻烦的   D. 不要理睬吧

10. 在公交车上遇见老年人和孕妇，你会：

    A. 主动让座   B. 有人让座我也让座

    C. 别人没要求一般不让座   D. 不会让座

11. 在公共场所看见水流不止的水龙头你会：

    A. 立即关掉   B. 顺手就关掉

    C. 观望他人   D. 当没看见

12. 学校组织的社区志愿服务活动，你参加的情况是：

    A. 经常参加   B. 有时参加

    C. 很少参加   D. 没有参加过

13. 每天上学离开家里前，你要带的学习或者其他用品，一般都会：

    A. 在前一天晚上自己整理好   B. 由自己整理好

    C. 临时准备   D. 由长辈整理好

14. "你好！""谢谢！""对不起！""没关系！"等礼貌用语，你在日常生活中使用的情况是：

    A. 已经成为习惯用语   B. 必要时一定会用

    C. 有时会用   D. 一般不会用

15. 学校公用洗碗水槽堵塞了，一位同学正在清理，你看见后会：

    A. 主动帮忙   B. 老师叫我去，就去

C. 一般不会主动帮忙　　　　　　D. 装没看见

16. 参加升国旗仪式时，你经常会：

　　A. 感到很庄严　　　　　　　　B. 产生自豪感

　　C. 感到就是升旗　　　　　　　D. 想别的事

17. 你认为学校德育课的老师上课：

　　A. 讲得很生动很有趣　　　　　B. 讲的知识不讲都知道

　　C. 很无聊　　　　　　　　　　D. 使我长知识啦

18. 学校的教师对于我们生活和学习上的良好习惯的养成：

　　A. 非常重视　　　　　　　　　B. 有时实在看不惯就管管

　　C. 不一定关注　　　　　　　　D. 只关注成绩

19. 你的父母常常对你的生活和学习上的良好习惯的养成：

　　A. 非常重视　　　　　　　　　B. 有时实在看不惯就管管

　　C. 不一定关注　　　　　　　　D. 只关注成绩

20. 你最喜欢过的节日是：

　　A. 六一儿童节　　　　　　　　B. 春节

　　C. 圣诞节　　　　　　　　　　D. 中秋

21. 你对社会主义核心价值观（富强、民主、文明、和谐、自由、平等、公正、法治、爱国、敬业、诚信、友善）的背诵情况是：

　　A. 完全能背诵　　　　　　　　B. 能背诵一些

　　C. 不能　　　　　　　　　　　D. 背诵没有意思

小学生公民素质教育状况调查（教师问卷）

尊敬的老师，谢谢你参与小学生公民素质教育的问卷调查，本调查仅供研究使用。感谢你的支持！

请仔细阅读下面的每个问题，选择最适合你的答案。请在相应的选项上打"√"。

1. 为了提高学生的素质，学校经常开展一些德育体验活动，你认为：

　　A. 非常符合　　　　　　　　　B. 比较符合

　　C. 不太符合　　　　　　　　　D. 不符合

2. 每年的清明节、国庆节，学校都要开展一系列的爱国主义教育活动，你认为：

    A. 非常符合　　　　　　　　　　　B. 比较符合

    C. 不太符合　　　　　　　　　　　D. 不符合

3. 为了提高小学生的人际交往能力，班主任老师经常开展团队活动，你认为：

    A. 非常符合　　　　　　　　　　　B. 比较符合

    C. 不太符合　　　　　　　　　　　D. 不符合

4. 学校非常重视学生的音乐、体育、美术等人文素质的培养，你认为：

    A. 非常符合　　　　　　　　　　　B. 比较符合

    C. 不太符合　　　　　　　　　　　D. 不符合

5. 学校十分关注学生的生活和学习上的良好习惯的养成，你认为：

    A. 非常符合　　　　　　　　　　　B. 比较符合

    C. 不太符合　　　　　　　　　　　D. 不符合

6. 为了提高学生参与学校管理的意识，学校经常征求学生的建议，你认为：

    A. 非常符合　　　　　　　　　　　B. 比较符合

    C. 不太符合　　　　　　　　　　　D. 不符合

7. 学校还没有建立健全学生基本公民素质教育的规划，你认为：

    A. 非常符合　　　　　　　　　　　B. 比较符合

    C. 不太符合　　　　　　　　　　　D. 不符合

8. 学校非常重视学生成绩的好坏以及排名结果，你认为：

    A. 非常符合　　　　　　　　　　　B. 比较符合

    C. 不太符合　　　　　　　　　　　D. 不符合

9. 在小学也存在重视成绩、忽视学生基本公民素质的养成的现象，你认为：

    A. 非常符合　　　　　　　　　　　B. 比较符合

    C. 不太符合　　　　　　　　　　　D. 不符合

10. 总体上看，学生家长对学生良好习惯的养成非常重视，你认为：

    A. 非常符合　　　　　　　　　　　B. 比较符合

    C. 不太符合　　　　　　　　　　　D. 不符合

11. 小学生基本公民素质的养成教育还没有得到社会的足够重视，你认为：

    A. 非常符合　　　　　　　　　　　B. 比较符合

C. 不太符合   D. 不符合

12. 学校少先队组织对学生的素质培养起到了至关重要的作用，你认为：

    A. 非常符合   B. 比较符合

    C. 不太符合   D. 不符合

13. 家庭教育对学生的成长更重要，学校教育往往次之，你认为：

    A. 非常符合   B. 比较符合

    C. 不太符合   D. 不符合

14. 社会风气的好坏，对学生的道德素质影响更大，你认为：

    A. 非常符合   B. 比较符合

    C. 不太符合   D. 不符合

15. 体验式的素质教育，可以显著地提高学生的公民素质，你认为：

    A. 非常符合   B. 比较符合

    C. 不太符合   D. 不符合

16. 教师的爱岗敬业素质的高低直接影响学生基本的公民素质，你认为：

    A. 非常符合   B. 比较符合

    C. 不太符合   D. 不符合

17. 校长重视学生综合素质发展，有助于学生公民素质的提高，你认为：

    A. 非常符合   B. 比较符合

    C. 不太符合   D. 不符合

18. 学校在升国旗的仪式中，强调得最多的事是：

    A. 爱国主义教育

    B. 日常行为习惯的养成教育

    C. 表扬学习成绩好的班级和同学

    D. 批评学习成绩不好的班级和同学

19. 我校学生的学习习惯和生活习惯从总体上看，你认为：

    A. 非常好   B. 还可以

    C. 有待提高   D. 不太好

20. 从总体上看，在学校，学生不乱扔垃圾，保护环境的意识很强，你认为：

    A. 非常符合   B. 比较符合

    C. 不太符合   D. 不符合

附②

水云轩小学公民素质分层教育目标（生活技能）

章目	年级	一年级	二年级	三年级	四年级	五年级	六年级
生活小能手	争章标准	（1）认识红绿灯和道路标志； （2）知道父母姓名、单位名称和电话； （3）每天坚持刷牙两次； （4）睡觉前不吃零食； （5）知道三个电话：火警电话、救护电话、报警电话	（1）遇到意外事情会想办法解决或向成人求助； （2）知道防止火灾、烫伤、触电、雷击煤气中毒等的预防与救护方法； （3）写完作业自己能够将文具收拾整齐，每天上学的书包要自己整理	（1）掌握预防感冒、冻伤、流鼻血、腹泻、中暑和传染病等的简单方法； （2）尊重别人的劳动和劳动成果，确立劳动光荣的意识； （3）积极参加公益劳动	（1）知道自己受到意外伤害时的应对方法； （2）能做到合理支配零用钱，会把余钱存到银行； （3）能使用灶具做简单的饭菜	（1）知道自己在遇到人身意外伤害时的应对方法，学会自救； （2）了解在遇到各种紧急情况下的应对和救护方法； （3）尊重他人的民族习惯； （4）遇见外宾要有礼貌，热情大方，主动上前用英语与外宾交谈	（1）对正常的生理现象不躲避、不羞怯； （2）正确对待男、女同学之间的纯真友情； （3）做到合理安排在家的作息时间，养成健康的生活习惯； （4）能在每周有固定的从事家务的时间，和家庭成员平等相处，气氛融洽

水云轩小学公民素质分层教育目标（艺术修养）

章目	年级	一年级	二年级	三年级	四年级	五年级	六年级
才艺小明星	争章标准	（1）积极参加校内外各类才艺学习，正在参加至少一项的课外兴趣活动；	（1）积极参加校内外各类才艺学习，正在参加至少两项的课外兴趣活动；	（1）具备才艺表演才能，积极参加校内外各类艺术比赛；	（1）在学校积极参加艺术节的各项才艺展示活动的表演；	（1）荣获学校"百佳特长生"的称号； （2）在学校的音乐、美术、武术、中国鼓、鼓号、舞蹈、戏剧、摄影、醒狮、诗歌朗诵、	（1）多次荣获学校"百佳特长生"称号； （2）在学校各项才艺小组当中担当主力，积极参加各类级的表演和比赛；

128

章目	年级	一年级	二年级	三年级	四年级	五年级	六年级
才艺小明星	争章标准	（2）在音乐、美术、武术、中国鼓、鼓号、舞蹈、醒狮、戏剧、摄影、诗歌朗诵、演讲、小品、器乐演奏、书法、绘画等方面有一项或多项的突出才能	（2）具备才艺表演才能，能在家长和小伙伴面前自信地表演自己的才艺；（3）有一些才艺作品被学校收藏	（2）具备扎实的基本功，并积极在班级的活动中主动承担表演任务；（3）积极参加校内外各类才艺比赛	（2）能积极参与及带领身边同学参与艺术活动；（3）在学校组织的各类文艺活动中表现突出，获得好评	演讲、小品、器乐演奏、书法、绘画等兴趣小组中积极配合老师，积极坚持参加培训学习；（3）积极参加校内外各类才艺比赛，并获奖励	（3）参加市、区级以上艺术比赛荣获优异成绩，或成为集体优胜奖的主力队员，或对我校艺术工作做出特殊贡献

水云轩小学公民素质分层教育目标（公益修养）

章目	年级	一年级	二年级	三年级	四年级	五年级	六年级
快乐小义工	争章标准	（1）尊敬同学，团结同学，与同学能友好相处，不欺负同学，能主动帮助同学；（2）自觉为大、中、小队集体出点子、做好事；（3）积极加入学校亲子义工队伍，并每学期至少参加两次亲子义工活动	（1）有一颗热情之心，能积极为班级、同学服务，时时处处争当"小雷锋"，不怕苦，不怕累，当好"老师小助手""同学贴心人"；（2）每学期至少参加三次亲子义工活动	（1）在中、小队有一个为同学服务的小岗位，在小岗位上尽职尽责、坚持不懈；（2）利用自己的特长为集体做两件事，或为中队建设提出两条建议；（3）主动加入少年志愿者服务队	（1）积极参与学雷锋活动，并能在活动中起到模范带头作用；（2）积极为学校亲子义工服务队献计献策，并能带领低、中年级的同学开展活动；（3）主动关心身边需要帮助的孤寡老人和幼童	（1）争当班级或学校大队部的小干部，有极强的"主人翁"意识和责任心，工作认真积极，出色地完成老师和学校交予的任务，出色地为同学、为班级、为学校服务；（2）积极参加社区开展的各项公益活动	（1）主动向身边的伙伴或亲戚朋友传递志愿服务的精神，并引导更多的人加入志愿服务的队伍；（2）积极参与每年的"慈善万人行"活动；（3）能把自己的零用钱存起来并捐赠给希望工程

发现

教育智慧
——班主任与少先队工作从这里出发

水云轩小学公民素质分层教育目标（文明修养）

章目	年级	一年级	二年级	三年级	四年级	五年级	六年级
文明小标兵	争章标准	（1）见到长辈、朋友、同学主动打招呼；（2）严格按照学校的要求穿校服，注意仪容仪表；（3）在校门口能主动与值周的教师、同学问好；（4）在校就餐集好队，排队领饭要礼让，文明用餐要安静，饭菜不掉桌面上，爱惜粮食不偏食	（1）经常使用礼貌用语；（2）有礼貌地接待客人和做有礼貌的小客人；（3）升国旗时请肃立，行注目礼，少先队队员行队礼；（4）发言领奖时，仪表仪容要整理，接受奖状时，双手接过行队礼	（1）不骂人、不打架，不在走廊追逐打闹；（2）在公共场合自觉遵守社会公德，不高声喧哗，不随地吐痰，不乱扔垃圾；（3）出操集队快静齐，上下楼梯靠右行	（1）遵守《水云轩小学一日常规要求》；（2）敢于在社交场合合理表现自己，热情大方、文明礼貌；（3）初步具有开放的意识、宽广的心胸、主动的精神和自信的品质	（1）将使用礼貌用语与人交流作为一种自觉的行为；（2）平等待人，主动帮助有困难的人和残疾人；（3）尊重他人的民族习惯，尊重他人的生活习俗	（1）遵守学校纪律和社会公德，并且知道这样做是对老师、对同学、对他人的尊重；（2）遇见外宾要有礼貌，热情大方，主动上前用英语与外宾交谈

水云轩小学公民素质分层教育目标（学习品质）

章目	年级	一年级	二年级	三年级	四年级	五年级	六年级
学习小主人	争章标准	（1）读书时，书本与眼睛的距离保持33厘米左右；（2）不在床上或走路、乘车时看书；	（1）自觉练习书法，并按时上交书法作品；（2）积极回答教师提出的问题，正确率高；	（1）能列举出对自己有影响的十本儿童读物，并将好的段落、语句摘抄下来，做成读书卡片；（2）能够经常动笔写读后感、日记、小文章；	（1）养成课前预习，课上做好笔记，课下做好课后练习的习惯；（2）主动与同学交流读书的心得体会；	（1）能广泛阅读课内外书籍，逐步拓展自己的知识面；（2）通过各种途径，如网络、图书、报纸、电视等，了解更多自己感兴趣的知识；	（1）能从不同的角度观察、思考问题，并有自己独特的奇思妙想；（2）自己创造一些有价值的学习方法；

130

章目	年级	一年级	二年级	三年级	四年级	五年级	六年级
学习小主人	争章标准	（3）写字时眼睛距书本或笔记本33厘米；胸距桌近一拳、手指距笔尖3厘米 （4）上课认真听讲，遵守纪律，不随便讲话	（3）按时认真完成老师布置的每一项作业； （4）会选择适合自己阅读的、有益书报或杂志	（3）能为班级墙报、学校广播站和少年儿童报刊写小文章	（3）午读时间安静阅读书籍，爱护书籍，不随意损坏书本	（3）虚心从同学、老师、父母身上学习更多自己未知的知识，养成虚心好学的好习惯	（3）积极练笔，并经常向报纸、杂志投稿； （4）日常生活中，进行小发明创造

水云轩小学公民素质分层教育目标（环保意识）

章目	年级	一年级	二年级	三年级	四年级	五年级	六年级
环保小卫士	争章标准	（1）能做到不浪费水、电，爱惜文具； （2）爱惜粮食，养成节约的好习惯； （3）不买零食、不吃零食，不乱花零钱； （4）不挑食，不攀比穿戴，养成艰苦朴素的好作风； （5）能说出一两件节约粮食、水、电，爱惜文具的好方法、好建议	（1）能讲出几条自己已养成的爱清洁卫生的习惯； （2）能做到爱护环境卫生、花草树木； （3）不随地吐痰，不乱扔杂物，不乱涂墙壁，不大声喧哗	（1）知道中山市垃圾分类的标志，在生活中对垃圾进行分类处理； （2）每个月能向大队或中队交一定数量的可回收废品	（1）能做到爱护环境卫生，不随地吐痰、不乱扔杂物，不乱涂墙壁，不大声喧哗； （2）能爱护花草树木和文物古迹，不攀折、不刻画； （3）知道空气、河流污染的原因及其危害	（1）阅读各种课外书籍，了解当今世界各国在环保方面所采取的各种方法； （2）能够为环保献计献策，说出自己的想法和提议； （3）告别"污染行为"，不使用快餐盒及不分解的塑料袋等，并劝说家人、邻居共同抵制污染行为	（1）能讲出几条勤俭节约、艰苦奋斗，对国家、对集体、对个人成长的意义； （2）变废为宝，资源再生，学会分类收集报纸等，并将收集废品的钱捐献给希望工程或身边需要帮助的人

水云轩小学公民素质分层教育目标（责任意识）

章目	年级	一年级	二年级	三年级	四年级	五年级	六年级
父母小帮手	争章标准	（1）在家里自己的事情自己做，不做父母的"小皇帝"；（2）吃饭时能主动为父母夹菜添饭；（3）父母下班回家主动为父母斟茶或为辛劳了一天的父母按摩	（1）学会敬重父母、长辈的基本礼节和礼貌用语；（2）知道父母以及长辈们的生日和爱好；（3）会帮助父母及长辈拿拖鞋、取物品、端饭放筷	（1）在家听从父母的教导，并能理解父母的良苦用心；（2）主动邀请父母到学校参加亲子活动；（3）主动与父母交流自己学习和生活中的心得和感受	（1）不对父母乱发脾气，不顶撞父母，不说伤害父母的话，不做让父母生气的事情；（2）主动把自己的好朋友介绍给父母认识，并邀请父母参加你们的聚会	（1）能主动承担家务活，让父母感受子女的体贴和懂事；（2）多关心父母的身体，在父母生病时，担起照顾父母的责任；（3）亲手制作心意礼物，在重要节日送给父母	（1）不乱花钱，知道父母挣钱不容易；（2）当自己有心事时，主动寻求父母的帮助，并与父母像朋友般进行倾诉；（3）在家庭中善于化解父母的争吵，为家庭的和谐主动出力

水云轩小学公民素质分层教育目标（心理素质）

章目	年级	一年级	二年级	三年级	四年级	五年级	六年级
阳光小少年	争章标准	（1）能与同学友好相处，团结互助；（2）主动帮助学习、生活上有困难的同学；（3）有什么心事会主动找老师、家长、同学交流，会主动找人寻求帮助	（1）主动向老师、同学说出自己的心里话；（2）敢于面对生活和学习的各种困难，并敢主动承认自己的错误；（3）主动改正自己的错误	（1）会与他人合作，喜欢参与集体活动；（2）在班集体中能发表自己的看法，并通过团队合作为班级争得荣誉	（1）有2~3名手拉手小伙伴；（2）有一颗乐于助人的热情的心；（3）要了解小伙伴的困难，为小伙伴做一些力所能及的事情	（1）团结同学，主动帮助有缺陷、犯错误的同学；（2）尊重他人，发生纠纷会使用合理的方法解决；（3）在活动中，充分体现出集体荣誉感，团结一心	（1）初步具有责任意识，有宽广的胸怀、乐于助人的精神和自信的品质；（2）要对自己说过的话、做过的事情负责任；（3）遇事能以积极乐观的心态坦然面对

水云轩小学公民素质分层教育目标（领袖品质）

章目	年级	一年级	二年级	三年级	四年级	五年级	六年级
红领巾小领袖	争章标准	（1）准时上学不迟到，专心听讲多动脑，举手发言不胆小，独立完成作业学习好；（2）能主动帮助有需要的同学；（3）尊敬老师，争当老师的好帮手；（4）在校园能主动向来校的嘉宾行礼、问好	（1）积极参加学校的各项竞赛活动；（2）在班级中主动为班级、老师、同学做好事；（3）在班级担任小组长以上的职务；（4）积极参与班干部、队干部的竞选	（1）积极参与大队、中队、小队的各项任务和活动；（2）关心少先队的各项活动；（3）认真对待老师交给的工作任务；（4）能管理班级的同学，并时刻能当同学们的表率和榜样	（1）在大、中、小队有一个为同学服务的小岗位，在小岗位上尽职尽责，坚持不懈；（2）一学期有一次当选班级的"每周之星"；（3）积极参与班级以及大队委员的竞选	（1）在班级担任班干职务，并被学生公认为"优秀班干部"；（2）在学校大队部担任职务，并能领导全校的少先队开展活动；（3）主动协助大队辅导员管理学生的卫生、纪律、三操、仪表等工作；（4）在学校的各项比赛中取得优异的成绩，成为广大少先队员学习的榜样	（1）积极参加少先队组织的各种主题及社会实践活动，并在活动中积极发挥领导的作用；（2）能管理好班级的同学并且能照顾低年级的同学；（3）是学校的大队干部、旗手、值日生、鼓号队队员；（4）担任少先队大队委员，能领导值日生、旗手、鼓号队队员

水云轩小学公民素质分层教育目标（身体素质）

章目	年级	一年级	二年级	三年级	四年级	五年级	六年级
运动小健将	争章标准	（1）熟练掌握基本队形队列；（2）能掌握第三套广播体操《七彩阳光》和新眼保健操；	（1）熟练掌握一项体育活动项目，如跳绳、毽球、乒乓球、羽毛球等，并成为自身特长；（2）掌握新的广播体操和武术操；	（1）熟练掌握一项体育活动项目，如跳绳、毽球、乒乓球、羽毛球等，并成为自身特长；（2）能初步掌握篮球行进间运球；	（1）熟练掌握一项体育活动项目，如跳绳、毽球、乒乓球、羽毛球等，并成为自身特长；（2）能熟练掌握篮球行进间运球；	（1）熟练掌握一项体育活动项目，如跳绳、毽球、乒乓球、羽毛球等，并成为自身特长；（2）能基本掌握篮球绕杆技术；	（1）熟练掌握一项体育活动项目，如跳绳、毽球、乒乓球、羽毛球等，并成为自身特长；（2）能熟练掌握篮球运球绕杆技术；

133

发现

教育智慧
——班主任与少先队工作从这里出发

章目	年级	一年级	二年级	三年级	四年级	五年级	六年级
运动小健将	争章标准	（3）每天锻炼时间达1小时	（3）能掌握原地拍篮球技术； （4）每天锻炼时间达1小时	（3）每天锻炼时间达1小时	（3）每天锻炼时间达1小时	（3）能掌握投掷实心球技术，且成绩达到良好； （4）每天锻炼时间达1小时	（3）能初步形成长期参与体育锻炼的良好习惯； （4）每天锻炼时间达1小时

📖 参考文献

［1］王宏德，马洁琼.我国现代公民素质培育——兼论德法公民教育对我国的借鉴意义［J］.山东行政学院学报，2015（2）：124-128.

［2］王彦颖.优化城市软环境背景下推进公民人文素质教育的对策与建议——以辽宁省大连市为例［J］.湖北经济学院学报（人文社会科学版），2015（2）：11-12.

［3］李丽萍.公民素质与公民教育的探究［J］.长春教育学院学报，2015（14）：96-97.

［4］陈雨，聂沉香.从人的属性看大学生公民素质教育［J］.佳木斯职业学院学报，2015（8）：137-139.

［5］蔡小兰.对社区居民公民素质教育培训课程目标和内容的思考——以广西北海市广播电视大学为例［J］.教育观察（上旬刊），2015（3）：79-81.

［6］丁玮.中美青少年公民素质教育借鉴比较［J］.江西青年职业学院学报，2014（3）：45-48.

［7］寸晓红，刘建平.多元公民素质培养——通识教育的新视角［J］.佳木斯职业学院学报，2014（12）：95-96.

［8］王丽伟，孙大镭.解析俄罗斯普通教育机构公民教育的历史变迁［J］.佳木斯大学社会科学学报，2014（5）：168-170.

［9］刘芸.国外公民教育制度考察［J］.厦门城市职业学院学报，2014（3）：16-19.

［10］刘晓芳.国外公民教育变迁与我国公民教育［J］.理论观察，2014（2）：126-127.

［11］李晗龙.中、欧青年道德教育比较研究［D］.哈尔滨：哈尔滨理工大学，2014.

［12］杨丽红.科学推进思想政治教育发展 全面提高公民道德素质［J］.西藏教育，2014（10）：32-34.

［13］杨稣，史哲荣.中美思想政治教育比较研究［J］.宿州教育学院学报，2014（6）：3-4，26.

［14］吴红明.公民素质教育：成就学生的幸福人生［J］.教育研究与评论（小学教育教学），2014（9）：35-39.

［15］张嵘.英国学校道德教育主题的嬗变［J］.学术论坛，2014（3）：170-173.

［16］郑凯文.加拿大高校公民教育方法研究［D］.长沙：湖南大学，2014.

［17］黄晓云.美国公民教育社会化的研究与启示［J］.教育与职业，2014（30）：110-112.

［18］谭秋浩，匡思蕾.论公民素质教育融入大学生日常思想政治教育的有效途径［J］.教育教学论坛，2014（52）：40-41.

［19］马升翼.日本公民教育的经验及其启示［J］.河北大学成人教育学院学报，2013（2）：96-100.

［20］刘作建.中小学公民教育现状与对策研究［D］.烟台：鲁东大学，2013.

［21］张鹏超."90后"高职学生公民素质教育及其实施路径研究［J］.教育与职业，2013（27）：61-62.

［22］吴晓彤.谈高职院校学生公民素质教育现状及对策［J］.辽宁师专学报（社会科学版），2013（2）：37-39.

［23］赵保国.艺术教育与公民素质相关性的问卷调查与分析［J］.新乡学院学报（社会科学版），2013（1）：105-107.

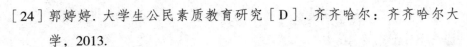

［24］郭婷婷.大学生公民素质教育研究［D］.齐齐哈尔：齐齐哈尔大学，2013.

［25］唐书怡.多元文化背景下的公民道德教育实施策略探究［J］.中学政治教学参考，2013（9）：11-13.

［26］温婧.公民素质教育的意义、内容与途径［D］.内蒙古：内蒙古师范大学，2013.

［27］蔡正学.民主制度从校园生根　公民素质由心底发芽——我的语文自主教育管理评价之道［J］.教育理论与实践，2013（8）：30-32.

［28］王东甲.主体性德育与青少年公民素质的培养研究［D］.宁波：宁波大学，2012.

［29］李楠.社会教育是提升公民道德素质的有效途径［J］.吉林省教育学院学报（中旬），2012（9）：44-45.

［30］杨秀玉，杨勇.回顾与展望：日本中小学公民教育管窥［J］.外国教育研究，2012（2）：15-21.

［31］杨盈.日本中小学公民教育课程探析［J］.高等函授学报（哲学社会科学版），2012（7）：49-51.

［32］张英磊.小学生公民教育的城乡现状及学校管理策略研究［D］.苏州：苏州大学，2012.

［33］梁忠华.实施公民道德教育工程，提高全民思想道德素质［J］.广西电业，2012（07）：63-70.

［34］潘文良.公民科学素质建设要求切实保证中小学科学教育效果［J］.小学科学（教师版），2012（8）：164.

［35］刘芳琴.浅谈公民素质教育［J］.南昌高专学报，2011（2）：79-80.

［36］安富海.国外公民教育实施途径研究述评及启示［J］.当代教育与文化，2011（5）：15-18.

［37］蒋明军，朱海强.人格培育：公民素质教育的着力点［J］.思想理论教育，2011（2）：18-21.

［38］王静.我国公民教育实施现状及对策研究［D］.合肥：合肥工业大学，2010.

［39］刘红军.学校道德教育是提高公民道德素质的重要渠道［J］.河北青年管理干部学院学报，2010（1）：95-97.

［40］张军英.藏族学生公民道德素质教育存在的问题及对策研究——以河北师范大学附属民族学院为例［J］.知识经济，2010（21）：163-164.

［41］尚雅莉.中美大学生素质教育途径及方式比较分析［J］.中国科教创新导刊，2010（19）：119.

［42］岳慧兰.中美大学生素质教育途径及方式比较分析［J］.中国成人教育，2010（10）：126-127.

［43］赖阳春.以人为本：构建公民教育素质体系［J］.湖南师范大学教育科学学报，2010（1）：115-119.

［44］葛红兵，刘凤美.公民素质与文化创意产业［J］.社会观察，2010（3）：29-31.

［45］岳珂.中韩两国中小学公民道德教育比较分析及其对我国的启示［D］.兰州：西北师范大学，2009.

［46］金晶.国外公民教育对我国的启示［J］.中国农业教育，2009（5）：4-7.

［47］冯建彤.倡导现代法制观念提高公民法律素质［J］.安徽冶金科技职业学院学报，2008，18（S1）：113-115，117.

［48］陈依云.公民道德建设，精神文明建设的基础性工程［J］.理论探索，2008（3）：25-26.

［49］邹庆华.中俄家庭素质教育的比较分析与启示［J］.当代青年研究，2008（1）：71-75.

［50］郑亚娟.大学生公民素质的现状及培养途径［J］.中国电力教育，2008（1）：132-133.

［51］陈小浒.科学素质与和谐社会［J］.科协论坛，2007（1）：6-7.

［52］罗秋萝.和谐社会与公民素质［J］.江苏省社会主义学院学报，2007（2）：29-30.

［53］张先翱.没有活动就没有愉快——上海一师附小少先队"学玩结合"经验（下）［J］.辅导员，2005（4）：13-15.

［54］范玉凤.未成年人思想道德教育规律刍议［J］.河北师范大学学报（教育科学版），2005（5）：61-65.

［55］秦树理.国外公民教育的启示［J］.郑州大学学报（哲学社会科学版），2005（3）：14-17.

［56］武卉昕.中俄公民素质教育的比较分析［D］.哈尔滨：哈尔滨工程大学，2004.

［57］徐善衍.全面建设小康社会必须大力加强公民科学素质建设［J］.中国青年科技，2004（3）：6-7.

［58］诸惠芳.中小学公民素质教育的国际比较·评介［J］.中小学教材教学，2003（11）：48.

［59］张先翱.为什么有了学校还要有少先队［J］.师范教育，1985（5）：40-41.

［60］张先翱.大队辅导员的基本功［J］.江苏教育，1984（18）：11-12，15.

［61］张先翱.实施少先队根本任务的途径和方法［J］.少年儿童研究，2010（20）：44-48，51.

第二部分

队旗飘飘

2

第一篇　少先队名师工作室

中山市少先队名师曾文珍工作室简介

　　共青团中山市委、中山市教育局、中山市少工委、东区团工委为积极贯彻落实第七次全国少代会精神以及党中央、团中央关于推进少先队改革的工作部署，于2017年5月30日在全市率先成立少先队名师工作室，并以工作室为载体和发展平台，以"搭一个平台、带一支队伍、出一批成果"为目标，通过导师培养、专家引领、课题研讨、专题讲座、学员论坛、班队活动观摩等多种形式，培养一支具有强烈事业追求、先进工作理念和过硬业务素质的少先队辅导员骨干队伍，以推进我市少先队辅导员队伍体系建设，发挥学校、社区在少先队工作中的重要作用，推动全市少先队事业不断迈上新台阶。

颁发中山市少先队名师工作室牌匾

工作室主持人

开创了"启梦—探梦—展梦—圆梦"的"追梦四部曲"，激励少先队员为实现中国梦而努力奋斗。学校少工委先后迎来广西壮族自治区柳州市少先队考察团，广州市少先队考察团，全国少先队专家陆士桢、沈功玲、柯英、王延风以及共青团中央主办的《辅导员》杂志社主编李沧海等省内外的少先队专家、同行到校交流。2013年8月2日，团中央书记处原书记、全国少工委主任罗梅一行10人也来到水云轩小学开展调研，她对水云轩小学少先队扎实的工作给予了高度评价。

工作室专家顾问

李群英

现任广东省少先队总辅导员、广东省少工委办公室副主任、广东省少先队辅导员联谊会常务副会长，兼任广东省少先队辅导员国家职业导师、广东省青年职业技术学院社工系导师，曾获联合国儿童基金会中国地区"支持儿童"活动个人组织奖，是南粤优秀少先队辅导员、"全国十佳少先队辅导员"。

杨小平

现任中山市青少年宫副主任、中山市少先队总辅导员，大力推动中山市特色社团的发展，在全国率先成立少年军校领袖团，策划大量有利于我市少年儿童健康成长的社会实践活动，多次被评为"中山市优秀党员""广东省优秀团队干部"。

何建明

中山市少先队副总辅导员、中山市东区紫岭学校副校长，兼任全国少先队工作学会理事，从事少先队工作20年，曾获"广东省十佳少先队辅导员""全国优秀辅导员"等荣誉称号。

中山市少先队名师曾文珍工作室主要成员介绍

工作室开展少先队相互观摩学习活动

工作室为成员发放少先队工作专业用书

工作室组织开展"学校少工委运作模式"
探讨交流会

工作室组织开展学习
《少先队改革方案》

广东省少先队工作学会梁丽萍会长莅临工作室
指导工作

少先队名师曾文珍工作室揭牌仪式

团中山市委张志云部长带领工作室成员
向全国少先队专家华耀国老师请教

工作室成员定期开展业务学习活动

工作室成员马姝逊、郑乐韵、李建在工作推荐下分别参加2017年广东省少先队实践活动辅导方法创新研讨班、2018年广东省少先队工作改革专题培训班、2019年全省少先队工作改革研讨班

工作室主持的少先队课题《增强少先队员"四个自信"的对策研究》在广东省教育研究院立项

全国优秀少先队辅导员风采

——记名师工作室主持人：中山市少先队副总辅导员曾文珍

■■■ 锲而不舍织梦想 伟人故里谱新章 ■■■

清晨，迎着和煦的阳光，曾文珍老师指挥少先队鼓号队进行演奏练习，她忘情地打着节拍，顾不上擦拭额头上的汗水。一小时后，伴着催人奋进的《少先队员进行曲》，她面带微笑、昂首阔步地走进教室。

这是曾文珍老师日常工作的真实写照。10年来，做着自己喜爱的少先队工作，她累并快乐着，她所带领的少先队组织也收获了一路的芬芳：水云轩小学成为中国少先队工作学会活动专业委员会实践研究基地、广东省红旗大队、红领巾示范校先进创建单位、中山市第一批红领巾示范校等。

一、立足当前，做少先队员的启梦人

中山市，古称"香山"，是一代伟人孙中山先生的故乡，也是中国唯一以伟人名字命名的地级市。曾文珍老师抓住这一特色资源，号召队员们继承孙中山先生"天下为公"和"敢为天下先"的精神，引导他们在传承中创新，在创新中发展，争当具有中华传统美德和世界眼光的现代中山学子。

1. 以思想引领开启队员梦想之旅

为巩固和扩大党执政的新生代群众基础，培育合格建设者和可靠接班人，曾文珍老师从党、团、队组织意识衔接做起，带领队员们寻访中山籍老红军，举行"我是党的好孩子"新队员入队仪式，组织队员观看"神十"升空相关视频，还邀请党员和团员教师与队员们一同分享成长经历，有效地激发了他们敬仰优秀共产党员的情感。在她策划的中山少先队庆祝建党90周年"雏鹰竞飞齐争章，童心绽放心向党"主题队会和2012年建队纪念日"感受你的爱"主题队会上，高潮迭起、激荡人心的党、团、队旗出旗仪式，更是开启了队员们为实现中国梦而奋斗的梦想之旅。她组织实施的"我是校园小义工"中队轮值服务、"红领巾志愿服务队"、"红领巾爱心互助基金会"、"朝阳牵手夕阳红"、"情满慈善爱心店"、"学雷锋服务集市"等公益项目，持续地培育着队员诚信、友善、尊老爱幼、乐于助人的优良品格。

2. 以素质提升帮助队员梦想成真

2010年5月30日，水云轩小学举行了中山市"雏鹰争章"展示会，来自全市各校的300多名辅导员认真聆听了曾文珍老师的"雏鹰争章"专题讲座。原来，从2009年9月起，曾文珍老师就在学校创造性地组织、开展了独具特色的"伟人故里中山章"雏鹰争章活动，制定了少先队员"十大成长奖章"，开发了《雏鹰争章储蓄本》，还以嘉年华的形式举行了现场考章展示，并建立了一套具有操作性、趣味性和创造性的全员参与的争章模式，鼓励队员们在争戴10枚奖章的过程中，立志向，有梦想，树立为实现中华民族伟大复兴的中国梦而奋斗的崇高理想。

为了给少先队员搭建更多追梦舞台，曾文珍老师动员校外辅导员和校内有特长的教师共同组成了"红领巾社团辅导组"，并成立了66个"红领巾社团"，开展了红领巾DIY创意手工集市、红领巾拍卖行、雏鹰小天地、红领巾演讲沙龙、中队才艺比赛以及百家讲坛等活动，让每个队员的素质都得到了提升；她还通过纳新会、成果展示会、优秀社团评选活动等，鼓励队员们在丰富童年生活的基础上，学会彼此欣赏，共同圆梦。

二、承上启下，做少先队事业的追梦人

引导少年儿童成长为社会主义事业的合格建设者和可靠接班人，是党赋予少先队组织的光荣使命。作为一名少先队总辅导员，曾文珍老师深知这也是自己的梦想和责任，并以此为自己从事少先队工作的出发点和落脚点，在实践中重点通过四个方面使之落于实处。一是在深入学习少先队历史、基础知识和《少先队辅导员工作纲要（试行）》的基础上，结合学校整体发展目标，提出了"实践育人，队员为本"的工作思路，并设计了未成年人思想道德建设工程、少年儿童素质拓展工程、红领巾共促和谐工程和少先队组织文化建设工程

四大工作体系。二是努力打造一支素质优良、业务精通的辅导员队伍，带领新老中队辅导员不断在学习中提升专业水平；通过搭平台、压担子的办法，促进他们全面、快速的成长；通过完善管理、考核、推荐等制度，把优秀辅导员输送到学校中层行政岗位上，充分地调动他们的工作积极性。三是着力加强少先队干部建设，民主选举大队委，定期举行中队长联席会议，组织召开学校少代会等，鼓励队干部自主管理和自我服务。四是充分发挥学校作为中国少先队工作学会实践研究基地的项目优势和人才优势，整合各种辅导力量，大力开展《创新雏鹰争章实践活动　构建育人新模式》和《少先队在健全人格培养的策略研究》两个市级重点课题研究，在承上启下的实践引领中，让旗帜飘扬在学生心中。

三、面向未来，做少先队发展的探梦人

为了把社会主义核心价值观中的"爱国、敬业、诚信、友善"内化为少先队员的行为准则，曾文珍老师不仅以身作则，而且通过"诚信超市"等让队员能体验、感悟、参与的实践活动，引导队员树立正确的世界观、人生观、价值观。

在水云轩小学，各中队都设有"诚信超市"的柜台，每个柜台都有队员日常需要的文具和书籍。这些物品有序放置，标明价钱，收款采用"无人售货，自觉找零"的方式。"诚信超市"由队员自主管理：店长负责管理"诚信超市"的运作，理财主管每天做买卖记录，采购主管每月底到学校总务后勤处采购物资，所有盈利注入学校"小水滴爱心互助基金"，用于帮助有困难的儿童群体。这是针对学生中出现的诚信缺失、自律缺乏等现象，曾文珍老师倡导的又一创新教育形式，目的是引导学生在无人监督的情况下，自律遵守道德规范，在学习自主管理中奉献爱心。

为了让每一项少先队工作都能切实做到因材施教，曾文珍老师在全国率先推动了学校少工委的成立，积极整合资源，联动社区组建了高效的组织架构。她根据队员年龄、身心发展特点和分层教育需要，倡导学校少工委下设绒羽大队、丰羽大队、逸羽大队，并为中山市校级少工委提供了可操作性的理论基础和实践框架。

作为中山市少先队工作学会的副会长，市副总辅导员，曾文珍积极参与

全市少先队工作，为少先队事业的发展献策出力。她带领辅导员们连续两年承办了中山市少先队主题队日现场会，通过讲红色故事、唱红歌、创设情景剧以及游戏等生动有趣的形式，引导少先队员们认识党的光辉历史，以舞蹈、音乐展示各行各业优秀党、团员积极奋进、服务社会的主旋律；她在全市少先队辅导员培训班上授课，传播自己对少先队工作的探索和实践经验；她作为中山市优秀辅导员代表，参加了中小学教师国家级培训计划培训班，与全国各地同行进行交流，还以基层辅导员的身份参加了在全国青少年井冈山革命传统教育基地举行的"2013年全国地级以上总辅导员培训班"，站在新的高度，面向未来，探寻追梦路径……

有梦想就有希望，有梦想就有未来。曾文珍老师用爱与激情点燃了少先队员追梦的心灯，并立志为实现当好少先队员的亲密朋友和领航人之梦而奋斗。

全国优秀辅导员曾文珍带领队员开展队活动

广东省优秀少先队辅导员风采（一）

——记名师工作室成员：中山市东区竹苑小学总辅导员马姝逊

━━━ 有一种情怀叫作红领巾 ━━━

马姝逊老师在2010年成为学校少工委总辅导员。在8年多的总辅导员工作中，她认真地履行着一位少先队工作者的职责，全身心地投入工作，按照"全队抓基层、全队抓落实"的工作思路，以体验教育为基本途径，以生为本，以启发潜能教育为指引，创新开展少工委工作。

一、与红领巾一路同行

马姝逊老师认真学习少先队基础知识和基本技能，勇于探索，大胆尝试，积极组织开展丰富多彩的少先队活动。在与学生的共同努力下，她成功地策划和组织了八届校园慈善义卖活动和远赴广西桂平的助学活动。她精心策划开展了丰富多彩的大、中队活动，充分利用各大节日，开展形式多样的少先队主题教育活动，对广大学生进行爱国主义教育、集体主义教育和革命传统教育。例如，竹苑小学开展的以"谦谦竹君子，修身从小始"为主题的修身系列活动，掀起了活动的浪潮："爱我家园，共建文明"的签名活动，中山市青年文明集市活动，"小手拉大手，文明齐步走"亲子系列活动，"红领巾心向党"活动，歌唱、舞蹈大赛，"道德修身大讨论"主题班队课活动……让学生在活动中体验，在体验中快乐成长。

广东省优秀少先队辅导员马姝逊在活动后与队员们合影

二、让学生快乐成长

少先队的优势是活动育人、实践育人。竹苑小学开展的一系列多姿多彩的活动是学生幸福生活、快乐成长的源泉。

在过去的几年里，马姝逊老师以"一切为了队员"为宗旨，围绕"构建和谐中山、爱心竹小"的主题，积极开展了形式多样的活动，如白沙湾学校"手拉手"结对活动令人暖心；"竹苗报银晖"活动让空巢老人们倍感温馨；"保护地球，变废为爱"的亲子爱心环保回收活动让"环保、助人"等思想深入竹苑小学众多学生的心灵深处；博爱传承、志愿同路——竹苑小学义工队参加中山市青年志愿者协会举办的服务集市活动，把博爱传播得更远等异彩纷呈的亲子义工活动，谱写着竹苑人博爱的乐章。

三、做一个科研型辅导员

马姝逊老师在创新实践、扎实开展好各项活动和基础工作的同时，非常注重学习与反思、总结与科研，努力做一个科研型辅导员。她积极进行领袖学生的培养和产生机制的探索：怎样让学生在这样一个社会成为一个完整的人，成为一个有爱、有思想、有行动的人，成为一个有独立思考能力、处事态度成熟的具有领袖气质的人，是新时期竹苑小学少工委的重要工作——"让每一个队员都具备领袖气质！"竹苑小学领袖学生培养工程逐步开展，如"人人有工作"的中队管理模式，"承包责任制"的主题中队会，"发挥个人潜能，争当领袖先锋"的班级领袖培训活动，大型"感恩教育"体验活动，领袖学生香港历奇训练营活动，自主小社团的探索……这种培养机制的系统化、活动的系列化为竹苑小学学生的成长奠基，为他们的生命奠基。

2012年，用生命影响生命——竹苑小学"'牧人领袖'工程领袖生培养机制的探索"项目获得中山市少先队工作创新奖。随着"'牧人领袖'工程领袖生培养机制的探索"这一系列活动的开展，学生获得了与其自身发展相适应的教育，"独立的人格，独特的个性，独创的精神"成了他们的基本素质，一个又一个富有"服务意识""引领意识"的队员相继出现。当学生毕业走向其他学校，得到了所就读学校的盛赞，学生的个性得以彰显后，竹苑小学也受到了上级领导及同行的一致肯定，得到社会特别是家长广泛的认可与赞誉，马姝逊老师也因此获得广东省"优秀辅导员"、中山市"优秀辅导员"、中山市"最美辅导员"、中山市"青年岗位能手"、中山市东区"十佳辅导员"、中山市东区"优秀教师"等多项荣誉称号。在担任辅导员期间，马姝逊老师荣获全国第四届中小学主题班团队课大赛论文设计一等奖、广东省第三届中小学艺术展演三等奖，代表中山市参加广东省少先队说课展示并荣获二等奖。学校少工委多次被评为"中山市先进少工委"，学校亲子义工服务队多次被评为"中山市先进亲子义工队"，"竹苗报银晖"的关爱空巢老人项目也荣获中山市少先队工作创新奖。

今天用火红的青春编织一个红领巾情结，即使将来有一天，双鬓染上秋霜，胸前的红领巾也永远不褪色！

广东省优秀少先队辅导员风采（二）
——记名师工作室成员：中山市东区柏苑中心小学
总辅导员郑乐韵

▰▰ 让祖国的花朵在阳光下绽放 ▰▰

从教16年，郑乐韵老师积极推进社区少工委工作。2016年，承办了全市现场会。2017年，在省内多地的少先队辅导员交流活动中做经验介绍。先后被评为"广东省优秀少先队辅导员""中山市最美青年志愿者""中山市五星级志愿者""中山市第四届、第六届少先队鼓号仪仗队花样操大检阅优秀辅导员"；2005年、2012年还被选为东区优秀党员，多次被评为市、区优秀教师等荣誉称号，并先后被省、市名师工作室聘为工作室成员，多篇论文发表于全国发行的书籍、刊物上等，参与多个省级德育、少先队立项课题的研究。

近年来，郑乐韵老师致力于推动学校和社区少工委联动的工作，为少年儿童拓宽实践小阵地搭建成长大舞台。

少先队员是社区长者的开心果
——学校和社区少工委联动探索

"爷爷，我们又来了，您身体还好吗？"面对着少先队员们的问候，今年已96岁的黄爷爷露出会心的笑容，皱纹中也夹带着喜悦。

从2015年起，中山市东区柏苑中心小学的少先队员们开展了"柏小雏鹰，情倾花苑社区"活动，23个中队各自成立红领巾亲子义工小组，结队探访花苑社区每一个特殊家庭，通过与探访对象聊天、做家务、表演节目等方式，给特殊家庭以精神上的慰藉和生活上的关怀。而这只是柏苑中心小学少工委与花苑社区少工委联动项目中的一个。

近年来，由东区党工委、办事处专门划拨活动阵地，社区党委首期投入近10万元，每年投入3万元支持各项活动的开展。学校、社区少工委联动密切，让更多的学生在少先队组织的引领下，多途径、多渠道地参与锻炼实践。

现在，每到周末探访的日子，花苑社区的大街小巷就会有一道亮丽的风景线——佩戴着鲜艳红领巾的少先队员、身穿义工服的红领巾亲子义工家庭成员提着慰问品，穿梭在大街小巷，连小区里的住户都感叹着柏苑中心小学的爱心和恒心。这项活动在2015年和2018年分别获得中山市亲子义工联盟优秀项目、中山市红领巾创投项目品牌项目、广东省红领巾基金项目等荣誉称号。

学校和社区多方联动活动滋养少先队员

东区柏苑中心小学创办于1989年，建筑面积仅4200平方米，是东区目前最小的一所公办学校。2007年成立学校少工委，截至2018年，设有6个年级大队、24个中队及红领巾亲子义工志愿服务队总队。学校少先队工作贯彻党的十九大精神，切准时代的脉搏，准确把握少年儿童健康成长的方向，结合学校"以小育大"的理念，充分发挥少先队在立德树人中的作用，积极联动社区少工委，拓宽少先队员成长的舞台。通过红领巾奖章，进一步激发少先队员自主成长，培养少先队员成为立志向、有梦想、爱学习、爱劳动、爱祖国、德智体美全面发展的好少年，为实现中华民族伟大复兴的中国梦时刻准备着！

在开展学校、社区少工委联动的工作中，主要从以下三方面进行了探索。

一、小少工委　大推动力

建立有效联动的少工委机制。学校少工委与社区少工委在组织架构上进行有效设置，少先队组织工作力量得到加强，校内外资源实现了有效整合，为少先队工作提供更广阔的发展平台。

学校少工委主任由校长担任，常务副主任是德育副校长，副主任是社区党委副书记，学校少工委委员由少先队辅导员（年级大队辅导员、科组长）、少先队优秀队干、关心少先队事业的相关人士（家委主任、红领巾亲子义工队长）组成。同时，学校少工委协助健全社区少工委组织架构，由社区党委书记任少工委主任，学校德育副校长任副主任，社区团总支部书记任总辅导员，学校辅导员任副总辅导员。

学校少工委密切与社区少工委的合作关系，每学年商讨少工委的工作计划，主动为社区提供力所能及的公益志愿服务，为少先队员创设优质实践平台，引领开展丰富的少先队活动，增强了学校少先队工作的实效。

二、小融合　大惊喜

形成互通互融的评价机制。学校少工委帮助社区少工委形成和学校少先队文化相辅相成的良性格局，制定与学校少工委红领巾奖章活动有机融合的评价机制，让少先队员充分了解，使少先队文化深深地扎根在少年儿童的心中，深化活动的内涵，引领少年儿童更好地健康成长！

例如，组织少先队员走进社区少年先锋营430课堂、红色体验营、学雷锋——以花传爱等活动基地；学校少工委举行"红领巾心向党"主题队活动，邀请社区的模范先锋、中山市十杰市民、著名剪纸艺术家梁杰康老师用一幅幅栩栩如生的剪纸作品给少先队员上生动活泼的队课。参与活动，少先队员获得一个个红领巾奖章，从而激发他们自主地参加少先队组织的活动，珍惜锻炼和成长的机会。

三、小阵地　大舞台

校园和社区为少先队员提供实践的大舞台。少先队员可以在更多元的空间结识新朋友，丰富校园及课余生活，找到更多体验实践的自信与快乐。如组织参与社区一系列有关党、团、队建设的主题文艺演出，前往东区公益园参观跨时代亲子历奇体验馆，在端午节、重阳节等传统节日时学包粽子送给外来务工人员，进行环保公益创意手帕绘画比赛、社区少年先锋营的周末课堂、科普知识夏令营、儿童手创坊活动、鸟巢书屋、咏春特色社团、亲子古村落定向越野活动等一系列活动加强社区、学校少工委的亲密互动。

省优秀辅导员郑乐韵老师与队员们

中山市最美少先队辅导员风采
——记名师工作室成员：中山市小榄丰华学校总辅导员韩庆龙

"愣头小子"少先队辅导员的成长之路

2012年9月，韩庆龙怀揣着成为一个"优秀的孩子王"的教育梦想，从遥远的东北踏上了南行的列车。初识少先队辅导员工作是在新教师培训中，听着我动情地讲述着少先队辅导员的工作，他沉醉了，沉醉于少先队辅导员的工作点滴，沉醉于一个个精彩而又有意义的少先队活动，这不正是他所追求的"优秀的孩子王"的生活吗？从这以后他开始注重从少年儿童的心理特点出发，开展丰富多彩的中队活动。同时，结合大学时的特长成立了小榄丰华学校红领巾广播站，与小广播员通过电波向全校的少先队员传递知识与快乐。

中山市最美少先队辅导员韩庆龙

在工作的第二年，韩庆龙正式被推选为中山市小榄丰华学校少先队大队辅导员，还记得当时陈校长对他说："你年轻有活力，聪慧而又有干劲，我相信你一定会成为少先队员成长道路上最亲密的朋友和引路人。"他知道这不仅是对他的一种信任，更是一份责任。初任大队辅导员，韩庆龙开始查阅大量的专业书籍提高自己的专业素养，同时坚持向一些优秀的学校少先队学习，向一些优秀的少先队辅导员请教。他根据学校"活力丰华，快乐教育，为孩子一生奠基"的宗旨，紧紧围绕少先队组织的根本任务，以弘扬中华民族优秀传统文化为引导，以"红领巾相约中国梦"和"爱学习、爱劳动、爱祖国"主题教育实践活动为载体，积极培育学生的社会主义核心价值观。

在新辅导员培训中，韩庆龙了解了学校少工委的工作模式，意识到学校班额不断扩大、少先队员不断增多等带来的问题。为了充分发挥少先队在素质教育中的重要作用，进一步整合社会资源，更有力地推动学校少先队工作，同时，为了引导和激励广大少先队员继承与发扬少先队的优良传统，培养少先队员的小主人意识和民主参与意识，进一步规范学校少先队组织建设，不断为星星火炬增光添彩，他组织召开了小榄丰华学校第一届少代会，率先在小榄镇成立了第一个学校少工委，并被选聘为小榄丰华学校少先队大队总辅导员。

给每一名学生创造机会一直是他秉承的工作理念，因此他每周一精心设计升旗主题，各中队自主申请承办，从升旗手、主持人到指挥全由本中队队员承担，中队特色展示则由全体队员登台进行展示，真正做到了学生是主体，让每名学生在小学阶段都有面向千人展示的机会，增强学生的自信心。

为弘扬创新精神，让队员在体验不同角色（如售货员、顾客、收银员、导购员等）的同时学会交流、合作，养成关心他人的习惯与奉献社会的优秀品质，他在每年学雷锋活动月积极打造奉"闲"友爱义卖品牌少先队公益活动，所得款项用于开展山区助学活动。

为了落实素质教育，实现队员全面发展，韩庆龙以走班制的形式组织了近60个红领巾小社团，同时为了促进亲子沟通，陶冶家长的情操，他还积极开展了亲子舞蹈、亲子剪纸、亲子书法等10个红领巾亲子社团，亲子社团连续两年获中山市博爱100优秀项目奖，有效地促进了亲子沟通和家校联动。

为了加强队员的社会实践和生活经验，引导队员树立树立正确的价值观，培养的社会责任感，他组织少先队员开展"华章争霸"活动，引导队员们从日常学习、生活的具体环节入手，以优秀的表现争得"华章"，再以"华章"来换购学校"明码标价"的礼物，从而优化队员的日常行为和加强队员学习的积极性。

近年来，小榄丰华学校少工委不断深入开展形式多样、丰富多彩的少先队活动，进一步深化推进少先队学科建设、少先队活动课程建设，以及中队辅导员队伍专业化、职业化建设，不断开创小榄丰华学校少先队事业的新局面，先后被评为广东省红旗大队、中山市红领巾示范校、中山市红旗大队。

"路曼曼其修远兮，吾将上下而求索。"少先队辅导员的成长之路上，韩庆龙付出了汗水，更收获了喜悦，曾先后被评为中山市最美少先队辅导员、中山市优秀少先队辅导员、中山市优秀德育行政干部，先后获得广东省少先队活动案例一等奖、广东省少先队活动实录一等奖，组织的多项活动在"中国辅导员"微信公众号发表。相信他将继续在少先队辅导员的成长道路上不忘初心、砥砺前行，做一名"快乐的孩子王"。

中山市优秀少先队辅导员风采

——记名师工作室成员：中山市东区水云轩小学
总辅导员杨欢欢

■■■ 安贫乐道贵奉献，人生淡泊也辉煌 ■■■

杨欢欢从小就活跃于火红的队旗下，儿童时期就曾担任少先队大队部的大队长、少先队广播站站长、少先队鼓号队总指挥。2015年通过竞岗成为水云轩小学少工委总辅导员，再次回归少先队，她感到无比亲切和温暖。

在辅导员这个工作岗位上摸索了4年，虽然没有取得惊人的成就，却付出了真实的努力。在她看来，一个优秀的辅导员不在于自身笼罩着多么耀眼的光环，而在于是否脚踏实地地为基层辅导员的工作添砖加瓦，是否真真切切地心系少先队员的成长与发展。所以，她始终牢记一个信念："安贫乐道贵奉献，人生淡泊也辉煌。"这句话也是广东省少先队前辈梁劲涛先生的座右铭。杨欢欢就是用这样的信念指引他的工作和生活的。

一、以身示范，潜移默化

孔子说："其身正，不令而行；其身不正，虽令不从。"杨欢欢始终认为一个辅导员的第一身份应该是一位教师。作为一位教师，就应该身教胜于言传。因此，她时刻注意规范自己的言行，以身示范，如见到学生们，她不会等着他们先跟她问好，而是主动微笑、招手或打招呼，达到了显著的教育效果。每天穿梭于校园，不论是哪个年段的学生，不论她是否教过他们，他们见到她，总能对她说一声"杨老师好"。正是这样潜移默化的影响，才给学生们带来了润物无声的教育。

二、走进孩子的心灵，严格要求，让每一个少先队员有力量成长

为了架起师生间相互信赖的桥梁，培养师生间良好的情感基础，杨欢欢常利用大队委会议和课外活动对学生进行爱的教育。信赖和爱是相互的，你给予了队员尊重、爱心、信任，他们会在感同身受中认同并回馈。

作为学生思想上的引导者和生活中的朋友，杨欢欢除了经常找学生谈心、课下与学生做游戏外，还及时了解他们的学习和生活情况，并给予他们必要的帮助。此外，她还与家长进行密切的联系，增进对学生的了解，以便更好地开展工作，增强了辅导员思想教育工作的实效性。

然而，她并不是一个只会给队员灌蜜糖的教师。一个能够快乐成长的人必须有力量，而力量来源于千锤百炼的严格要求。不论是对大队委领袖生的培养，对少先队鼓号队员的日常规范，还是少先队团队中的每一分子，她都以严明的纪律和坚定的信念引导他们。小到守时的纪律，大到团结的意识；小到自我规范的约束，大到无私奉献的精神，她都不会放过。渐渐地，少先队变得纪律严明、刚强坚毅，队员们也从散漫慢慢变得有责任和担当。

三、以特色社团为载体，培养队员领袖生气质

活动是培养少先队员各项素质、增强团队凝聚力最有效的载体，是培养优秀种子的最好的土壤。因此，只有少先队员成为集体活动的主体，他们的巨大潜能才能得以发展。

水云轩小学少年军校领袖团是该校积极响应团中山市委的号召，结合学校工作实际，以"特色社团"为契机组建的一支充满活力、彰显水云轩小学学生风采的阳光队伍。少年军校领袖团共开设10门课程，包括团队协作、社会实践、军事知识、野外生存、导航训练、体能训练、急救训练、领袖才能、艺术修养、心理素质。少年军校领袖团开展丰富多彩的系列活动，提高了团员们的综合能力，作为学校的特色社团，受到了学校领导的高度重视与大力支持。

为了使少先队特色社团不断创新，杨欢欢在4年的时间内，在原有基础上持续激发了少先队的6支特色社团的魅力和活力，少先队国旗护卫队、少先队鼓号队、少先队少年军校领袖团、少先队医疗辅助队、少先队红领巾小主播、少先队亲子义工志愿服务队。

日常课程和丰富的课内外实践活动，全面增长了少先队员多方面的知识和实践能力。

四、以鼓号队品牌，切实加强少先队组织文化建设

鼓号队是水云轩小学的品牌特色项目之一，多次被团中山市委、市少工委以及社区盛邀担任迎接省、市领导的仪仗队。为了保证学校鼓号队的规模和水平，继续擦亮这块少先队工作招牌，杨欢欢在任职期间，一方面凝聚力量，统一思想战线，加强对鼓号队队员进行常规性训练，保证学校的鼓号队做到"招之即来，来之能战，战之能胜"；另一方面，从中年级招收一些喜欢鼓号并且思想道德经得起考验的队员加入"鼓号预备队"。所有加入少先队鼓号队的队员必须具备三个条件：第一，自愿申请加入；第二，思想品德高尚；第三，热爱鼓号队，经得起考验，吃得了苦，让得了荣誉。

日常训练期间，在艰苦条件的磨炼下，杨欢欢不以物质利益诱惑学生参与，而是站在大局上排兵布阵，让队员从思想上得到自我认同，找到奉献的价值并形成集体的利益高于一切的价值观。在这样的思想引领下，学校鼓号队的队员以加入鼓号队为荣，以艰苦训练为动力，以为集体增光添彩为使命，多次参加中山市的鼓号操大检阅，队员们的精神气质为水云轩小学少工委赢得了荣誉。

中山市优秀少先队辅导员杨欢欢

名师课堂：

2010年12月13日上午，曾文珍总辅导员在东区中小学团队干部培训班为全区的少先队骨干开设"雏鹰争章"活动的开展和鼓号队的训练专题讲座

2011年6月21日，雏鹰争章活动经验介绍暨活动分享会在水云轩小学召开。曾文珍总辅导员为全市大队辅导员举行"'伟人故里中山章'雏鹰争章创新模式的探索"专题讲座

曾文珍工作室迎来广州市番禺区　　　　　曾文珍工作室迎来广州市海珠区
少先队辅导员培训班学员们　　　　　　　少先队培训班的学员们

曾文珍工作室迎来全国少先队名师
黄权标工作室主持人和成员

工作室成员马姝逊、郑乐韵、刘志博等
在主持人引领下成长为少先队教研骨干
多次到市内中小学指导开展少先队活动
课教研活动和开设讲座

主持人曾文珍老师参加全国优秀少先队
总辅导员培训班

主持人曾文珍老师担任广东省红领巾
示范校复检评审专家组评委

主持人曾文珍老师给全市2018年新任
大队辅导员开设培训讲座

主持人曾文珍老师作为历届优秀少先
队辅导员代表出席2018年广东省少先
队纪念建队日专题活动并发言

第二篇 少先队工作的实践与思考

提起少先队，可能许多人都能想到"红领巾"和"敬队礼"，但对于少先队是什么，为什么学校要有少先队可能就说不清了，我们很有必要了解这个在学校教育和学生活动中有着重要意义的儿童组织——少先队。

新时期学校少先队组织建设的创新与实践

——记广东省中山市东区水云轩小学少工委

根据《中国少年先锋队章程》的要求，学校少先队要履行中国少年先锋队的组织职能，教育和引导少先队员成长为社会主义现代化合格的建设者和可靠的接班人，落实少先队的根本任务。随着城市化进程的加快和经济的高度发展，人们生活水平不断提高，少年儿童接受外界事物的机会越来越多，影响少年儿童思想形成的外部因素也越来越多，只靠学校大队辅导员独自去落实少先队的根本任务显得势单力薄。如何吸纳更多的社会人士共同为少先队员的成长出谋献策？这就要求我们在新形势下思考与探索能发挥少先队组织职能的创新组织模式。我市少工委秉承孙中山先生"敢为天下先"的精神，2009年在全国率先提出成立"学校少工委"的这一创新构想。这是我市创新推进少先队基层组织建设的新尝试。东区少工委积极响应市少工委号召，多次召集五所公办小学校长、大队辅导员开会研讨、共商良策，抱着要把好事做好的原则，制定了成立校级少工委的推进计划与实施方案以及统一要求。之后，区团委、教办联手举办了隆重的成立仪式并颁发牌匾，随后各校邀请支持与配合学校少工委工作的单位和个人以及全体师生举行了挂牌仪式，市内新闻媒体机构做了统一报道，在全市吹响少先队组织建设、创新、探索的号角。

2009年12月，水云轩小学关于成立校级少工委的申请得到批复后，学校很快召集了校领导班子、级组长、优秀中队辅导员代表、家委会骨干成员共同召开学校少工委筹备会议，会议商议制定了学校少工委组织架构。

要建立强有与力的组织关键是人，因此我们充分发挥学校少工委吸纳人才的职能，邀请社会上有才华、有能力又乐意为少先队工作服务的人士加入少先队，进而推动学校少工委工作的开展。在组建之初，我校通过在学校的友好单位负责人、家委会成员、知名人士以及校外辅导员中进行调研考察，聘任一批文化素质高、道德修养好、热心少先队工作、关心我校发展的人士为我校第一届少工委委员，并使他们根据个人专长以及专业领域为少工委各部门开展工作。

为了充分调动少工委委员参与学校少工委工作的主动性与积极性，我们每两年举行一次少代会，在少代会上，隆重介绍每一位候选委员的基本情况和特长，每一候选委员简短介绍自己的履行职责和目标，最后全体队员投票表决，这个过程就是为了拉近队员与少工委委员之间的心理距离，让委员们有更强的使命感去开展工作，同时在全校师生面前给委员们举行聘任颁发证书仪式。两个月集合委员们开一次会，由总辅导员汇报近期工作并提出一些需要集思广益的问题，寻求委员们的帮助，校长作为少工委主任出席会议并做总结发言。

为了强化少工委的职能，进一步健全学校少工委组织，创新少先队的组织模式，我们根据队员年龄、身心发展特点以及分层教育的需要，在学校少工委下设三个大队，分别是低年级绒羽大队、中年级丰羽大队、高年级逸羽大队。以往举行大队活动时，全校一起参与，人数多、场面大，因此，活动的主题无法照顾到不同年龄段的少先队员的需求，现在各大队在开展活动时可以做到有针对性和时效性。少工委以招标的形式开展二级大队之间队活动的竞赛与评比，各大队可根据实际情况开展具有特色的队活动，为了激活各大队的活力，让更多的队员有展示才华的机会与舞台，同时提升各大队辅导员的活动策

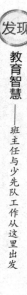
划、组织、协调的能力，每学期借助我校少工委的校本雏鹰争章展示会开展"飞扬的红领巾——低中高年级大队队日竞赛"活动，如低年级举行"我爱红领巾"的才艺展示专场，中年级举行"争当四好少年"（争当热爱祖国、理想远大的好少年；争当勤奋学习、追求上进的好少年；争当品德优良、团结友爱的好少年；争当体魄强健、活泼开朗的好少年）雏鹰演讲沙龙，高年级举行"红领巾爱心拍卖会"等。

学校少工委在运作的过程中，不断发现新问题，不断寻求解决问题的办法。为了让校级少工委良性发展，我们建立了二级大队承办队活动奖励制度、学校二级大队竞赛评比制度、低中高年级大队委竞选制度等相应的管理制度。

随着教育软硬实力的大发展，学校越来越重视教学质量，教师更多地关注个人专业发展，家长过于关注学生的学业成绩，这些客观因素让少先队组织在学校的发展中越来越偏离学校的中心工作，必然会在学校成为可有可无的组织。因此，我们组建了校级少工委，这一大胆的创新就是要改变劣势，增强我们的优势，让少工委成为学校落实立德树人的有效措施。我们通过借力于学校、社会人士、家委会成员，让学校少工委成为学校主流群体，让少先队活动活跃在校园的方方面面。

以往一谈少先队，一般只想到学校大队辅导员，少先队很难走出德育的影子，且单靠大队辅导员的力量是很难落实少先队的根本任务的，能借力的也只有中队辅导员了。现在我们建立了二级大队，并在学校甄选愿意为少先队服务的教师聘任为二级大队辅导员。

首先，校级少工委的主管领导由德育副校长过渡到由学校一把手领导主管，在开展队活动中遇到部门的协调、物资的投放、人员参与等困难都能得到较好的解决。其次，学校少工委下设部门委员吸纳了优秀的教师，他们参与少先队工作后，很自然地把少先队的工作理念与方式渗透到各自的学科和年级的工作中，这样学校方方面面都有少先队的旗帜。最后，由于少工委吸纳与聘任了一批热心的社会人士，他们的领域广泛、资源丰富，在少工委委员的组织与支持下，辅导员拥有了更多的资源，特别是开展社会实践活动的时候，能得到更多的帮助，为队员创设更多元的展示实践平台。

在少工委寻求发展的驱动下投入更多的资源建设少先队文化阵地，在五星级队部室的基础上增添硬件设施，如电脑和电风扇等。少先队宣传栏融入校园文化，成为重要的组成部分。此外，在其他少工委委员的帮助下，香格里拉大酒店、水云轩小区、齐富湾社区、市国防教育基地、东区供水公司等，成了队员开展社会实践的基地。

校园的雏鹰小天地 少先队员的才艺大舞台
——学校少工委运行探索

学校斥资2万元，打造了"雏鹰小天地"，少先队员们是如何在雏鹰小天地开展队活动的？学校还有红领巾小剧团？来水云轩小学，您就能一目了然。少先队员在这里实现了"我的队活动我做主"。

早在2009年12月，水云轩小学向东区团工委、区少工委提出申请，设立学校少工委。8年来，依托学校少工委，在推进少先队基层组织建设上进行了一些大胆的尝试。

例如，建立学校少工委的组织架构；探索与学校少工委相适应的学校少代会的模式；壮大少先队辅导员队伍，给予少先队人力资源保障；校长当火车头，为少先队提供物质资源保障；为少先队员的核心素养的发展提供更多的锻炼机会和展示舞台；开拓更宽、更广、更大的校外少先队活动基地等。在学校少工委的推动下，学校少先队活动精彩纷呈，少先队员们像一只只茁壮成长的雏鹰，伸展着思想和才艺的翅膀，在中华民族伟大复兴的中国梦的天空中展翅翱翔。

一、斥资2万元，打造雏鹰小天地

放学铃声一响，月宁早早来到雏鹰小天地，她是雏鹰小天地"演讲沙龙"大队委。她拿出"工作值勤本"查看参加演讲的人数和主题，长期的锻炼已让她可即兴主持活动，等红领巾服务队的队员们到齐了，她就组织队员们从多媒体室搬来演讲台，打开音响，架好麦克风，布置好观众席。展示的学生在中队辅导员和中队长组织下也已安静坐在观众席了，沙龙开讲！来校接孩子的家长和放学的学生停下脚步来围观了……

雏鹰小天地降低了队员们体验成功和被认可的门槛，让每个少先队员都有登上舞台的机会，已成为少先队员最喜欢的红领巾家园。为了让队员们增强信心，激发和提升综合素质，中队辅导员常利用课间时间与中队委商议表演的形式，放学后队员们自主编排节目。他们常说："累是累了点，但是能促进中队文化建设，营造积极团结的凝聚力，有利于少先队员的成长。"家长们特意找到校长说，自己的孩子以前不敢在人前说话，自从参加了雏鹰小天地开展的"演讲沙龙""中队才艺PK""跳蚤市场拍卖会"等队活动后，变得越来越开朗了，希望学校继续开展这么好的队活动。校长回答说："我是少工委主任，一定会全力支持少先队积极开展各项活动。"

二、开拓校外少先队活动基地

雏鹰小天地只是学校为队员的核心素养的发展提供的锻炼机会和展示舞台中的一个。在学校少工委的推动下，红领巾电视台开展活动的自由度更大，成立了红领巾小剧团，招收喜欢表演的队员，业余时间把校园内良好的现象或少先队员中存在的心理问题用情景剧的形式拍摄出来。鼓号队在人力、财力的保障下逐步树立成品牌。1～6年级大队成立大队部，提供了更多的岗位，让更多队员可以通过竞选成为领袖队干部，在少先队的摇篮里学习服务和自主管理。

此外，少工委还推动开拓更宽、更广、更大的校外少先队活动基地。少工委在华宇乐敬老院建立爱心教育基地，每个月组织家长和学生到华宇乐敬老院给老人们过生日，让老人们欢笑连连；在其他少工委委员的帮助下，市爱心店、起湾社区、特警大队、市国防教育基地、东区供水公司等成了队员们开展社会实践的基地。

三、壮大少先队辅导员队伍，聘任少工委委员

水云轩小学的少先队员们拥有这样的舞台，和学校少工委的组织保障与工作探索分不开。

首先，学校少工委主任由校长担任，常务副主任由德育副校长担任，副主任由法制副校长担任，办公室主任由家委会主席担任，总辅导员由原大队辅导员担任，下设四个部门分别为活动部、义工部、培训部、宣传部，部长由四

名副总辅导员担任。学校聘任友好单位负责人、家委会成员、知名人士以及校外辅导员中文化素质高、道德修养好、热心少先队工作的人士为少工委委员，根据他们的专长聘任其为少工委各部门副部长。在少代会上增加选举和表决学校少工委委员候选人的环节。

其次，让少工委成为学校落实育人目标的有效手段，通过借力于学校、社会人士、家委会成员，让学校少工委成为学校主流群体，让少先队活动活跃在校园的方方面面，推动学校立德树人任务的落实。水云轩小学设有六个大队，甄选愿意为少先队服务的教师聘任为二级大队辅导员，这样直接参与少先队工作的人员由过去1个变为现在的11个。

最后，校级少工委的主管领导由学校校长担任，在开展队活动时遇到困难能得到较好的解决，为少先队员开展丰富多彩的队活动提供了有力的保障。

以雏鹰争章创新实践活动，构建育人新模式

水云轩小学用理想践行教育，努力为学生的幸福人生奠基，为学生的健康成长铺路。全体学生鹰击长空、志趣满怀、意气奔放、挥斥方遒，在学校这广阔、馥郁的育人原野上像雄鹰一样展翅飞翔，吮吸成长的甘霖，沐浴精神的雨露，追逐幸福的时光。水云轩小学少工委的"雏鹰争章"创新实践活动正生动地诠释着学生心灵深处的快乐与幸福，展现着水云轩小学理想教育的时代风采……

胡锦涛在致少先队建队60周年的贺信中勉励广大少先队员争当"四好少年"的殷切希望，成了当代少年儿童健康成长的方向和指南。2008年，省少工委印发了《广东省少先队系统活动纲要》，对不同年级的少先队员的思想道德、行为习惯和教育目标进行了明确的界定和说明，并将这些目标细化为一个个具体的"雏鹰奖章"。争得一枚奖章，就意味着获得了一种素质。近年来，我校秉承"以师生发展为本、为终身幸福奠基"的教育理念，开创了"传承与创新并重，德行与智趣共生"的办学特色，让师生不断地吸收、积淀、弘扬中华民族传统文化和现代文化的精华，在传承中创新，在创新中发展，致力培育具有中华民族传统美德和世界眼光的现代中山学子。在此背景下，我校少工委于2009年7月以"队员发展为本，塑造健康人格，培育美好人性，奠基幸福人生"为原则，结合当前教育改革需要、时代发展特色、中山本土文化以及学校教育实际大力开展"雏鹰争章"活动，大胆创新"雏鹰争章"活动的模式，建立了具有中山精神和校本特色的"雏鹰争章"体系，以争章活动为载体引领队员争做"四好少年"，使教育回归本真，让少先队员更健康、更聪明、更快乐地成长。

一、"雏鹰争章"活动

"雏鹰争章"活动是我校少先队组织立足于新时期少年儿童综合素质培养而开展的一项基础性、长期性和系统性工程。"雏鹰争章"活动分为定章、争章、考章、颁章、护章五个阶段。

1. 定章

学校少工委严格按照《雏鹰争章手册（必修章）》的标准，结合学校的教育实际，制定了符合我校队情、学情、校情的《水云轩小学雏鹰争章标准》，引导队员在快乐实践的基础上走向自主学习和自主发展的轨道。基本章目有生活小能手章、学习小主人章、文明小标兵章、父母小帮手章、才艺小明星章、快乐小义工章、阳光小少年章、环保小卫士章、红领巾小领袖章和运动小健将章，共10枚奖章。我校在省雏鹰争章体系的基础上制定了富有自主性、校本性、层次性、渐进性、创造性的雏鹰争章奖章体系。在6年时间内，队员集齐10枚奖章，便可获学校最高荣誉奖——"伟人故里中山章"。

2. 争章

为使争章活动有条不紊，富有实效性和延续性，学校少工委设计了人手一册的《水云轩小学雏鹰争章储蓄本》，队员在学习、生活、自护自救、行为习惯、文明礼仪、道德品质、心理健康、家庭教育等方面，努力践行并达到标准要求，就可获得雏鹰印章一枚，积蓄起来的雏鹰印章可以在每个月底到大队部兑换雏鹰奖章（实物章）。

雏鹰争章的素材包括《水云轩小学雏鹰争章标准》、《水云轩小学雏鹰争章储蓄本》、雏鹰印章、雏鹰奖章、争章明星奖状（十款类型）、伟人故里中山章（水晶座）。

3. 考章

在辅导员的指导下，队委制定考章的流程，利用班队会课和每周五午读德育谈话时间，定好每一阶段考章的内容和检查时间。考章分以下几个步骤：第一，由家长考核并签名；第二，由当值小队长检查并签名；第三，由当值中队长、副中队长检查考核并签名；第四，由中队辅导员考章。

考章的办法：

（1）考章形式：由家庭、小队、中队监督。

（2）考章进度：每周1~2枚雏鹰印章，每学期1枚特色奖章。

（3）签章人员：小队长、家长、中队长、中队辅导员。

省少工委出版的《雏鹰争章手册》，兴趣章共17枚，为了帮助更多的队员发现自己潜在的天赋和找到自己的兴趣所在，同时积极将"雏鹰争章"活动拓展到社会，营造"学校—家庭—社会"三位一体的活动框架，努力形成"雏鹰争章"活动的社会化活动体系和评价机制，学校少工委制定了四种兴趣章争章途径：

（1）队员在校外培训机构参加兴趣学习活动，可以出示证明其在校外训练认真和成绩良好的材料，由中队长考章。

（2）队员参加学校举办的第二课堂和红领巾小社团，由学校相关辅导员考章。

（3）队员自主参加雏鹰小天地，主动积极展示自己的才艺与特长，由大队委考章。

（4）在每学期举行的"雏鹰争章嘉年华"活动中，由校内外辅导员、家长、青年志愿者、队干现场进行考章。

兴趣章考章：

（1）校外争章基地考章。

（2）学校专业科任辅导员考章。

（3）雏鹰小天地自主展示考章。

（4）雏鹰争章嘉年华集中考章。

4. 颁章

队员根据争章要求，在学习生活、自护自救、行为习惯、文明礼仪、道德品质、心理健康、家庭教育等素质教育方面认真执行《水云轩小学特色章争章标准》，并达到相关标准要求，就可获得中队辅导员颁发的雏鹰印章一枚。印章在每周五颁发一次，每月最后一周由各年段的大队委组织开展雏鹰奖章兑换活动，学期末各个中队独立统计章数，评出学校雏鹰之星候选队员，最后由年级全体队员投票选出本年级的学校"十佳雏鹰之星"。

5. 护章

要提升争章实效就一定要加强护章教育。各大队开展"特色中队角设计比赛"，在中队角设置"争章明星栏"，将中队的"争章"明星事迹和照片张贴其中，树立榜样，促使队员在学习上形成你追我赶、创先争优的氛围。在课余时间，各中队抢抓时间开展"十分钟队会"，分享争章的心得体会。为表彰先进、树立典型，学校少工委每年在"建队日"前夕专门召开表彰大会，表彰一大批"雏鹰争章"先进集体和优秀个人，并在校园最显眼的地方设置"雏鹰之星"事迹宣传栏，扩大争章的影响力，进一步巩固"雏鹰争章"在队员和辅导员心中的地位。通过独具特色的争章活动、颁章仪式、宣传栏展示和一枚枚奖章，用看得见、摸得着的物化载体来体现少先队文化理念，切实加强了少先队文化有形化建设。

二、意义与价值

1. 建立了一套适应本校实际的争章模式，丰富了争章的内涵

在开展争章的进程中，学校少工委紧密结合省少工委"南粤少年雏鹰行动"的要求与目标和本校的实际，建立了灵活的争章模式，即定章—争章—考章—颁章—护章。模式基于校本和人本，具有操作性、本土性、趣味性、前瞻性和创造性。争章的内容丰富多彩，争章的过程易于操作，争章的途径富有实践性，回归了教育的本真，引领了人的发展，有利于激发队员的潜能。其中，"伟人故里中山章"的设立更是成为全体队员的发展目标，以及水云轩小学少先队工作立足本土的诠释。

2. 探索出实施"南粤少年雏鹰行动"的有效途径，增强了"雏鹰争章"活动的生命力

我校的争章活动实行全员参与机制，涵盖了学校教育的所有方面，所有辅导员都是争章辅导员，所有队员都是争章主体。同时，采用"雏鹰争章储蓄本"，举办"雏鹰争章嘉年华"系列活动等有效载体和方法手段，有力地整合、落实和深化了省少工委的"南粤少年雏鹰行动"。为了使争章活动效果最大化，学校少工委在每年元旦、六一前后开展一系列队员们喜闻乐见，以体验为途径，独具特色的考章分享活动，让队员们在感受到节日喜乐、祥和氛围的同时，又充分展示才艺，锻炼能力，张扬个性。家长和社区志愿辅导员的积极参与为争章活动提供了强有力的支撑。

3. 创新了家校共同育人的模式，形成了"雏鹰争章"活动社会化发展体系

影响队员思想的因素除了辅导员日常教学辅导之外，还有家庭教育和社会环境等。"雏鹰争章"活动创造性地发展了法制校长、亲子义工等新型家校德育合作载体，有力地整合了社会资源，让家长、社区都参与其中，拓宽了"家庭—学校—社区"三位一体的教育时空，促进了全面育人实效。

4. 探索出一条让队员快乐学习的有效途径，开拓了"体验教育"的新天地

在推进"雏鹰争章"活动过程中，我校通过"红领巾演讲沙龙""红领巾拍卖行""雏鹰争章嘉年华"等形式多样的少先队品牌项目的开展，有效地创新了德育和教学工作模式，把少先队工作融入教学、德育等方面，突显了少先队作为少年儿童主体性组织在学校教育中的重要作用，构建了有效的育人激励机制，德智共生的育人模式，深受辅导员、少先队员和家长的欢迎，促进了少先队员各个方面的长足发展，使少先队员在活动中探索，在探索中创新，在创新中发展，在发展中完善，在完善中享受学习的快乐！如今，"雏鹰争章"活动已成为我校少先队员自主学习的催化剂，辅导员有效施教的助推器，学校优质发展的动力源。

三、创新与成果

1. 引领了全市"雏鹰争章"活动的发展方向

作为少先队的传统活动项目，随着时间的推移和形势的变化，传统意义上的"雏鹰争章"活动在很多方面已经滞后于现代教育的需要。我校"雏鹰争章"活动立足于新时期社会对少先队员各方面素质的要求和少先队员的心理发展规律，在章目设置、争章模式等方面进行大胆创新，走出了一条适合本地区、本学校实际的新路子。由于成绩突出，团省委少年部陈莉莉部长日前到我校调研时高度表扬我校"雏鹰争章"活动，宣称开创了新时期全省工作新路径。中山市少工委也特意在我校召开了全市"雏鹰争章"现场会，面向全市300多所小学推广我校经验。

2. 开发了"雏鹰争章"活动服务学校教学工作的功能

"雏鹰争章"活动是体验教育的载体，隶属于德育的范畴。我校"雏鹰争章"活动通过设立与学科密切相关的"学习小主人""才艺小明星""体育小健将"的章目，有效地调动了少先队员主动学习、快乐学习的积极性。科任教师在参与"雏鹰争章"活动的过程中也体会到了"雏鹰争章"活动对于激发学生学习动机、保持学生学习兴趣有强大推动力，并积极支持和参与其中，从而实现了学校德育与学科教学的有效融合和互助。

3. 完善了学校对少先队员的评价体系

当前，学校对于少先队员的评价体系偏重于等级化和比较化，人为地将少先队员划分成不同层次，进而区别对待，造成了教育不公现象。我校"雏鹰争章"活动通过一系列涵盖少先队员各方面发展要求的章目设置，并且通过人人可参与、人人争达标的形式，关注少先队员个体的体验和感受，激发少先队员自主发展的热情，增强少先队员自我发展的信心，关注少先队员成长的独特性和尊重少先队员的个体差异，并在这个过程中逐步养成健康的思想品德和良好的行为习惯。

4. 实现了学校、社会和家庭等各方育人资源的有效联动

我校在开展"雏鹰争章"活动的过程中，始终注重社会和家庭的参与。如在奖章体系里设置生活小能手、文明小标兵、父母小帮手、快乐小义工、阳光小少年、环保小卫士等奖章，鼓励少先队员在争章的过程中走出校门、走进社会。在考章的过程中，除教师外，还引入家长、社区干部、义工等校外人士来担任评委。此外，学校还主动与居委会、敬老院、环保基地等联系，不断开拓争章活动阵地。

5. 服务了小学新课改发展的形势

新课改强调形成积极主动的学习态度，倡导少先队员主动参与、勤于动手。我校"雏鹰争章"活动的原则和宗旨与新课改是高度吻合的。少先队员参与争章的过程，也是一个体验和学习的过程，是一个培养参与意识和动手能力的过程。同时，也令少先队员在争章过程中培养了收集和处理信息的能力、获取新知识的能力、分析和解决问题的能力以及交流与合作的能力。

以"雏鹰争章"完善少先队员评价体系，是我校大胆创新、勇于探索素质教育之路的体现。它具有示范性和可操作性，先后被评为东区德育创新项目、东区德育特色项目、中山市少先队创新奖、中山市少先队工程奖、广东省教育创新成果三等奖，我校也分别于2011年6月和2012年10月连续两年承办中

山市"雏鹰争章"成果展示现场会，推广以"雏鹰争章"为载体的少先队员评价体系的实施经验。"雏鹰争章"活动开展以来，深受辅导员和少先队员的重视，促进了少先队员各个方面的进步和发展，引领少先队员争当"四好少年"，也收到了育人的效果，很多队员通过争章活动，行为习惯和学习态度有了明显好转。

学校少先队基础建设的探索与思考

大队辅导员是少先队员的亲密伙伴，是少先队事业的开拓者，常常忙得团团转，策划活动、培养队干、评比检查，经常和队员又搬又抬、又唱又跳，筋疲力尽不说，一学期下来也没有什么拿得出手的成绩向领导汇报。

虽然说少先队的根本任务决定了我们的工作性质是培养少年儿童的政治信仰与进行思想教育工作，短期内看不到成绩，但是各级的评价与考核以及学校、家长都需要我们出成绩，这就要求学校少先队工作有特色、有亮点，进而树立独特的少先队品牌。少先队工作有特色的首要条件是固本强基，夯实少先队基础具体要做好以下四点。

一、明确校本少先队的工作目标

只有目标明确，我们的努力才能事半功倍。制订的目标要成为学校少先队所有工作的总指导思想，少先队评比奖励、活动策划、各级汇报、家长会、校内布置工作等一定要多宣传。因为，这个目标简洁明了地向各级传达了学校少先队工作的愿景和落脚点，这能让大家了解工作思路，争取更多人的思想统一，从而谋求更多合力。少先队工作要想在以教学为中心的校园里发挥应有的作用，就需要主动寻求校内外人力、物力的多方位支持。首先，制订的少先队目标要主动体现学校的办学特色和育人理念，要让学校领导感受到少先队工作是学校办学特色的有效补充与延伸，是学校抽象办学理念的有形载体。因此，作为学校大队辅导员要深入了解校长的办学思路，要在少先队活动中把校园文化、历史沉淀、办学思想与少先队工作进行有机结合。其次，目标制订要符合教育规律和发展规律，要体现科学的教育观和发展观，重点要符合少先队的核心工作——服务少年儿童，促进学生全面发展，快乐成长。最后，以简洁、朗朗上口的口号来表达工作目标与工作思路，以便大家理解与记忆，从而让大家更好地认同少先队的工作目标与工作思路。如我校的少先队目标是"实践育人，队员为本，快乐成长"，通过"领袖气质培养计划"力求让少先队员思维更自由，个性更张扬，以快乐争章引领少先队员争当具有民主意识、责任意识、公平意识、慈善意识、环保意识、协商意识的"四好少年"。

二、确立学校少先队员培养方向

得人心者得天下，得儿童者得未来。党和国家领导人对少先队工作一直很重视，都对少年儿童寄予殷切期望，多次题词勉励少年儿童。例如，毛泽东同志提出"好好学习，天天向上"；邓小平同志提出希望少年儿童"立志做有理想、有道德、有知识、有体力的人"；江泽民同志提出"星星火炬，代代相传"；胡锦涛同志在全国五次少代会期间对少先队员代表提出"勤奋学习，快乐生活，全面发展"；习近平同志寄语全国各族少年儿童"从小学习做人，从小学习立志，从小学习创造"。党和国家领导人对少年儿童的殷切希望折射出党和国家对少先队员成长目标的要求，这些要求是与时俱进的，是与发展形势相适应的，是对不同时代少年儿童成长方向的指引。因此，作为少先队辅导员要在工作中多渠道、灵活地向中队辅导员以及全体少先队员传递党和国家领导人对少年儿童成长的期望。如果能在充分领悟并传达党和国家领导人对少先队员的期望后，根据学校的育人目标、本地区的人文环境和风土特点，提炼出学校独特的少先队员成长目标，这就是特色的初步阶段。如水云轩小学之前结合"雏鹰争章"，结合胡锦涛同志的寄语提出"快乐争章，争当'四好少年'，努力成长为具有民主意识、责任意识、公平意识、慈善意识、环保意识、协商意识的伟人故里好公民"；为了及时传达习近平总书记的要求，我们顺势而为，提出"立志向，有梦想，努力成长为具有民主意识、责任意识、公平意识、慈善意识、环保意识、协商意识的伟人故里好公民"；为了让少先队辅导员与队员能记住，进而成为少先队行动的纲领，学校开展了一系列的中国梦主题活动，如征文比赛、演讲沙龙等。这些活动的核心任务就是让学生理解"立志向，有梦想，努力成长为具有民主意识、责任意识、公平意识、慈善意识、环保意识、协商意识的伟人故里好公民"这一目标的内涵，让少先队员在思考和实践中将其自发自主内化为自己努力的目标与方向。

当然要及时围绕少先队员的培养方面建立与其相配套的队员评价体系，以激励的手段引导少先队员，激发其努力的内驱力。学校可结合"雏鹰争章"创新校本特色章，让"雏鹰争章"具有更强大的生命力。小学六年内既有周期的中长期激励，如每周、每月、每学期、每学年；也有涉及学校各学科、各社团的奖励，如校队风云人物、光荣升旗手、优秀大队委、先进值日队干、阅读之星、小小书法家等，更有涵盖学校教育的方方面面，激励和激发学生主观能动性的"雏鹰争章"活动。学校对学生的评选基本形成了层次递进、结构合理、内容丰富、全员参与、多元立体的学生评价体系。

三、重视少先队队伍建设

随着学校对少先队工作的重视，少先队在教育教学活动中的职能也相应提高，做好事情的前提是把队伍建设好。首先，全面审视学校少先队的队伍到底有哪些，如对外有由家长、社会人士组成的少工委委员会，亲子义工队，校外志愿辅导员，校外争章基地辅导员；对内有低中高各大队委、正式鼓号队、预备鼓号队、国旗护卫队、值日队干、红领巾监督岗、红领巾服务岗、三操评分员、争章园地考章员、校园电视台主播、34个中队的中队委、中队辅导员、鼓号队教练员、副大队辅导员（辅导员助理）近20支队伍。其次，要使这些数量庞大且对象众多的队伍都能各司其职、运作顺畅，除了要超前规划各队伍的组建与运作模式，还要制定相应的管理制度与工作制度以及评优制度，如少工委委员的聘任办法、优秀亲子义工申报方案、校外争章基地合作协议、低中高大队委竞选方案、鼓号队训练规划、鼓号教练绩效体现等。再次，要有专人跟进各队伍的日常运作，这要求我们建立校级少工委，从而在组织上、制度上尽可能地得到更大人力与物力的投入。因此，少工委各部门都需要有教师任职，这些教师都会被聘任为各大队的大队辅导员，在专职辅导员的日常跟踪下，这支庞大的队伍就可以根据总的框架与管理自行运作。最后，总辅导员要直接辅导与培养大队辅导员，只有让他们明确工作思路与目标后，他们的聪明才智才能让各队伍正常工作。总辅导员要及时跟踪与指导工作，遇到困难要主动站在大队辅导员面前帮他们开路，毕竟总辅导员是学校的中层领导，行政经验与协调力度较大。

本人的做法是：首先，开学初就定好每个人的工作分工，让低中高三个大队辅导员明确职责。每天跟进他们的工作，询问工作难点，积极为他们协调与解决困难，及时发现他们工作中的亮点并让全校的教师与领导看到他们的进步。以前我对每项工作都力求做到最好，凡事亲力亲为，总觉得别人不一定能按质按量完成我交代的工作，所以我宁愿自己多做，现在我知道我要放心授权给大家去尝试，要让他们学会勇于承担责任。我们坚信成就别人就是成就自己，要让团队成员在与我们共事的同时学会少先队管理的技能技巧，也要让他们收获掌声与成功，共同成长。其次，要重视中队辅导员队伍的建设。中队辅导员的业务水平与工作态度决定学校少先队工作的基础，要结合学校的实际相关激励与表彰的机制，量化中队辅导员的工作，树立肯干巧干的优秀辅导员的典范，以榜样带动全体，如我校制定《优秀辅导员评选办法》评选指标具体量化，清晰地罗列了中队辅导员的工作职责与要求。最后，每学期的开学典礼都举行隆重的优秀中队辅导员的颁奖仪式，在校报上开辟"优秀辅导员风采"栏目，尽可能地创造机会让他们尝试与体验被肯定的喜悦，培养他们热爱少先队组织的情感，激发他们投入少先队工作的热情。

四、坚持让队活动常规化和日常化

创新是少先队辅导员必备素质，我一直注重创新。但多年的工作经验让我发现求变故然重要，但传承与坚持更重要，特别是队员喜欢、育人有效的队活动，如"红领巾DIY创意手工集市""爱心跳蚤市场""雏鹰争章嘉年华"等。这些活动举行频率高、工作量大、影响范围不广，但是对少先队员的身心发展、个性成长和综合素质都有很大的促进作用，因此我坚持把这些活动发展为常规活动。在活动中我坚持以少先队员为本，以体验教育为途径，以队员喜闻乐见的形式开展。我相信只要沉得住气，日积月累，厚积薄发，定会形成新的工作特色，最终实现队活动与教育的本真价值追求相统一。2010年9月，我校在升旗广场开设"雏鹰小天地"，希望以广场文化的形式吸引家长为队员们稚嫩的表演喝彩。为了体现广场文化的自由性，少工委没有要求每一个中队一定要参加，但是负责任、爱学生的中队辅导员都积极踊跃地报名，他们经常利用课间的时间与中队委商议表演的形式，放学后还与队员们一起排练节目。中队辅导员们对少先队工作的支持与配合是少先队工作的动力，能促进少先队更好地服务少年儿童全面发展和健康成长。

以鼓号队彰显学校办学特色的有效尝试

　　中华民族的传统美德是对学生进行思想教育的好教材，是指引学生学会做人的宝贵精神财富。近年来，水云轩小学在全面推进素质教育的基础上，坚持走内涵式发展之路，打造"弘扬传统文化，德行智趣共生"的特色学校，让师生不断地吸收、包容、弘扬、积淀中华民族数千年传承下来的文化精髓，促进学生朝着品德高尚、行为健康、心智完善、情趣高雅的方向发展。鼓号队作为少年儿童成长轨迹上特有的传统组织，时刻把"传承传统美德，展现少年英姿"作为推进学校德育工作的准则，充分发挥鼓号队的感召力和凝聚力，以丰富传统美德的内涵，促进传统美德与少年儿童的亲身体验相融相生，提升学校的德育活力，让学生的素质得到全面提升。

一、发挥鼓号队开展体验教育的优势，营造学校德育特色

　　要打造与传统文化相结合的德育特色，离不开体验式教育的理念指导。体验式教育是新时期德育教育走向人性化的最佳途径。水云轩小学成功打造"弘扬传统文化，德行智趣共生"的办学特色，除了校园环境的精心营造、传统特色项目的有力支撑、管理模式的科学融合、传统文化的有效熏陶，关键还是要发挥体验式教育的优势，让传统美德潜移默化于学生的生活习惯和言行举止，而少年鼓号队正是实现体验教育的最佳媒介。众多队员在参与训练与表演鼓号花样操的过程中，通过亲身体验明白："铁杵磨成针——功到自然成""学海无涯苦作舟""上下同欲者胜""能用众力，则无敌于天下矣；能用众智，则无畏于圣人矣""锲而舍之，朽木不折；锲而不舍，金石可镂"等传统美德的真实内涵。

二、发挥鼓号队健全人格的功能，促进学校育人特色的形成

鼓号队是少先队礼仪教育的重要形式和少先队基础建设的重要内容，能培养少先队员的群体意识和团队合作精神，增强少先队的凝聚力，提高少年儿童的身体素质和心理素质。在激昂的鼓乐声中，激发了学生奋发向上的斗志；在高强度的训练中，磨炼他们的意志；在铿锵有力的节拍中，陶冶了他们良好的乐感和美感；在高标准动作要求下，培养了他们良好的行为习惯和行为准则。成败的关键取决于他们动作是否标准、节奏是否合拍、各方队是否配合，从而让队员体会到团队合作的迫切性和重要性，培养了他们的合作精神。

三、发挥鼓号队对外宣传的作用，提升学校的整体形象

学校鼓号队是宣传学校、提高学校知名度的闪亮"名片"。在学校，鼓号队除了要完成升旗仪式、队主题活动等日常任务之外，还要承担重大活动的仪仗接待任务。对来校参观的嘉宾来讲，鼓号队给他们的第一印象直接影响了他们评价学校校风、学风的分数。在校外，学校鼓号队要承担各级政府部门重大庆典活动的迎宾任务，鼓号队就成了社会了解学校的最直接的"窗口"。鼓号队在参与社会实践活动的同时，能够有效地提升校园文化品位，丰富校园文化生活，焕发传统美德的生机，彰显主题教育活动的魅力，推进素质教育的有效载体。

少先队活动策划的四个关键点

少先队是少年儿童健康成长的摇篮。少先队活动是少先队员自主管理、自我教育、丰满羽翼的平台。作为一名少先队辅导员，策划富有教育意义、形式新颖、趣味性浓的主题队活动，是辅导员的必备素质，也是少先队组织活跃校园、凝聚童心、赢得未来的有效途径。

少先队活动形式具有多样性。例如，实践性活动，包括主题队会、参观、访问、夏令营、故事会、演讲、联谊交流等；趣味性活动，包括科技制作、运动会、军事锻炼、低碳环保、才艺展示、社区活动等；慈善性活动，可开展慰问困难户、探望空巢老人、拥护军烈属、义卖义演、成立爱心基金会、关爱特困队员、庆祝敬老院生日会、亲子义工、结对帮扶等志愿服务活动。策划与组织少先队活动要做到"四个点"。

一、牢记少先队活动策划的出发点

全国第六次少代会提出了新时期少先队的根本任务是"引导少年儿童有爱心，养成良好的道德行为习惯，增强国家意识、科学意识、劳动意识、审美意识，锻炼强健体魄，培养良好心理素质；要特别注重党、团、队组织意识和教育内容的衔接，灌输培养少年儿童对党和社会主义祖国的朴素感情"。少先队根本任务的内容其实有两个层面：一个是素质层面的任务，一个是政治思想层面的任务。我们开展少先队活动的出发点和目标就是落实少先队根本任务。如开展"幸福广东第一棒，爱心压岁钱""校园爱心跳蚤市场""服务集市献爱心""学习雷锋，争当快乐小义工""祖国发展我成长""我与祖国共奋进""寻找伟人足迹"等活动以及成立"小小实验家""快乐编程""神采龙狮""中华武术"等红领巾社团，这一系列的活动都是为了全面提升少年儿童的综合素质，以多元化的媒介落实素质教育。又如开展"谈感受、立志向、红领巾心向党""党是太阳，我是花""我是党的好孩子""雏鹰竞飞齐争章，童心绽放心向党""红领巾心向党——感受你的爱"以及"缅怀革命先烈"等队活动都是党、团、队意识教育的主题队活动。通过邀请优秀党员、团员、队员参与活动，让队员直观地、真实地感受党、团、队的先进性，从小感知国家的政治属性，另外通过运用音乐与舞蹈等艺术元素的整合编排出仪式隆重、气氛庄严、振奋人心、激情澎湃的国、党、团、队旗的出旗仪式，增强队员对党、团、队的崇敬之情，从小培养少年儿童对党、团、队的朴素情感。

二、体现党对少先队的关注点

大家都知道少先队是中国共产党的预备队，党委托共青团带领少先队，并物色优秀的共产党员或优秀的共青团员来做辅导员，也就是说，少先队辅导员的使命是为中国共产党培育接班人与继承者。这要求辅导员首先自觉提升自己的政治思想觉悟，要熟知中国近代历史，了解党所做的三件大事：第一件事，完成了新民主主义革命，实现了民族独立、人民解放，建立了中华人民共和国。第二件事，确立了社会主义基本制度。第三件事，带领人民改革开放，实现社会繁荣昌盛。最重要的是要把握好党和国家领导人对少先队员的期望与培养目标，并要用学生所喜欢、所能明白、所容易接受的形式体现少先队活动的性质、内容、标语。例如，2008年6月10日，胡锦涛对少先队员提出了"勤奋学习、快乐生活、全面发展"的殷切希望。2009年10月13日，在中国少年先锋队建队60周年的活动上，胡锦涛向全国少先队员和广大少先队工作者发出贺信，勉励少先队员能牢记党和人民的重托，争当"四好少年"。在队活动中辅导员要能与队员随时随地讲述"四好少年"的内涵与要求，从而让队员们感受到来自党中央的关爱与期盼，进而从思想上建立成长的目标与追求。为了落实全市的修身行动，统一步调，引领少先队员积极争当"四好少年"，为此我通过创新"雏鹰争章"模式，赋予"雏鹰争章"新的内容与激励机制，并且提出"自觉修身、快乐成长、争当'四好少年'"的争章总目标，少先队员在如火如荼的争章过程中潜移默化地按照修身的标准来约束自己的行为，用"四好少年"的目标来激励自己。例如，打造少先队广场文化，通过在"雏鹰小天地"舞台上开展"中队才艺PK""红领巾演讲沙龙""修身论坛""百家讲坛"

等队活动来引导少先队员勤奋学习、快乐生活，实现全面发展的成长目标。

三、寻找队活动与队员情感体验的交集点

少先队辅导员要想成为队员的亲密朋友，在他们人生观、价值观和世界观的形成时期成为其成长路上可靠的指导者和引路人，除了具有满腔热情外，策划的队活动也要能满足少先队员的好奇特性与好玩天性。这要求辅导员具备与少先队员沟通交流的技能与方法。首先，辅导员要能掌握各年龄层次队员们的心理与身体发展特点及规律，要了解学生的内心世界。其次，辅导员要常走进少先队员生活中，与少先队员多交流，掌握他们各阶段的兴趣爱好与热点话题。最后，辅导员要结合当前社会焦点与潮流元素，大胆创新队活动的形式与模式，要善于运用艺术、时尚、网络、情感等社会进步的元素引导与影响少先队员的思想，要让队活动焕发出时代的魅力，要紧贴少先队员的生活实际与情感体验，策划的活动让少先队员乐在其中，同时能"亲其师，听其言，信其道"，从而落实少先队的根本任务。

四、落实队活动筹备过程的滴滴点点

策划一个队活动的步骤大体可归纳如下：

第一步，确立队活动的主题与意义。

第二步，构思与设计队活动的形式与内涵。

第三步，确定突出主题与出发点的主题标语和宣传横幅。

第四步，梳理活动的流程。

第五步，根据人员特长与熟悉程度列好人员分工安排，要让队员通过参与策划，自主排练、分工合作、共同展示，从而体现少先队的活动自己组织自己演。

第六步，宣传与动员，让每个队员都知道队活动的意义、举行的时间、地点与要求。

第七步，关键一步——掌握各个环节的筹备进度，沟通协调筹备过程中存在的困难。在这个过程中，辅导员要亲力亲为，为队员和其他教师做出表率，在困难面前要挺身而出，要主动为其他工作人员提供必要的帮助。由于队活动参与的队员人数多、动用的学校资源与社会力量广泛，非常考验一个辅导

员的外联能力、整合资源的能力以及有效沟通合作的能力，在这个过程中，辅导员要有一颗善于观察和发现漏洞的眼睛，及早修改队活动安排中不完善的地方。

第八步，要预设彩排队活动的全过程，并制订应变的措施。

第九步，在队活动开展的过程中要严格监控每一个细节，要及时调控活动过程，发挥队员的主动性与积极性。

第十步，总结与汇报活动的成效，通过写通讯稿、校报、网站、新闻媒体的多方面宣传，让队活动主题与意义再一次在更大的范围内发酵，提升少先队以活动为载体的育人效果与影响力。

高校少先队专业课程设置探讨

辅导员是少先队员亲密的朋友和指导者，他们在少先队事业发展中起到中坚和核心的作用。为了从根本上提升辅导员从事少先队工作的理论基础和实操能力，我们需要对广大辅导员进行少先队知识的系统教育。近年来，在高校开设少先队专业已经成为广大少先队工作者的一个共识，特别是全国少工委在这方面开展了许多卓有成效的前期准备工作。从整体的工作推进情况来看，在高校开设少先队专业已经摆上了议事日程，当前要重点关注的是少先队专业课程设置问题。

一、高校开设少先队专业课程要符合专业课程设置规律

作为高校里新增的一个专业，少先队专业也应该像中文、数学、思政、心理等专业一样，遵循专业设置的一般规律。课程设置规律主要体现在以下三方面：一是要有一个相对完整的专业课程体系，包括基础课、专业基础课和专业课三大部分；二是根据大专、本科、研究生等不同教育层次的要求，形成各有侧重的、逐步深入的课程安排；三是各个课程应该有相对统一的知识内容、合理的章目编排，最好能在全国范围内形成一套比较权威的教材。

二、高校开设少先队专业课程要具有自身的专业特征

全国少工委六届二次全委会提出，少先队学科主要的研究领域是如何通过少先队组织对少年儿童进行政治信仰、重要思想意识培养的教育原理和方法，它应当以教育学为基础，是教育学下面的二级学科。基于少先队组织的特殊功能，在专业和学科设置时要大力吸收和借鉴政治社会化、政治社团教育、政治传播、价值观教育、思想政治教育、组织行为、组织传播、组织教育等其

他学科的理论。在基础课方面，可以合理参考教育学的课程设置，但在专业基础课和专业课课程设置上，则必须加入少先队基础知识、队史、少先队品牌活动、鼓号队、少先队活动设计等具有鲜明少先队特色的课程。

三、高校开设少先队专业课程要具有应用性和时代性

少先队工作是直接面对广大少年儿童的教育工作，决定了少先队专业课程的设置，特别是专业课要突出应用性这一主题，除了传统的课堂讲授方式以外，要多采取活动教学和情境教学的形式，在条件允许的情况下还可以考虑安排辅导员到对口的教学基地去跟班学习半年到一年。与此同时，少先队专业课程设置要突出时代性，根据当前少先队工作的发展变化来不断更新教学的内容，如"雏鹰争章""手拉手""学雷锋"等传统的少先队品牌项目，随着时代的发展，其内涵和外延都发生了很大的变化；而互联网、电脑、投影、广播等大量现代化教具的投入使用，都迫使我们的专业课程从门类上和内容上进行及时改变和更新。

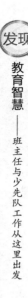
在中小学设立少先队辅导员职称的意见和建议

作为一名教师，职称的评定是职业生涯中的头等大事，但在现行的职称评审制度上，担任学校大队辅导员的教师却很容易碰壁。

2008年，广东省《关于进一步加强新形势下我省中小学校共青团和少先队工作的意见》的征求意见稿，对团队干部的职称评定提出了较为合理的意见：团队干部的职称评定根据其本人意愿可列入中小学德育教师职称系列单进行评审。或许是这个意见稿没有与教育系统取得共识，所以一线的辅导员并没有收到任何通知。因此在进行职称评定时，我只好选择任教的学科来申报。但第一次申报并不顺利，反馈的意见是我所申报的学科专业的业绩不明显。痛定思痛后，第二年我把更多的时间放在语文教学上，在几次教学比赛摘冠、论文评比获奖以及著作发表后，第二年的职称评定顺利通过。这件事让我深深地感受到少先队工作在教育领域专业化道路的空白，在知识领域要树立好少先队的专业是非常必要的，只有把其作为一种学科专业在学校中发展才会让少先队工作更受重视，而少先队辅导员的付出才能更有价值和获得认同。

可喜的是，在2011年1月22日召开的全国少工委六届二次全委会上，全国少工委副主任、团中央少年部王路副部长的讲话振奋人心！他提出要加强少先队学科建设和辅导员专业化、职业化建设，并告诉我们在高校即将开设少先队辅导员专业，更让我们期待的是大队辅导员职称的"双线晋升"，也就是说，既允许辅导员按照现在的模式去评其他学科的职称，少先队工作量和科研成果以一定的方式计入；又在教师职称中单独设立少先队学科，让少先队辅导员参评。希望这一政策能尽快落实，让更多优秀的辅导员安心地把自己的青春、智慧和热情全情投入到落实少先队根本任务以及服务少年儿童健康成长的工作中去。

孕育具有领袖气质的现代公民

"只有贴近学生的心灵教育，才是有效的教育。"这句话是我在给全市300多名新教师和市骨干辅导员培训的讲座上反复强调的一句话，也是我工作的座右铭。我坚信，只有走进学生的生活、贴近学生的兴趣、滋润学生的心灵，才能让教育焕发出灵性与生命。今天我们追求教育民主，相信民主化的教育能培育出具有民主意识、责任意识、公平意识、慈善意识、环保意识、协商意识的现代公民。怎样才能培养出这样的现代公民呢？我可以为学生做些什么？

带着这样的思考，课间我经常留在教室和学生聊天，了解他们关注的热点；放学后我游走在校园与孩子们玩游戏，了解他们的兴趣；中午来到饭堂逐班溜达，掌握学生的行为习惯养成的特点。

在践思践行中，为磨砺学生能力、激活学生思维、丰富学生情感、孕育学生领袖气质，我积极搭建学生成长的平台。

一、为学生创设民主公平的成长环境

民主选举少先队大队委；市区级的学生荣誉一律要求候选人全校分享成长心得，全体学生人手一票选举产生；中队长定期召开会议，商议提出10个学校管理的建议与提案。在少代会上，少先队员代表们与校领导面对面提出提案并要求解答。会议活泼庄重，民主公正。

二、让学生成为校园真正的主人

通过"我是校园真正主人"的演讲赛，让学生建立主人翁意识并思考怎样去行使自己的主人翁权利与义务；开展"我是校园小义工"公益中队轮值服务，让每名学生以主人翁的姿态迎接到校的师生与客人；"水云轩小学红领巾志愿服务队"让学生代表学校走进社区；"校园管理值日生"让学生自主管理校园秩序；实施"免检中队"，为学生创设一种无信任危机的氛围。

三、建立促进学生自主成长的管理制度

弱化扣分的作用，接受学生会犯错的天性，建立引导学生成长的管理制度。例如，《每月文明障碍测试》让学生在知行合一的前提下，自觉用文明的言行约束自己，同时通过"抓拍轩小好榜样"的活动，随时随地拍摄校园里自觉遵守文明纪律的学生风采，发挥伙伴榜样示范作用，实现自主教育。设立"整改通知书""表扬信"，明确告诉学生做得不足的地方和做得好的地方，让学生找到努力的方向与动力。建立"学生文明行为习惯养成反馈机制"，了解学生良好行为习惯缺失的原因，寻求班主任、科任教师合力教育。通过"致班主任的一封信""致午管老师的一封信""致同学们的一封信"把原来生硬的要求和约束以书信的方式娓娓道来，更容易赢得师生的认可，达成共识。建立多元的学生激励机制，学生可自主申报、自我评价、自我发展，期末学生受奖励率达100%。

四、构建多元的实践活动，孕育学生领袖气质

降低队员们体验成功和被认可的门槛，让每个学生可登上舞台，激发学生潜能，增强学生信心。通过举行"如何更好地服务同学"的专题讲座、开展班级绿化行动、组织学生到市交通安全培训中心参观、与茂名市高山镇中心小学进行校际联谊、与美国华盛顿大学品格训练营举行对外交流、举行消费维权讲座等系列培训活动，提升了学生的综合素质。社团活动是学生自主学习和自由发挥兴趣的乐园，纳新会、成果展示会、优秀社团评选让每个学生在丰富童年生活的基础上学会了彼此欣赏。具有爱心的人，才能对生命珍爱。引导学生对弱者同情、奉献社会，让学生在参与服务社会的实践活动中潜移默化地培育乐善好施的良好品质。鼓号队的定期招募、训练、展演、表彰等环节，让学生在振奋人心的鼓号声中收获坚韧的意志力。

十年树木，百年树人。我们所做的，对于一个个跳跃于眼前充满灵气的学生来说显得微不足道，我们仍要为学生的成长开垦更肥沃的土壤。

浅谈学校少先队干部培养的策略

我们常说的队干部是指大队委、中队委和小队委。少先队干部是学校大队辅导员的得力助手，更是少先队活动策划和组织的核心骨干，他们肩膀上佩戴的一道杠、两道杠、三道杠成了很多少先队员心中的目标。

一些学校队干部，在教师和队员眼中就是负责抓"小辫子"的，他们充当校风督察队、行为纠察员，负责监视队员的行为，监督中队的表现，评价中队辅导员的工作成效。于是一些队干部发现自己的权力很大，逐渐变得趾高气扬、骄傲自大，队员们看见他们也会远离他们。他们自觉既优秀又孤独，长此以往会影响其今后的人际交往能力。学校少先队组织选拔队干部，通常都有相应的选拔程序，在公开公正的选拔中择优任用，基本上都是把各中队品学兼优的队员选为大队干部、中队委以及小队委，他们原本都是人见人爱的好学生，但是在队干部的队伍中，如果没有得到适当的指引和引导，可能会走弯路。由此可见大队辅导员必须重视队干部的培养。

"干部"代表着权力和地位，可以指挥人，掌握大量的资源和财力。20世纪初，"干部"一词被引进中国以后，频繁使用。1922年7月，中国共产党第二次全国代表大会制定的党章中，首次使用了"干部"一词。从此以后，在中国共产党和国家机关、军队、人民团体、科学、文化等部门和企事业单位中担任一定公职的人员都称为"干部"。中国共产党第十二次全国代表大会明确指出："干部是党的事业的骨干，是人民的公仆。"少先队是中国共产党的预备队，因此少先队干部要从小在少先队组织学习如何全心全意为人民服务。简单来说就是培育队干部具有服务他人、服务社会的能力和意愿。队干部用当前热门词语来形容就是少先队的领袖。我们要引导少先队员明白何为领袖：有人格魅力，值得信赖；有卓越的领导力和决策力，心中有他人，能团结大家做成一件事；在困难面前能勇于承担责任，善于鼓励人，乐于帮助有困难的人等。引导队干部思考自己在日常组织工作中应该怎样做，以小组讨论的形式让队干部反思并尝试写队工作日志。

当前，我们国家正走在伟大民族复兴的道路上，一些由中国主导的经济合作框架得到很多国家的积极响应。因此，少先队辅导员培养的少先队员要具备家国情怀和国际视野，培养队干部的目标也要与时俱进，与世界接轨。上学期期末我主持的已结题的省级德育课题"小学生现代公民意识培养的模式研究"就注重研究现代公民意识的培养。现代公民意识是很广泛的概念，我们要针对学生的身心、年龄特点借助有效的载体和形式让其具体化、明细化，让学生看得见、摸得着，让学生可以感知，进而内化为自己的意识。课题组根据社会主义核心价值观确定在小学阶段重点培养国家意识、民主意识、责任意识、公正意识、平等协商意识、慈善意识、环保意识、诚信意识、文明意识、法治意识十大现代公民意识。具体表述就是队干部在日常的工作和学习中，能乐于助人、严格自律、自主管理、服务引导、榜样示范、包容协商、平等公正、负责任敢担当、尊重老师和同学、团结有爱、文明有礼、实事求是、虚心教导……

下面谈谈我校在少先队干部培养上的一些做法。

我校少工委以"实践育人，队员为本，快乐成长"为总目标，通过"领袖气质培养计划"力求让队员思维更开阔，个性更张扬，成长为具有民主意识、责任意识、公正意识、慈善意识、环保意识、平等协商意识的现代公民。怎样才能培养出具有领袖气质的队干部？我可以为队干部的成长做什么？带着这样的思考，我约谈了队干部，倾听他们真实的声音，又在课间了解队干部的工作状态，私下听取队员和中队辅导员对队干部的评价。

为提升队干部的服务能力，培养队干部的现代公民意识，孕育队干部的领袖气质，我在以下方面做了一些尝试工作。

一、为少先队小干部创设民主公平的成长环境

少工委积极搭建少先队员成长平台，如一人一票民主选举总队委、举行年级大队委就职仪式、建立中队长联席每月会议制度、每年召开一次少代会等民主生活会，开启队干部民主意识，建立公平原则。

二、让少先队小干部在温暖有爱的氛围中成长

开展八大公益项目，让少先队干部在参与服务社会的实践活动中潜移默化地培育乐善好施的良好品质，在公益活动中引导队干部主动承担更大的责任和任务，在公益慈善服务中身先士卒，以领袖气质感染更多的少先队员参与志愿服务活动。

三、让少先队小干部有帮助队员进步的机会

弱化扣分的作用，接受少先队员会犯错的天性，让队干部看到队员违反纪律第一次是温馨提示，第二次是教育指引，第三次才登记反馈给学校。通过"抓拍轩小好榜样"的活动，让队干部DV小组随时随地拍摄校园里自觉遵守文明纪律的少先队员风采，发挥伙伴榜样示范作用，实现自主教育。设立"整改通知书""表扬信"，让队干部告诉队员做得不足的地方和做得好的地方，让队干部学会帮助队员成长。建立《少先队队员文明行为习惯养成反馈机制》，引导队干部思考队员良好行为习惯缺失的原因，让队干部多观察校园，学会向学校提促进学校发展的建议，从而实现真正意义上的自主、自治。

四、构建多元的实践活动，孕育少先队员领袖气质

首先，赋予队干部更丰富的内涵，不要单一养成服务学生的队员行为习惯，应该借助更多载体磨砺队干部的实践能力，如建立"国旗护卫队""鼓号队""旗手导师队""校园志愿服务队"，增设红领巾广播员、红领巾电视台主持人、红领巾接待讲解员、红领巾图书角服务队，同时发展中山红领巾特色社团，建立"少年军校领袖团""国旗护卫队""医疗辅助队"等特色队干部队伍，这些都是培养少先队干部很好的载体。少先队干部在上述队伍中能得到更广阔的天地，锻炼自己的能力。

其次，可开展提升少先队干部工作能力的专题讲座，邀请学校的心理教师、校领导、中学团干部、市优秀学生干部等群体来担任主讲，通过讲座或交流提升少先队干部组织与协调的能力、说服与协商的能力、思考与表达的能力、人际交往与合作的能力以及自我管理的能力。

再次，举行少先队干部对外交流、少先队干部校际联谊，开阔少先队干

部的视野，提升少先队干部的综合素质。

最后，坚持发挥好鼓号队在少先队的独特作用：凝聚童心，磨炼意志，保持高昂的斗志，建立崇高的信念和理想。通过定期招募、训练、展演、表彰等环节，让少先队干部在各过程中发挥积极作用，从而让更多的少先队员在振奋人心的鼓号声中收获坚韧的意志力。

浅谈上好少先队活动课

少先队活动课进入中小学课表是少先队学科建设踏出的第一步。2017年，全国少工委面向全国少先队员发出开展"喜迎十九大——我向习爷爷说句心里话"主题队活动的号召。东区根据市少工委的工作安排，在区少工委的组织下，各校少工委也相继开展了"喜迎十九大——我向习爷爷说句心里话"主题队活动课，并结集出版了《东区少先队活动课案例集》。我作为东区少先队名师工作室的主持人，在认真分析区内其他学校辅导员少先队活动课的基础上，总结出了少先队活动课的特点、性质、目标、要求和动力五个主要影响因素。

一、灵动性是少先队活动课的鲜明特点

少先队活动课有别于一般的课程教学。少先队活动是以少先队特有的组织形式、集体生活和活动方式对少年儿童进行思想引导和素质提升的课程。首先，课的主体必须是少先队员，队课需要激发少先队员的主动性，让少先队员在队课中通过实践活动、模拟情境、角色扮演、交流分享逐步感悟真理的真正含义。其次，队课的指导者具有灵动性，除了少先队辅导员外，家长、校外志愿辅导员都应该成为队课的指导者。再次，实践育人是开展少先队工作的实力支撑，因此少先队活动课的上课空间也具有灵动性，可以是教室，可以是校园任何一处，还可以是校外实践基地，如博物馆、垃圾处理站、污水处理厂、国防教育基地等场所。最后，队课形式具有灵动性，包括参观、表演、演讲、团队拓展、小队展示、队会、交流等形式。

二、政治性是少先队活动课的根本性质

《中国少年先锋队章程》指出，少先队是中国共产党创立和领导的少年

儿童的群众组织，是少年儿童学习中国特色社会主义和共产主义的学校，是建设社会主义和共产主义的预备队。从《中国少年先锋队章程》的这个表述中我们可以判断，少先队具有政治性和儿童性双重属性。而政治性则是少先队区别于其他组织的一个根本属性，也是少先队活动课必须坚持的一条生命线。

具体而言，少先队要以理想信念教育为宗旨，以"五爱"教育为基础，以中华民族伟大复兴的中国梦和社会主义核心价值观教育为主线，注重党、团、队组织意识和教育内容的衔接，培养少年儿童良好的思想品德，培养少年儿童对中国共产党和社会主义国家的朴素感情，凝聚、引导少年儿童听党的话、跟党走。当前，我国正处于全面建成小康社会的阶段，并向实现社会主义现代化、中华民族伟大复兴的中国梦奋勇前进。为了肩负起这个光荣而艰巨的历史重任，广大少先队员要按照要求，从小学习做人、从小学习立志、从小学习创造，养成好思想、好品行、好习惯，时刻准备着为实现中华民族伟大复兴的中国梦而努力奋斗。

三、培养中国梦的预备队是少先队活动课的终极目标

中国共产党的最高奋斗目标是实现共产主义，这需要几代人甚至几十代人的共同努力。当前，我国正处于社会主义的初级阶段，并且制定了"两个百年"的奋斗目标，即到建党一百周年的时候，全面建成小康社会；到新中国成立一百周年的时候，基本实现社会主义现代化。少年儿童是祖国的未来和希望，是中华民族宏伟事业的预备队。

为了培养千千万万合格的建设者和接班人，少先队活动课作为少先队教育的重要组成部分，包括组织意识、道德养成、政治启蒙和成长取向四大方面的目标和内容。在组织意识方面，通过学习《中国少年先锋队章程》，知晓队的性质和目的等基本知识；通过学习少先队的成长历史和优秀少先队员的事迹，培养作为少先队员的光荣感和自豪感；通过入队仪式、呼号等少先队特有的文化符号传承，增强少先队员的组织观念，明确自身的权利和义务，培养集体主义精神，增强组织归属感，培养党、团、队相衔接的组织意识。在道德养成方面，要按照习总书记对少年儿童提出的"养成好思想、好品行、好习惯"的要求，教育和引导少年儿童从小树立远大的理想、培养高尚的道德情操，践行社会主义核心价值观，弘扬社会主义新风尚，争当合格现代公民，传承中华

民族传统美德，热爱生活，懂得感恩，与人为善，明礼诚信。在政治启蒙方面，教育和引导少年儿童从小学习为共产主义事业而奋斗终生的远大志向，把自己的志向同祖国和人民联系在一起；正确认识和理解全面建成小康社会和中华民族伟大复兴的中国梦的内容和意义；从小培养爱祖国、爱人民、爱劳动、爱科学、爱社会主义的思想，时刻把祖国和人民放在心中，努力成为祖国和人民需要的好孩子，做祖国和人民事业发展的接班人。在成长取向方面，要教育和引导少年儿童从小学习创造，逐步培养追求真理，敢于创新的意识；学习用新理念、新知识、新技能去创造新生活，争当勤奋学习、刻苦钻研、勇于创造的小标兵；敢于有梦、勇于追梦、勤于圆梦，培养科学精神，激发科学梦、创造梦、报国梦；积极参加体育锻炼，培养良好的身体素质和心理素质；培养阅读习惯，通过阅读优秀书籍来拓展自身的知识面和思维水平，培养审美意识和情趣，善于发现别人和自己的优秀之处，增强自信心，勤奋学习，快乐生活，全面发展。

四、尊重少年儿童身心发展规律是少先队活动课的基本要求

少年儿童特殊的年龄阶段，决定了他们有区别于成人的认知规律。少先队组织教育少先队员的途径和实施方式选择得当，就会起到事半功倍的作用；反之，则会事倍功半。

根据少先队员的基本特征和认知发展水平，组织教育、自主教育和实践活动是少先队活动课比较有效的途径。在组织教育方面，把系统、枯燥的政治内容生活化、简单化，并根据低、中、高年级三个阶段进行递进式的教育，让少年儿童逐步认识、不断深化。通过少先队大、中、小队的组织形式，运用主题队会、少代会等载体，发挥少先队队旗、队徽、呼号、入队誓词、鼓号等的作用，抓住六一儿童节、建队日、建军节、国庆节和抗日战争胜利纪念日等重要契机和时间节点开展时代感强的少先队活动。注重革命领袖和革命英雄的榜样引导作用，引导少年儿童从小树立革命志向并为之努力奋斗。在自主教育方面，要始终坚持少先队是少年儿童的群众组织这个定位，让少年儿童在辅导员的引导下，发挥少先队小干部的统筹领导作用和队集体的分工合作精神，根据不同年级，逐步放手锻炼少先队小骨干的自主活动能力，实现少年儿童自我教育、同伴教育，鼓励少年儿童动脑动手，自己的组织自己建，自己的活动自己

想，自己的事情自己做，人人做主人，人人都参与，培养少年儿童的自主意识和自主能力。在实践活动方面，以体验教育为基本途径，借助校园外丰富的阵地和人力资源，以社区少工委为载体，积极开展主题鲜明、生动活泼、独具特色的实践体验活动，帮助少年儿童接触社会生活、接触大自然，在一个个具体的活动中体验伟大的国家、伟大的时代和伟大的事业。注重情感体验、心灵感受，不断丰富少年儿童的成长经历，实现少先队教育和学校教育、家庭教育、社会教育的有机融合、相互促进。

五、正确评价激励是少先队活动课的发展动力

少先队组织和少先队辅导员要对少先队活动课进行正确的评价，总结成功的经验，分析失败的原因，从而保证活动课沿着正确的方向不断推进。要对少年儿童分阶段进行激励，激发他们对少先队活动课的兴趣，最后达到少先队活动课的教育目的。

对少先队活动课的评价包括五个方面：一要主题鲜明。应紧紧围绕党中央和历代国家领导人对少年儿童和少先队工作的期望与要求开展活动。当前重点是以习近平总书记对少年儿童的要求来统揽和谋划少先队工作。二要目标科学。根据中小学不同年龄段少年儿童的特点深入开展分层教育，教育和引导少年儿童树立坚定的理想和信念、高尚的道德情操和良好的行为习惯，为实现中华民族伟大复兴的中国梦时刻准备着。三要元素丰富。少年儿童好奇心强、容易接受新事物，所以少先队活动课既要充分体现少先队特有的标志、仪式、文化的独特作用，又要传承和吸收中华民族优秀传统文化的当代价值。四要形式多样。充分利用校内和校外两大领域，借助社区活动中心、农业科普基地、博物馆、科技馆、图书馆等平台，结合不同少年儿童群体的需要，有针对性地开展少先队活动。五要紧跟时代步伐。适应网络的广泛应用，适应未来发展对少年儿童的要求，综合运用童谣、游戏、动漫、新媒体等多种方式开展少先队活动课。

我校对少年儿童的激励，主要通过"雏鹰争章"活动鼓励全体少年儿童通过定章、争章、评章、颁章、护章等程序，不断确立新的目标、追求进步。一是科学定章。根据全国少工委的要求和各地实际情况制定基础章和特色章。二是全面争章。鼓励全体少年儿童根据自身兴趣爱好、素质特长获取心仪的奖

章。三是公正评章。对照不同雏鹰奖章的要求，本着坚持标准，应评尽评的原则开展评章工作，让少年儿童的努力得到及时的肯定。四是完善制度。加强少先队工作与学校教学、德育工作的融合，把教学、德育的要求转化为相应的奖章。不断总结"雏鹰争章"活动的经验和教训，并根据不同阶段的不同要求对制度进行不断完善。

第三篇　少先队活动的策划与创新

红领巾"追梦四部曲"

为了增强少先队员的社会责任感和历史使命感，引导少先队员将个人梦融入中国梦，学校少工委创造性地开创了"启梦—探梦—展梦—圆梦"的"追梦四部曲"，激励少先队员为实现中国梦而努力奋斗。

一、引领少先队员启迪梦想

为巩固和扩大党执政的新生代群众基础，培育合格建设者和可靠接班人，少工委组织队员寻访中山籍老红军，策划了"我是党的好孩子"新队员入队仪式，青年节邀请党团员教师分享成长经历，建党日邀请优秀党员与队员们谈心等活动，激发队员萌发敬仰优秀共产党员的情感；庆祝建党90周年"雏鹰竞飞齐争章，童心绽放心向党"主题队会，引导队员从小树立崇高的理想，建队日"感受你的爱——红领巾心向党"主题队会奏响了各行各业的优秀党、团、队员积极奋进、服务社会的主旋律，让队员在高潮迭起、激荡心灵的国、党、团、队旗出旗仪式中，开启为实现中国梦而奋斗的人生梦想之旅。

二、引领少先队员探寻梦想

为了壮大实现中国梦的后备力量，少工委积极搭建少先队员成长平台，如一人一票民主选举大队委、举行大队委就职仪式、中队长联席会议、少代会等，让队员探寻民主公平梦。评选"我是文明好队员""免检中队"，让队员在信任中探寻自主梦。为了培育少先队服务社会、关爱他人的意识，我们在校内开展"我是校园小义工""红领巾志愿服务队"等活动；在校外开展"红领巾爱心互助基金会""手拉手共成长""华宇乐爱心培育基地""朝阳牵手夕阳红""情满慈善爱心店""跳蚤市场献爱心义卖""学雷锋服务集市"七大公益项目，让队员有机会探寻服务社群梦。

三、引领少先队员展示梦想

开展"红领巾DIY创意手工集市""红领巾拍卖行""雏鹰争章嘉年华"活动以及打造少先队广场文化，每周二、周三、周五放学时间在升旗广场开设"雏鹰小天地"，少先队员自主开展"红领巾演讲沙龙"和"中队才艺PK"以及"百家讲坛"等队活动，吸引了接送学生的家长为队员们稚嫩的表演欢呼喝彩，降低了队员们体验成功的门槛，激发了少先队员的潜能，增强了少先队员的信心，为少先队员提供了展示梦想的舞台和机会。全体少先队员在丰富多彩、喜闻乐见的活动中锻造才华，培育自信，陶冶情感，展现梦想。

四、引领少先队员实现梦想

为了让少先队员体验圆梦的喜悦，学校少工委结合学科教学的需要和队员身心发展规律，制定了少先队员"十大成长奖章"，开发了《雏鹰争章储蓄本》，建立了一套具有操作性、本土性、趣味性和创造性的全员参与的争章模式，让更多的少先队员发现自己潜在的天赋，找到成功的体验，储备继续追寻中国梦的勇气。我们还积极将"雏鹰争章"活动拓展到社会，营造"学校—家庭—社会"三位一体的活动框架，努力形成雏鹰争章活动的社会化活动体系，建立校外争章基地，实现提升学生综合素质的愿望。为了探索少先队活动课程的实施与落实，我们确保隔周一节少先队活动课，并且计划在每周五下午专门开辟个两课时在全校开展少先队活动课程，课程主要内容为"红领巾社团活动"。红领巾社团是队员自主学习和自由发挥兴趣的乐园，少工委将积极寻求校外辅导员和校内特长教师组成红领巾社团辅导员，组建73个社团，让每一个少先队员都能找到圆梦的栖息地。2012年10月，团省委少年部武一婷部长到校检查工作并高度赞扬了水云轩小学红领巾社团的多姿多彩。学校少工委还建立了"每周争章之星""每月争章明星""校队风云人物""十佳雏鹰之星""伟人故里中山章"等递进式、普及式奖励制度，让每个少先队员都能找到信心的源泉，勇敢追梦。

争当中山好公民　伟人故里共成长

　　生活在伟人故居，我们应该继承孙中山先生"天下为公"和"敢为天下先"的精神，这就需要我们搭建平台激发少先队员的多元智能，提升少先队员的综合能力，从而让少先队员思维活跃、自信大方、敢于承担，引领少先队员在传承中创新，在创新中发展，争当具有中华传统美德和世界眼光的现代中山学子。2009年9月，我结合当前教育改革需要、时代发展特色、中山本土文化以及学校教育实际大力开展"伟人故里中山章"活动，大胆创新"雏鹰争章"活动的模式，建立了具有中山精神和校本特色的争章体系，结合学校的教育实际，制定了符合我校队情、学情、校情的"水云轩小学雏鹰争章标准"，引导少先队员在快乐实践的基础上走向自主学习和自主发展的轨道。以争章活动为载体引领队员立志向、有梦想，树立为实现中国梦而奋斗的崇高理想。

　　"伟人故里中山章"争章体系是我校少先队员最喜爱的校园活动之一，每学期评出班级"雏鹰之星"，每学年通过"争章心得演讲"开展全校投票，选出年级"十佳雏鹰之星"。6年内获得十大奖章的学生可自主申报"伟人故里中山章"终极奖——伟人故里中山好公民奖。

　　雏鹰印章、争章储蓄本、雏鹰币、十大奖章、争章嘉年华、中山好公民奖成了激励少先队员快乐成长的有效载体。多元、分层、递进的奖章机制成了帮助少先队员发掘自我潜能、促进队员自我发展的学生评价体系。"伟人故里中山章"是我校雏鹰争章的创新体现。这枚具有本土文化、人文精神的奖章蕴含爱乡、爱国、民族气节教育的意义，寄望少先队员边争章边感知自己的家乡，宣扬"博爱、包容、创新、和谐"的中山精神，引导少先队员立足中山，放眼世界，开启世界公民意识。

"伟人故里中山章"终极奖之"伟人故里中山好公民"自主申报表

姓名		性别		出生年月		照片
中队		奖章数		中队辅导员		
何时参加何项亲子义工活动						
本学期是否参加过"公益中队"服务						
介绍中山美景或者特产						
对于中山未来发展,你有什么好的建议						
中队辅导员推荐意见: 签名: 年　月　日						

红领巾相约中国梦

——水云轩小学少工委低、中、高年级大队委换届选举活动

2013年3月17日，习近平总书记在第十二届全国人民代表大会第一次会议闭幕式上发表重要讲话。习近平总书记在讲话中从党和国家事业发展全局和战略高度，对"什么是中国梦""是谁的中国梦""如何实现中国梦"等重大理论和实践问题做了深邃思考和科学回答，对凝聚全体中华儿女的智慧和力量、为实现中国梦而奋斗具有重大而深远的意义，开启了实现中华民族伟大复兴的中国梦的精彩壮阔的新航程。在水云轩小学开展的"轩小红领巾，相约中国梦"的队会中，少先队员明白从小要有梦想，要立志向，要制订好目标，做好规划，一步步实现自己的梦想。但怀揣什么样的梦想，树立怎样的志向？如何制订目标？怎样实现梦想？怎样才能将个人梦想的实现与国家的发展紧密联系在一起，更好地理解"国家好、民族好，大家才会好"的朴素道理？

一连串的问题在队员的脑海中萦绕，他们想到了学校少工委的品牌活动——"大队委换届选举活动"，决定通过"轩小红领巾，相约中国梦——水云轩小学少工委第九届低、中、高年级大队委换届选举"这一活动方式，从实践活动中进一步深刻理解如何成为一名有梦想、有志向、德智体美全面发展的少年儿童，从而激励自己在实现"成才梦"的进程中助力中国梦。

"轩小红领巾，相约中国梦——水云轩小学少工委低、中、高年级大队委换届选举活动"在总队长以及各中队长的大力发动下，立即得到了队员们的积极响应。水云轩小学的少先队员纷纷行动起来，把个人的梦想和远大的志向融入实现中国梦的进程中！

少工委秉持着让少先队员自己当家做主，让少先队员自主自动，自己的活动自己搞，自己的事情自己做，自己的干部自己选的理念，在事前就尽最

大的努力做好充分的准备，组织中队长开会，协调并指引少先队员如何完成工作，以保证队员们能在中队长的组织下、辅导员的指导下，有序地推进竞选工作。参会人员都能做好笔记，养成了良好的会风。六年级的学生还会帮助二年级的学弟、学妹做好完整的笔记，营造了一个温馨互助的场景。

大、中队干部争当队活动的领头雁

大队委向全校发出倡议，倡议具备以下优点的队员们踊跃报名参选：

（1）喜欢少先队工作，关心少先队工作，有较强的服务意识，为人正直，尊敬老师，团结队员。

（2）做事主动，踏实肯干，认真负责，善于创新。

（3）有一定的中队干部经验，具有较强的活动组织管理能力和创新意识，能独立完成老师交办的各项任务。

（4）团结队员，有威信，能以身作则，能起到榜样和带头作用。

此外，还鼓励队员们制订好目标，一步步实现自己的梦想；在追梦的成长过程中逐步树立正确的"三观"，做到"三热爱"；能光荣地成为一名为少先队服务、有威信、有特长、有代表性的大队干部，以及社会主义建设的后备军，进而为实现中国梦贡献力量！

中队长组织队员自愿报名，各中队投票选出九名候选人并由中队长填写好"大队委候选人民主选举会记录表"中的九名候选人名单。各中队进行候选人民主选举会。各小队参选人员进行竞选演讲、才艺展示。

演讲包括：

（1）自我介绍（姓名、年龄、中队级职务、兴趣爱好等）。

（2）有怎样的梦想，准备如何实现？

（3）如果当选了大队委员，你会怎样协助辅导员老师开展工作？

才艺展示可以是唱歌、跳舞、器乐、诗朗诵等。最后由中队成员民主投票产生一名大队委候选人。

候选大队委竞选大会。在总队长的主持下，各大队委候选人在自主成长的舞台上勇敢自信地挑战自我、展现自我，向每位队员讲述纯真的梦想、崇高的志向，还分享了自己一步一脚印的奋斗足迹。通过现场直播，候选人的先进事迹深深地打动了队员们，能紧紧依靠、团结、吸引队员们一起参与，使队员们理解到中国梦并不遥远，在身边的同伴已经在努力为实现中国梦而奋斗了。

总队长带领新一届大队委进行就职宣誓。

大队的队员代表谈对大队委的期待与鼓励

代表1：大家好！我是一（1）班的曾紫瞳。大队委们在竞选活动中的精彩表现，让我也希望能尽快加入少先队，争取成为一名大队委。加油啊！我相信你们一定能做好的。我支持你们！

代表2：大家好！我是三（1）中队的邵乐儿。我佩服这些大队委，看到他们升国旗时的飒爽英姿，每天准时升降国旗，认真检查各中队唱国歌的表现，这些都让我不由得对他们竖起大拇指，希望他们能继续做好。谢谢！

代表3：大家好！我是五（2）中队的王珂。我知道大队委周二至周五都能认真组织好各中队进行雏鹰小天地的演出，搬器材、开音乐等。非常棒！也感谢你们的辛勤付出，希望你们继续努力，我支持你们！

新就任的大队委代表讲话

敬爱的老师，亲爱的队员们：

大家早上好！我是二（5）中队的李依格。在本年度学校少先队大队委竞选中能成功入选，我感到非常荣幸！首先，我要感谢辅导员老师的精心培育和悉心教导，我还要感谢全校少先队员对我的信任和支持。

大队委是少先队大队部一个职务的名称，是荣誉的光环，但不是骄傲的资本。我们即将开始承担少先队大队的工作，在这里，我代表全体大队委员向大家郑重承诺：

（1）我们将进一步加强自身修养，努力提高和完善自身的素质，时时要求自己待人正直、公正办事，严于律己、宽以待人、乐于助人、尊老爱幼。

（2）在校园中我们会以身作则，严格要求自己，在少先队的活动中身先士卒，勇于承担，无私付出，为大家全心全意地工作。

（3）在少先队大队管理工作中，我们会密切配合大队辅导员老师，工作一丝不苟，尽职尽责，发扬良好的团队合作精神，把工作做到最好。

总之，在今后的工作中，我们一定会兢兢业业，虚心接受大家的批评和监督！我的讲话完了，谢谢大家！

就职仪式上设计了让各大队的队员代表谈谈对大队委干部的期望这一环节，效果非常理想。现场邀请了绒羽大队、丰羽大队、逸羽大队的三位少先队员代表来亲身讲述，立刻引起了广大队员的强烈共鸣！特别能调动起一年级学生对加入少先队的积极性，引导他们树立目标，从现在开始就要努力学习，争取入队，并成为一名光荣的大队委干部。同时，给中高年级的队员清晰地传递出既要尊重大队委干部，又要监督他们，让他们真正成为服务大家的好干部。

从小立志向有梦想，争当"四好少年"

通过"轩小红领巾，相约中国梦——水云轩小学少工委第九届低、中、高年级大队委换届选举活动"行动载体的实施，学生与中国梦相约，用中国梦激发学生心中的理想梦、科学梦、创造梦、报国梦，激励全体队员努力成长为社会主义现代化建设的合格人才，做共产主义事业的接班人。

每一位竞选人用铿锵有力的演讲，展示了自己对少先队工作的那份热情，阐述了他们对个人梦想的实现与对国家发展的独到见解和实现中国梦的坚定决心，展示了"轩小少先队员"的自信风采。

少先队员不仅受到了爱国主义教育，更坚定了自己的理想，个人的自信心、综合能力都在活动中得到了锻炼和提高，体现了在活动中成长，体验成功的快乐宗旨，感觉到了"中国梦就是强国梦"，激发队员们学会扬起梦想的风帆，克服征途中的艰难险阻，自己努力去追求、去实现中华民族的伟大复兴梦。参加就职仪式的队干部进一步明确了自己往后要养成严于律己的工作态度，处处以身作则，起榜样示范作用，在少先队的活动中身先士卒，勇于承担，无私付出，为大家全心全意地工作。在少先队员之间形成互相监督、共同进步的良好舆论氛围，促进少先队员更积极地参与到少先队组织的管理中。竞选活动很好地指导队员们深入理解如何从圆个人的小梦想到实现伟大的中国梦。

活动中，有的候选人面对那么多观众，一下子就怯场了，而队员们能展示出优秀的精神风貌，给候选人投以鼓励的眼神，并鸦雀无声地静待候选人调整好心态再进行。在表演过程中，还能及时地鼓掌并给予支持，让候选人逐渐消除内心的恐惧，绽放出轻松、自信的笑容。有的候选人的表现也许显得稚嫩，但我们知道，他已经非常努力地迈出了可喜的一步，在活动中，他有了长足的进步，他的勇于尝试、积极进取的精神也感染了队员们，致使大家对他报以如雷般的掌声。

少先队员在活动中肯努力，肯攀登。作为一名光荣的少先队员，胸前的红领巾在迎风飘扬，我们是中国的未来和希望，实现中国梦的接力棒传到这一代少先队员手中，我们要义不容辞担负起这个使命，让心中的梦想在五星红旗下绽放光芒，快乐成长，天天向上。相信，只有好好学习才有机会实现自己的梦想，将自己的小小梦想汇聚在一起，编织成一个大大的中国梦。

营造少先队广场文化　孕育少先队员领袖气质

　　水云轩小学少工委一直秉承"实践育人，队员为本，快乐成长"的理念，不断创新实践活动模式，引领少先队员快乐争章，自觉修身，争当"四好少年"。为了让少先队员思维更活跃，个性更张扬，提升少先队员的语言表达能力、沟通交流能力以及人际交往能力，让每一名队员都拥有自信、大方、敢于承担的勇气，拥有适应未来时代发展需要的综合素养；落实学校"培育具有中华民族传统美德和世界眼光的中山人"育人目标，学校少先队积极探索培养少先队员领袖气质的方法与途径，希望以此培育继承孙中山精神和博爱、包容、创新、和谐精神的新中山人。

　　继承孙中山精神就要继承其领袖气质。其实，在任何一个团队中，总有一个人充当着核心的角色，他的言行能够被团体认可并指引着团队的某些决策和行动。我们把这种人所具备的人格魅力称为领袖气质。具有这种领袖气质的人并不一定是高层的管理者，在任何一个团队中，小到几个队员组成的红领巾小社团，大到一个集团或者是一个国家，总会有一个人具有说服他人、引导他人、服务他人的能力。

　　少先队是少年儿童自己的组织，也是他们健康成长的摇篮。在培养少先队员领袖气质时，应该充分发挥少先队鲜明旗帜和独特文化熏陶的作用，让每一个少先队员感受到少先队组织的温暖并体会当家做主的感觉，让少先队员知道他们是学习、生活、组织的"小主人"。为此，学校少工委于2010年7月特意在学校中心区域建立了少先队文化广场——"雏鹰小天地"。

　　少先队文化广场——"雏鹰小天地"是水云轩小学一个全新的少先队文化阵地，与少先队队部室、队文化宣传栏、红领巾电视台以及红领巾实践基地一同发挥宣扬少先队文化、增强少先队员意识、提升少先队员综合素质的作用。开设"少先队文化广场"，通过在广场上开展新颖、有趣的队活动，激发少先队员的潜能，发现少先队员的优势智能，张扬少先队员的个性特长。意大利教育家蒙台梭利指出：孩子有很大的潜力，就像植物一样能够自长，教育者只需要给他们提供环境和条件。她提出教育要引导孩子走独立的道路，一旦孩子能沿着独立的道路前进，那么，深藏在孩子内部的各种潜能就会被激发出来。

为了降低少先队员体验成功和被认可的门槛，让每名学生登上舞台，最终实现激发学生潜能、增强学生自信、提升学生综合素质的教育愿景，"雏鹰小天地"欢迎中队、小队、队员个人单独报名参加，让每名学生都能上来表演，给学生展现自我的机会。

活动项目：

1.红领巾小领袖竞选（一年一次）

大队委换届选举活动通过自我介绍、竞选演讲、才艺展示、队员投票等环节最终选出新一届大队委干部。队干部在红领巾小领袖摇篮里学会自主管理，发挥主人翁意识，激发队干部的领袖潜质，提升队干部的领袖才华。

2.红领巾小领袖培养课程（定期开展）

建立每周队干部工作例会，每月邀请相关专家开设专题讲座与培训，每学期一次与外校交流活动。定期邀请学校团队拓展教师开展团队培训活动。

3.演讲沙龙（每周四）

每周四下午放学时间，雏鹰广场都会举行"演讲沙龙"。只要你勇敢展示自己，自信地站上演讲台，你就是我们的小小演讲家。这是一个锻炼学生语言表达能力的舞台，也是一个展示交流的平台。我们既期待你用耳朵来聆听，也期待你用语言来交流，更期待你自信地表现自己。

4.雏鹰奖章兑换站（每月举行两次）

学生积极争章。当你获取20个雏鹰印章即可来雏鹰奖章兑换站兑换"雏鹰章"一枚。

当你完成"雏鹰争章储蓄本"中的一项争章任务，即可领取"小小孙中山章"一枚。集齐十款（学习小主人、父母小帮手、才艺小明星、文明小标兵、生活小能手、阳光小少年、环保小卫士、红领巾小领袖、运动小健将、快乐小义工）"小小孙中山章"，你将获得"伟人故里良好小公民"称号。

5. 中队才艺PK台（每周二）

一个团结、友爱、充满活力的中队，其队员必定会为中队建设贡献自己的力量。"中队才艺PK"是一个给充满活力的中队展示自己队员的特长和风采的舞台！

6. 雏鹰拍卖行（一学期三次，由三个联合大队组织开展）

各中队收集队员的收藏品，如书法、美术作品以及书本等个人珍藏。中队向大队报名参加。队员准备好介绍材料，并在拍卖会上进行推介，由拍卖师进行叫价。欢迎队员现场使用自己获得的雏鹰章进行购买。学校会将原创精品收藏并颁发收藏证书。

附活动原始资料：

队干部领袖气质培养规划

少先队干部是辅导员的得力助手，是少先队活动的直接参与者和组织者。采取何种方式，培养一批"有用"的队干部，对提高少先队组织的战斗力有着重要作用。为了充分发挥少先队干部的作用，加强少先队组织建设，培养一支思想先进、作风正派、能力较强、勤奋好学、甘于奉献的少先队干部队伍，实现少先队员自主管理，我校少先队决定利用课余时间，采取多种途径开展少先队干部培训。

培训目的：

提高队干部的素养和工作水平，培训出一批思想进步、作风优良、乐于奉献的，具有代表性和模范作用的少先队干部队伍，使他们在少先队员中能起到"领头羊"的作用，从而带动、引领广大少先队员为建设和谐校园做出贡献。

培训对象：

少先队大队干部、值日队干部、各班中队长。

培训方式：

集体讲座、参观交流、分发资料学习、网络学习、联谊。

培训内容：

1. 思想的提升。由老队干部做思想事迹介绍，以此为榜样，让队干部们反思、学习，从而得到提升。

2. 工作能力的提升。大队辅导员结合实例给队干部做少先队基本知识培训，组织少先队活动技能及工作方法等的讲座，情境答辩解决队干部日常服务队员过程中遇到的难题；校内开展优秀队干部经验介绍会；与校外大队干部开展联谊会、交流会，学别人之所长，改自己之不足。

考核：

1. 队干部应准时参加学习，上课遵守纪律，不得中途退席。

2. 每次学习后，要求队干部回去写感受，作为学期评优的依据。

少先队大、中、小队委培养活动

少先队干部为维护我校良好的校园风气做出了不可忽视的贡献。他们的努力，使得所有水云轩小学的学生服装整洁，文明有礼，举止端庄，他们是中队辅导员的好帮手，少先队员们学习的榜样，更是优秀的具有领袖气质的好少先队员。

讲座上，校长鼓舞少先队员，以领袖为榜样，成为少先队员中的小领袖，同时还鼓励少先队干部以俞敏洪为典范，做人如水，做事如山，踏踏实实服务好更多的队员。

通过此次校长讲座，少先队干部们更深刻地理解了自己工作的职责任务，更加明确了自己为队员们无私服务的目标。

展我真风采　争当领头鹰

"如果我当选为大队委员，一定会严格要求自己，在各个方面起到良好的带头作用，尽心尽力地为同学服务，为新班级和学校争光。假如我落选了，我会找出差距，弥补不足，争取下次再来参加竞选。敬爱的老师们，亲爱的同学们，请你们相信我，支持我，为我投上宝贵的一票！给我一个机会，我会还你们一个精彩！"……为了能当选大队委，参加竞选的少先队员做了充分的准备：风格迥异的演讲、丰富多彩的才艺展示赢得了台下一阵阵热烈的掌声，现场气氛紧张而活泼，充分展现了少先队员朝气蓬勃、健康向上的精神风貌。

活动剪影（一）

小领袖们携手共进　起湾轩小比肩发展

为了加大对队委的培养力度，塑造队员的领袖气质，让队干部有锻炼能力的平台，水云轩小学少工委与起湾小学少先队开展了领袖生交流活动。

为了进一步发掘少先队员的自主管理校园意识，提高少先队员的组织能力，培养他们的社会公德心、责任感，水云轩小学在领袖生培训方面推出了许多举措，如每周定期的"领袖生工作心得分享会"、"领袖生工作例会"、团队拓展专业教师为少先队的领袖生开展成长专题讲座和团队训练，使水云轩小学的少先队员不仅感受到了学校领导对他们成长的关心、呵护，也深深体验到了自己是学校真正的小主人，要为学校日常的秩序管理保驾护航，做出自己的贡献。

交流邀请到《中山日报》记者周映霞女士莅临指导。活动开始，少先队员们纷纷登台展示才艺，吹箫、弹琴、跳舞、武术……两校小领袖展现了别样的风采，接下来两校总队长、年级大队委分别就日常工作中的成长与困惑进行了心得分享。

之后两校小领袖们一起做了"互帮互助游戏"，戴了眼罩的水云轩小学的少先队员在起湾小学少先队员的帮助下顺利跨越障碍，游戏结束后两校少先队员交换了爱心联络卡，希望能在日后的工作生活中多多交流，共同进步，做校园真正的小主人。

215

活动剪影（二）

雏鹰争章为修身，阳光少年齐行动

为了让修身行动人人参与，学校少工委首先要求全体大队委做修身行动的示范，鼓励队干部争当"修身阳光好队员"。全体队干部认真聆听优秀团员教师的成长故事，接受团组织的意识教育，庄严许下"红领巾，心向党"的承诺。古人言，修身、齐家、治国、平天下。可见当前的少先队工作应大力开展修身教育，培养德行和志趣共生、具有传统美德和世界眼光的新一代少年儿童是水云轩小学少工委的奋斗目标。

活动剪影（三）

大队委培训内容

1. 队干部标志的作用

（1）给自己看。随时想到自己的身份和职责，不断提醒自己更好地为队

216

员服务，更好地为队组织工作。

（2）给别人看。主动接受少先队员的监督，和少先队员打成一片，起模范带头作用，当好"火车头"。

（3）所有的少先队干部要随时把标志戴好。每次更换上衣时，都应该认真佩戴。

2. 队干部标志的式样和规格

队干部标志由白底、红杠组成。白底长7厘米、宽6厘米，红杠长4厘米、宽1厘米，红杠之间相隔1厘米，红杠与白底边缘左右各相距1厘米。队干部标志可用布、塑料等材料制作。

大队委员会委员标志是3条红杠，中队委员会委员标志是2条红杠，小队长标志是1条红杠。

3. 队干部佩戴标志的要求

队干部将标志佩戴在左臂。佩戴时须注意：

（1）标志的上沿距肩头一拳。

（2）标志朝正左方。

（3）红杠要水平。

活动剪影（四）

"父母小帮手"之家务劳动大比拼

　　俗话说："一屋不扫，何以扫天下。"今天的孩子是社会未来的栋梁。劳动能创造价值，劳动能促进大脑的发展，劳动能改变世界。哈佛大学一项长达20年的研究表明，爱做家务的孩子跟不爱做家务的孩子相比，就业率为15：1，前者的收入比后者高20%，而且婚姻更幸福。中国教育科学研究院对全国2万个小学生家庭进行的调查显示，孩子做家务的家庭比不做家务的家庭，孩子成绩优秀的比例高了27倍。还有很多实例证明，想要孩子成为精英，让他做家务是必不可少的。而且，孩子帮助父母做家务可以逐步感受父母养育子女的艰辛，体会到父母的恩情，同时能增强学生的动手能力和生存能力。为了让学生的发展有更坚实的基础，学校倡议全体学生回家主动做家务，要求每名学生每天回家至少要做一样家务。

一年级	会佩戴红领巾	会整理书包	自己整理穿戴	会系鞋带
二年级	学会洗红领巾	学会饭后擦桌子	学会折叠衣服	学会打扫房间
三年级	学会叠被子	学会使用电饭煲	会使用洗衣机	会晾晒衣服
四年级	学会洗碗	会洗被子	在妈妈帮助下做简单的早饭	会收拾自己的房间
五年级	帮助妈妈大扫除	会做简单的饭菜	学会清洗马桶	会整理被单
六年级	把衣服放到衣柜里	保持自己卧室的整洁	帮忙洗车擦地	学做五道拿手菜

　　为了督促和激励学生，家长应监督学生做家务的表现，并根据学生的完成情况认真填写"'劳动最光荣'做家务习惯养成记录卡"，记录学生在家做家务的态度和积极性，并将表格粘贴在家中显眼的位置，让家人和客人都能看到学生的进步。学期末在全校评选"父母小帮手"，颁发"我是父母小帮手"奖状。

"劳动最光荣"做家务习惯养成记录卡

"劳动星级班集体"奖状

"我是父母小帮手"奖状

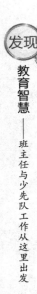
创意集市展新意　雏鹰练翅齐争章

　　学校少先队作为学校德育工作的主阵地，肩负着引导少先队员学会学习、学会生活、学会做人和学会健体的神圣使命。在"社会即学校，生活即教育"观念的引领下，少先队活动应紧跟时代的脚步，主动融合社会的热点元素。激发少先队活动的活力和魅力，使少先队所开展的主题教育活动与时俱进，并给少先队员提供认识社会的模拟平台。为了探索新时期少年儿童思想道德教育新途径，实现"雏鹰争章"、思想教育和创新意识培养这三项活动的有效整合，大队部特意策划和设计了本次"创意集市展新意，雏鹰练翅齐争章"活动。希望通过该活动为少先队员创设虚拟集市，让少先队员在虚拟集市中模拟创新、动手设计、用创意的想法换来价值以及与人沟通交流等社会行为。整个活动分为"校本雏鹰争章活动"和"红领巾DIY创意集市"两大部分。

一、"红领巾DIY创意集市"活动为少先队员搭建认知社会的实践平台

　　"红领巾DIY创意集市"活动的主要目标是培养少先队员掌握适应未来社会发展所需要的能力和素养，包括提高少先队员的语言表达能力，锻炼少先队员动手操作的能力，培养少先队员与人交往、合作的交际能力，最重要的是活跃少先队员的创新思维方式，激发少先队员的创意灵感。"DIY"是"Do it yourself"的缩写，意思是自己动手做。开展"红领巾DIY创意集市"意在让少先队员把他们的灵感和创意通过自己的双手做出他们所喜欢的、想要的，市场上绝无仅有、独一无二的作品，然后鼓励少先队员把他们的创意作品投放到学校模拟的浓缩的小市场上，变成被人认可和采购的商品。整个模拟集市的商人

与顾客都为少先队员。体验创业者角色的少先队员得到由创意的生产者过渡到创意产品销售者的体验过程，而扮演顾客的少先队员要学会用最合理的价格采购到最有价值的创意产品，这是让少先队员参与社会实践的一种新尝试。

1. 活动操作模式

以摊位形式分类搭建虚拟集市。集市上售卖的产品为少先队员制作的手工产品以及少先队员亲手种植的农副产品。商人和顾客均为少先队员，交易的虚拟货币为队员在学校参与"雏鹰练翅齐争章"活动获得的奖章。

2. 创意产品区分类

DIY精品区：售卖少先队员自己制作或亲自联手制作的创意手工制品。

DIY种植产品区：售卖少先队员在学校劳动基地种植的农产品以及在家栽培的盆景。

DIY数码产品区：售卖学校电脑兴趣小组的数码创意产品。如电子书籍、相片月历制作等少先队员DIY数码作品。

DIY创意游戏区：少先队员花费一定数额的虚拟货币获得游戏的机会。DIY创意游戏区提供的是需要队员开动脑筋自己动手才能完成的游戏。

DIY拍卖区：队员把自己制作的产品或自己的收藏品拿到拍卖区，自己推介产品，然后由扮演拍卖师的主持人叫价，由台下有意竞买的学生竞价。

3. DIY创意作品参考

一、二年级制作与国庆主题相关的手工作品。如送给祖国妈妈的心意卡，歌颂祖国的书画作品，展现祖国美丽风光的相片框，绘有祖国山水的扇子、五星红旗十字绣，长城、天安门、"鸟巢"模型制品等。三、四年级制作与教师节相关的手工作品。如心意相片框、胶泥手工作品、书签、"感师恩"水果拼盘、"念师恩"插花作品、书法作品、可爱的教师相片集、手工笔筒、手工鲜花、手工头饰、不倒翁、万花筒、小风铃等。五、六年级制作与中秋节相关的手工作品。如创意月饼任意画、"嫦娥奔月"故事连环画、创意灯笼大比拼以及各种中秋元素的手工制品。

4. 集市开售前的准备步骤

第一步：开学第一周给全校家长发活动通知，争取在家长的支持下开展活动。

第二步：第二周通过红领巾小水滴电视台发动全校的少先队员动手制作

创意产品。

第三步：第三周由班主任收集少先队员作品。班主任在班级中评出十件最具创意的作品，并在少先队员的作品上贴上作品标签，填写好少先队员的作品信息，并于第三周的星期三上交到多媒体一室。凡十件作品均入选DIY创意集市的班级，大队部将颁发"最具创意集体奖"。为了激发学生的创新欲望，诱发学生的创意灵感，增强学生的动手能力，活跃学生的思维方式，我们将对上交的作品进行评选。有作品入选DIY创意集市的学生，大队部将颁发"最具创意奖"。

二、创新"雏鹰争章"模式，完善队员的人格，促进队员自主发展

为了推动"雏鹰争章"活动的开展，2008年，广东省少工委印发了《广东省少先队系统活动纲要》，对不同年级的少先队员思想道德和行为习惯教育目标进行了明确的界定和说明，并将这些目标细化为一个个具体的"雏鹰奖章"，鼓励全体少先队员通过"争章"的形式来培养和巩固这些目标。江泽民同志指出，创新是一个民族的灵魂，是生生不息的强大动力；是一个国家的希望，是繁荣富强的重要保证。培养少年儿童的创新意识和创新能力是当前少年儿童思想道德教育的核心内容之一。

少先队员通过争章活动得到的奖章，可于每个月月底到学校大队部换取"红领巾DIY创意集市雏鹰消费券"（10个雏鹰展翅章兑换1元消费券），消费券可在元旦举行的红领巾DIY集市上作为交易货币购买物品。"红领巾DIY创意集市"活动是我校"传承传统文化，德行智趣共生"德育理论在少先队工作的具体体现，也是学校借助最活跃的少先队组织为少先队员构建认知社会的模拟集市的尝试。本次创意集市以"感师恩、迎中秋、庆国庆"为主题，并与大队部前一阶段进行的"雏鹰练翅齐争章"活动有机结合起来，实现了创意教育、思想教育和基本素质培养的最佳组合。

1. 制作DIY手工作品

本次DIY手工作品制作以教师节、国庆节和中秋节这三个节日为主题，少先队员可以根据自己的兴趣爱好和特长，制作具有特色的DIY手工作品。为了丰富手工作品的类型，大队部对不同年级的作品制定提出了参考性意见。

2. 对DIY手工作品进行评选

开学第三周，各中队开始收集全体少先队员所制作的手工作品，并在中队所有作品中推荐十件最具创意的作品上交大队部。所有上交的作品，都要求贴上作品标签，并填写好少先队员的作品信息。为了充分调动各中队以及少先队员的积极性和创造性，大队部对有十件作品入选DIY创意集市的中队颁发"最具创意集体奖"，对有入选作品的少先队员颁发"最佳创意奖"，并允许该作品在下一阶段举行的创意集市上进行交易。

3. 举办DIY作品虚拟集市

大队部利用9月份和10月份的四个全天时间在校园内以摊位形式分类搭建虚拟集市。集市上售卖的产品为少先队员制作，并经大队部评选的手工产品以及队员亲手种植的农副产品。小商人和顾客均为少先队员。交易的虚拟货币为少先队员在学校参与"雏鹰练翅齐争章"活动中积累的消费券。整个集市分为DIY精品区、DIY种植产品区、DIY数码产品区、DIY创意游戏产区、DIY拍卖区五大区域。

集市活动结束后，大队部还根据各中队销售情况评选出"最佳摊位"和"最佳销售人员"这两个奖项。

三、活动成效

1. 实现了少先队品牌项目的有效融合

"雏鹰争章"、教师节"感师恩、迎中秋、庆国庆"都是少先队工作的品牌项目，在少先队工作中占有重要的地位。这些系列活动的开展，有效地整合了这三大类品牌项目，既形成了教育的强大合力，又能有效地整合有关资源，达到高效、低耗的理想效果。

2. 为少先队员提供了展示自我的平台

少先队思想道德教育的核心问题是让少先队员在教育的过程中形成高尚的道德情操、健康的人格和良好的行为习惯。本次系列活动的开展，特别是"红领巾DIY集市"的举办，让少先队员全身心地参与到活动中去，用真实的模拟情境来陶冶少先队员的情操。同时少先队员在活动过程中充分发挥自己的思维创意、动手能力和交往能力，为少先队员综合素质的培养和展示提供了一次极佳的机会。

3. 创新了家校德育工作的模式

家校合作是现代德育的发展趋势。一直以来，少先队组织积极探索，创造性地发展了法制校长、亲子义工等新型家校德育合作载体。本次活动要求家长和学生共同来设计和制作DIY手工作品，并在学校这个平台上进行展示和交易。本次活动的成功举办，为丰富和创新家校德育工作模式进行了积极的探索和尝试。

4. 关注每一个少先队员，还原教育的本真

"雏鹰小天地"活动面向全校少先队员，人人可为，天天可为，打破了传统的单纯靠分数评价优劣的模式，成为衡量少年儿童综合素质的重要依据。水云轩小学少工委的"雏鹰小天地"还会开展更多丰富多彩的节目，我们将充分发挥它的作为少先队活动阵地的功能，让全体队员有更多的机会展现自己的才华。

"雏鹰小天地"活动展示

展示项目	活动形式
学生收藏品拍卖行	各中队收集少先队员的收藏品，如书本、书法或美术作品以及个人珍藏。少先队员向年级大队报名参加并准备好介绍材料，然后在拍卖会上进行推介，由"拍卖师"进行叫价。欢迎少先队员现场使用自己的雏鹰奖章进行购买。学校将收藏原创精品并颁发收藏证书
才艺小明星表演专场	少先队员自主参加学校的艺术节，在艺术节中脱颖而出的才艺小明星将被邀请在学校"I Show My Dream"小舞台进行专场表演
古诗词考级奖励区	第一环节少先队员从校本教材《古诗词70首》中自选一首进行表演，要求能正确流利、声音响亮、抑扬顿挫地背诵，并要求配合得体的动作、表情等；第二环节要求少先队员从抽背箱中随机抽取一首诗当场演绎。现场负责的教师将根据演绎的情况颁发奖章
雏鹰演讲区	四至六年级各中队推选一名学生参加主题为"铭记殷切期望，争当'四好少年'"雏鹰演讲比赛，演讲时间3分钟左右，要求脱稿，内容健康，积极向上，普通话标准、流利，声情并茂，感情真挚。凡来观看演讲比赛的学生均可获得雏鹰奖章一枚。评委亮出一个大拇指，参赛者将获得雏鹰奖章一枚，大拇指越多，所得雏鹰奖章也越多
游园活动	各年级的少先队员在本年级的游园活动区参加年级组织开展的庆祝六一的游园活动。每位少先队员根据各项游园项目的要求进行，便可以得到相应的奖章

展示项目	活动形式
六一礼物兑换处	每个年级的游园活动区将设立六一礼物兑换处，少先队员可以用自己的雏鹰奖章进行兑换。 少先队员获得雏鹰奖章的途径有：（1）少先队员可以通过一学期严格要求自己遵守"水云轩小学雏鹰争章标准"并用自己的"水云轩小学雏鹰争章储蓄本"所得的印章到老师处兑换雏鹰奖章。（2）少先队员可以通过参加年级的游园活动以获得雏鹰奖章。（3）少先队员通过参与拍卖、才艺表演、古诗词考级、演讲等展示活动获取雏鹰奖章

第四篇　薪火相传之我是一颗火种

让少先队员在安全快乐的环境中健康成长

教书育人是每一位教师的天职，作为学校的少先队大队辅导员，在学校党政的统一领导下，保证每位学生在学校里学会做人的道理、掌握基础的科学文化知识是其责无旁贷的职责。而要达到上述目标，最基本的条件是要有一个安全快乐的学习生活环境，并且教师应教会每名学生具备安全保护意识和掌握基本安全自护本领。

为了全校少先队员的健康成长，我亲自策划和组织了"少年儿童平安行动"，使学生的安全意识和自护技能明显增强，学生校园安全事故发生率为零，寒暑假期间也没有学生发生安全事故。

安全教育是学校德育工作的重要内容，也是少先队工作的主要内容。在实施"少年儿童平安行动"的过程中，我想得最多的是如何让学生在参加活动的过程中提高安全意识和增强自护能力，从而达到健康快乐成长的目的。为此，我主动与有关单位和部门联系，充分借助他们的专业知识，在全校学生中以雏鹰争章、主题队日、体验活动等多种形式开展用电、用火、交通和防水、防震等安全教育活动。

1. 以"雏鹰争章"为基本载体，开展丰富多彩的争章实践活动

为了将安全教育工作制度化和规范化，我在全校各中队中开展了平安自护奖章的设计比赛，并通过评选确定和新增了"应急避险章""电力安全章""交通安全章"和"消防安全章"四枚雏鹰奖章，分别制定了每枚奖章的标准和争章程序，并在全校范围内广泛开展争章实践活动。

2. 以"飞扬的红领巾"队会竞赛活动为主要形式，广泛开展"平安自护"主题队日实践教育活动

学校少先队大队部将"平安自护"主题队日实践教育活动作为学校今年"飞扬的红领巾"队会竞赛活动的重要内容，以大队会和中队会形式在全校范围内开展了"平安自护"主题队会实践教育活动。每学期少先队大队部都会以"平安自护共促和谐"为主题，以中队为单位开展一次全校性主题队会竞赛活动。在本次中队主题队会竞赛中，评选出5个最好的中队主题队会进行表彰，并举办全校少先队大队主题队会展示。

3. 联合供电部门开展"安全用电节能减排"安全教育和体验活动

我主动与东区的供电公司联系，在我校举办了以"安全用电、节能减排"为主题的知识讲座和文艺会演，邀请东区供电公司的技术人员为学生讲解安全用电的知识，以及他们在参与粤北地区冰冻灾害电力设施抢修工作的故事，教育学生要节约用电，并教会学生在日常生活中节约用电的常识和技巧。利用星期六，我还组织了部分少先队员和家长到东区供电公司的变电站、配电房、调度室进行参观，让学生亲身感受和体会有关电力的基本知识。

4. 积极开展各种形式的"平安自护"体验教育活动

为了让学生全面掌握"平安自护"知识，我主动与交警、地震办、巡警、司法等部门联系，开展各种形式的"平安自护"体验教育活动。上学期开学之初，邀请我校的法制副校长讲授《中华人民共和国未成年人保护法》和《中华人民共和国预防未成年人犯罪法》，让教师和学生懂得如何保护自己的合法权利不受侵害；5·12汶川地震发生后，大队部借助宣传栏向学生传播地震发生时的安全逃生常识，并邀请市地震办的相关人员到我校开展了一次地震模拟应急训练；暑假前夕，邀请巡警大队的民警到学校教导学生如何度过一个平安的假期，保障自身的人身安全和财产安全。

5. 开展行为偏差学生帮教工作

在少先队日常工作中，我会遇到一些行为有偏差的学生。对此，我和中队辅导员们专门启动了一个"共享蓝天"的帮教行动。

第一步，在中队辅导员的配合下，我对全校行为有偏差的学生进行了摸底，并一一登记造册。

第二步，我和各中队辅导员采取家访、走访社区居委会等形式，调查和分析每个学生产生行为偏差的原因。

第三步，组织召开会议，分析调查情况并共同制订每名学生的具体帮教措施和计划。

第四步，大队辅导员和中队辅导员分别组织并负责实施帮教工作。通过全体辅导员的不懈努力，大部分的行为偏差学生都得到了转化，能够重新融入学校和班级的集体生活，成绩也有不同程度的提高。

6. 多方联动，形成合力，坚持不懈地进行安全教育

安全教育是一个永恒的课题，也是一项长期的任务，我在做好"少年儿童平安行动"各项工作的同时，也在积极思考和探索如何形成安全教育的长效。我们坚持在每周的班队课上都进行安全教育，特别是各种假期前夕，要进行专题教育，做到警钟长鸣，坚持不懈。积极探索家校齐抓共管的新工作机制，让全体家长都参与到学生的安全教育中来，并且要求家长以身作则，做好示范。聘请公安、工商、文化、环保等政府部门的宣教人员为少先队志愿辅导员，发挥他们的作用，定期对学校周边的环境进行整治。

让每一个少先队员在安全快乐的环境中健康成长是我孜孜不倦的追求。

2008 年 6 月

弘扬志愿文化，培育新一代"爱心"小公民

我是学校的少先队大队辅导员，同时也是亲子义工服务队的队长，作为少先队和亲子义工服务队的负责人，我以少先队组织为核心，以亲子义工服务为载体，根据市、区两级志愿者组织的统一部署，结合学校实际开展各种丰富多彩的亲子义工服务。同时，在全校师生中积极推广"快乐义工，快乐奉献""把志愿服务作为一种生活方式"的志愿文化，从小在学生幼小的心灵里埋下"助人为乐"的种子，努力把学生培养成新一代"爱心"小公民。

一、成立学校亲子志愿服务队

为了全面配合学校德育工作，根据团市委、市教育局、市少工委和市青志协（义工联）的要求，在东区团委、教办的大力支持下，经过一学期的准备，2007年9月20日，学校正式成立亲子义工服务队，为学校学生和家长开展志愿服务提供了组织保障和平台。在成立仪式上，东区团工委书记、服务总队部队长宣读了水云轩小学成立亲子义工服务队的批复和学校亲子义工的组织架构，并为学校的亲子义工服务队授旗，东区教办和学校领导分别在成立仪式上讲话，对学校亲子义工队今后的发展方向做了明确指示。学校亲子义工成立当天，亲子义工服务队还组织全体家长和学生开展了第一次亲子活动。

二、开展丰富多彩的校园志愿服务

响应节能减排号召，开展环保教育系列活动。

1. 开展"同享绿色中秋，共建环保中山"的月饼盒回收活动

从2007年中秋节起，水云轩小学一直坚持带领学校亲子义工服务队开展"同享绿色中秋，共建环保中山"月饼盒回收活动，向学生宣传了环境保护的

必要性，让学生认识到丢弃的月饼盒给环境造成的负面影响，教育学生要善用资源，减少环境污染。在每次月饼盒回收活动中，师生们都非常踊跃，回收点前站满了人，师生都手拿两三个月饼盒，甚至有学生用袋子提了五六个……队伍排成了长龙，大家争先恐后地想为环境保护献出一份力。不一会儿工夫，大堂便出现了一座又一座的"小山"！2007年共收到月饼盒900多个，2008年有1500多个，2009年有5000多个。为了提高师生的积极性，学校还根据各班的回收情况评选出"环保先进班级"，并授予荣誉称号。

2. 开展"向白色污染Say No"环保活动

白色塑料袋是现代社会的产物，它们难以降解，而且对环境有较大污染。为此，学校以"向白色污染Say No"为主题，开展"每天少用一个塑料袋"活动，动员全校学生尽量不用塑料袋，并通过学生动员家长在日常生活中少用塑料袋。

3. 开展节能宣传教育活动

学校亲子义工服务队主动与东区供电公司联系，举办了一次以"安全用电、节能减排"为主题的知识讲座和文艺会演。

三、发挥博爱精神，开展扶贫助困活动

1. 向汶川地震灾区捐款

灾难无情，人间有情，5·12汶川地震深深牵动着水云轩小学每一位师生的心。水云轩小学亲子义工服务队积极为地震灾区募捐后，又于2008年5月19日组织全校师生观看了中央电视台大型募捐晚会《爱的奉献》。众多师生饱含热泪观看了这台晚会。课后，很多学生来到募捐箱旁边，再次捐助了自己的零用钱、压岁钱。

2. 参与"慈善万人行"筹款活动

一年一度的"慈善万人行"是中山市大众慈善品牌活动，这项深入民心、人人参与的慈善盛事也是向学生宣扬"博爱、创新、包容、和谐"的新中山人精神的大好机会。在2008年的"慈善万人行"活动中，学校亲子义工服务队根据东区和学校的统一部署，在全校师生和家长中开展了献爱心义捐活动，同时还组织亲子义工服务队到东区威尼斯、百佳假日广场、万佳百货商场等繁华地段进行筹款义卖活动，共计筹款45726.30元。从2008年起，学校亲子义工

服务队坚持每年到市区各大商场、公园、餐厅的门口义卖，学校亲子义工一家老小全员出动。为了能筹集更多善款，很多家庭自掏腰包到批发市场采购商品或者自己制作手工作品来义卖。

3. 为弱势群体、困难家庭送温暖

为了让学生有更多的机会接触社会，奉献爱心，珍惜自己的生活，我主动与中山市电视台《城市零距离》节目组联系，为亲子义工家庭联系帮扶对象，让家长和学生一起帮助社会上有需要的人，如组织亲子义工为我市的患病儿童捐款并送上慰问品。虽然学校学生和家长的家庭环境不一定都很富裕，但大家都很积极，有钱出钱，有力出力，共同向有需要的人伸出援助之手。

4. 组织亲子义工到儿童福利院和社区进行慰问

我市儿童福利院地处东区，而且是东区服务总队结队帮扶的对象，按照东区服务总队的安排，我校亲子义工服务队定期组织亲子义工到儿童福利院进行慰问，为福利院的孩子们举行生日会，进行联欢活动等。除慰问儿童福利院以外，学校亲子义工服务队也不定期地与东区的起湾、齐富湾、白沙湾等社区进行联系，到社区慰问五保户、军烈属和孤寡老人。

四、推广志愿服务精神

在学校推广亲子义工服务，一方面有力地配合了学校德育工作的开展，另一方面有利于通过学生把这种文化和精神传播到家长心中，并逐步向全学校延伸。

1. 加强志愿服务和志愿文化的宣传配合

亲子义工服务队自成立以后，学校专门开辟了一个宣传栏，用于学校亲子义工服务的展示和志愿文化的传播，并根据活动的开展对宣传栏进行及时更新。

2. 邀请奥运志愿者开展志愿服务和志愿精神讲座

在奥运会期间，大家都通过各种形式和途径观看了奥运会。奥运会开幕式的雄伟与瑰丽，奥运健儿的顽强拼搏精神深深地感动着我们；170万奥运志愿者的微笑服务，赢得了所有参加奥运会人员的高度赞誉，他们用礼貌接待、热情帮助展现了中华民族礼仪之邦的文明和风尚。我市罗慧玲、胡丹丹等10位青年志愿者通过层层筛选成为奥运志愿者。他们的志愿行动为中国争了光，为中山人民添了彩；他们的志愿精神感动着每一个人，他们是我们学习的榜样。为此，学校亲子义工服务队特意邀请了团市委宣传部副部长、市青志协（义工联）副秘书长，中山奥运志愿者服务队领队罗慧玲到校，面向全体亲子义工和家长开展了一次奥运志愿服务和志愿文化专题讲座，用实例感动和教育学生。

2009 年 7 月

新尝试　新挑战

　　我在2009年6月参与中山市东区中小学行政后备干部竞选活动，当时的我担任水云轩小学少先队大队辅导员、教代会主席和团支部书记。我报名参加学校后备干部的竞聘，主要因为我有以下优势：我先后任教过英语、语文、音乐等课程，担任过组级长、科组长、团支部书记、大队辅导员、教代会主席等职务，对学校各项工作比较熟悉，有一定的组织能力，能发挥教研引领作用。2009年4月，我被市教育局选派参加东北师大的骨干教师研修班。众多的教育教学经历使得我的学校实际管理经验更加丰富，对教学、教研和德育等工作更加熟悉。作为东区的教坛新秀、区英语中心教研组成员、全国和全省的优秀团队干部，这些成就给了我信心，证明了我具备过硬的业务水平，激励着我向更高的山峰攀爬。

　　得人心者得天下，得童心者得未来。学校行政管理的核心内容之一是对教师和学生的有效组织、协调和激励，以求实现工作效益的最大化。作为学校的教代会主席、大队辅导员和团支部书记，我经常要与学校的领导、教师和学生接触。在这个过程中，我以有效的组织协调、适当的激励表彰和突出的业务成绩赢得了大家的肯定和支持，我的各项工作得以更加顺利地进行。行政领导在工作、生活中要处理纷繁复杂的事情，需要具备良好的心理素质。在工作中，我一直保持着一种勤奋学习、认真思考、大胆创新的精神状态；在生活中，我是一个乐观、热情、上进和富有激情的人。这些内在的良好心理特质能够促使我在工作中不断精益求精，并且在面对成功和失败时，做到胜不骄、败不馁。

　　"梅花香自苦寒来"，后备干部是一种机遇，同时更是一种责任和考验，初生牛犊不怕虎的我为了勉励和鞭策自己，精心制订了三大成长目标。

1. 继续加强学习

加强学校管理理论的学习，加强对学校整体发展思路、办学特点、管理原则等情况的熟悉、掌握和理解，加强以教研和德育为重点的业务知识的学习。

2. 打造工作品牌

在做好常规工作的同时，重点打造少先队、共青团工作品牌。对于学校现有的广播体操由队干部管理、"免检班级"、少先队队日竞赛、中国少年平安行动、亲子义工、鼓号队等品牌项目要继续巩固和深化。同时，围绕学校提出的"弘扬传统文化，德行智趣共生"的德育理念，打造新的少先队品牌项目，走出一条适合我校实际，具有鲜明特色的德育工作之路。

3. 及时总结创新

创新是民族进步的灵魂，是国家兴旺发达的不竭源泉。对一个国家、民族如此，对一个学校、一份工作同样如此。所以，我在工作中对已经付诸实践的教学、德育、少先队、团支部、教代会工作定期进行总结和反思，关键是要在贯彻落实上级工作总体部署的前提下，发挥主观能动性，形成自己的符合学校实际的能够推动事业不断向前发展的新思路、新措施和新办法，为学校发展注入源源不断的动力。

在竞选前我做好了最坏的打算，即使不能当上后备干部，我也不会灰心泄气，因为作为教师，我心甘情愿地选择了与奉献、淡泊和寂寞为伴，继续在三尺讲台上奉献我的青春和智慧。很庆幸，我的努力获得了认可，我成了一名后备干部！

2009 年 7 月

政策落地

——迎来少先队辅导员成长的曙光

2010年6月，我走上竞选中层副职的演讲台，一年来的学习和准备让我少了一份畏惧，多了一份恬静。站在演讲台上，我特别自豪自己是一名少先队大队辅导员。中山市一直在大力推进和落实少先队辅导员享受中层副职的待遇的政策落地，东区于2010年6月开始严格执行文件精神，从此竞岗的职位就有了"少先队大队辅导员（副主任）"，而我毫不犹豫地在我的竞岗报名表的志愿栏上填了"大队辅导员"。

良好的动机是正确行为的重要前提条件。我竞岗的原因很简单，也很实在，就是希望有一个更高、更大的平台，去探索和实践自己投身教育事业的理想。

学校中层干部应该是一个承上启下的岗位，具体到少先队辅导员这个岗位，对上应该向校长、分管德育的副校长负责，并将领导关于学校德育工作的整体发展思路和要求具体细化成一项项的制度或者一个个的中队活动；对下要有效地将中队辅导员和队员们组织和调动起来，实现最终的育人效果。作为具体负责育人的少先队辅导员，应当具备三项最核心的素质和能力：一是对学校德育工作有正确、深刻的理解，能敏锐地发现和把握少先队发展的动态和趋势，进而形成自己的工作理念和思路；二是善于将上级宏观的德育目标与学校微观的管理活动有效结合，并付诸实施的策划、沟通、指挥、组织和协调能力；三是具有坚定的信念和大无畏的牺牲、奉献精神。

老子说："知人者智，知己者明。"只有正确认识自己，才能精准定位，进而做好工作。从参加工作到现在，我一直都在与少先队打交道，特别是担任学校大队辅导员兼德育工作实践组织者以来，我更是全身心地投入，组织和参与了包括全省、全市和全区大大小小的各项活动。从方案制定、活动分工、场地布置到文字材料准备，事无巨细，我都积极参与其中。经过磨炼，我相信我各方面的素质和能力有了很大的提升。另外，我对工作充满激情和动力，我所具有的良好心理素质也是我不断前进的一个有力保障。

有的人认为当上学校中层干部是一种荣耀，我对此持不同意见。职责和职权是每个岗位的两大组成要素，而且职权是为职责服务的。我曾经有幸听过一位年轻有为的市领导对自身岗位的独特分析。他说："组织上安排我担任领导工作，是对我的信任，也是给予我一个展示自我才华，报效人民的机会。"这位领导还动情地说："担任领导岗位，说到底还是奉献多于索取"。具体来说，如果要当个好领导，你需要付出更多的时间和精力，那么陪伴家人和处理自身事情的时间就会相应减少；如果你动机不纯，借机揽权敛财，总有东窗事发的一天，到时你名誉扫地，大好前程就这样结束了。

对于竞岗，我始终抱着一种进取但不强求的态度，组织信任我，我会以一种临渊履薄、恪尽职守的姿态全力以赴地做好每一项工作，把自己的青春、激情和汗水无私地奉献给东区的教育事业，把自己的智慧和精力奉献给鲜艳的红领巾事业。

2010 年 9 月

感动着　幸福着

　　2011年8月21日至30日，我作为中山市的唯一代表，有幸来到中国团队干部最高学府——中国青年政治学院，成为首届"国培计划"骨干少先队辅导员培训项目的学员。为此，我十分珍惜这次难得的学习机会。在课堂学习上，我积极做好笔记，在交流研讨活动中主动发言，自觉争当勤学苦思的模范、遵守纪律的模范、学以致用的模范，通过这次学习，我的收获颇丰、感想良多。

一、少先队事业迎来前所未有的发展机遇

　　一直以来，少先队事业发展具有较好的环境：一是少先队的事业得到党和国家的高度重视，毛泽东、邓小平、江泽民、胡锦涛、习近平五代党中央领导人先后为少先队题词，并对少先队事业发展做出重要指示；二是共青团、教育部门为落实好党交给的光荣任务，充分发挥部门职能，推动少先队事业不断向前发展；三是全国数千万的各级少先队工作者在各自的岗位上辛勤工作，默默奉献，为少先队事业的发展做出了不可磨灭的功绩。正是有了这样的环境，我们的少先队事业才能取得今天来之不易的成就，一批批的"小雏鹰"茁壮成长，成为我国各个时期社会主义现代化建设的主力军。但是，立足于当前时代和社会发展形势，少先队事业从整体政策配套、经费人员配置、内部管理、专业化发展等方面还有不足的地方和改进的空间。

　　值得欣慰的是，作为一名基层辅导员，我强烈地感受到少先队工作环境越来越好，我们正迎来一个非常难得的大发展机遇。2005年，共青团中央、教育部等部门联合印发《关于进一步加强少先队工作的意见》（以下简称《意见》），正式吹响了少先队实现大发展的号角，并在政策层面为少先队发展打下了坚固的基础。《意见》出台后，各省市也相应出台了具体的实施细则。以

中山市为例，2006年，在市委市政府的关心支持下，少先队专项工作经费开始纳入财政预算；2008年开始，学校少先队大队辅导员逐步纳入学校行政班子。这些带有根本性措施的政策的落实保证了少先队工作队伍的稳定、素质的提升和事业的稳步发展。

从"国培计划"——中小学骨干少先队大队辅导员培训项目的举办，可以看到作为少先队事业主要领导部门的教育部、团中央推进少先队事业大发展的决心。首届"国培计划"是由教育部、团中央、全国少工委共同组织的，面向一线辅导员的国家级培训班，而且培训班的费用全部由中央财政负责，所以团中央把这次培训班比喻为"少先队辅导员的'黄埔军校'"，从中可以窥探出这次培训班的意义之大。

在培训期间，教育部培训司许涛司长，团中央少年部部长、全国少工委副主任王路，中央团校、中国青年政治学院的王新清院长等领导接见了我们。其中，王路部长还为我们亲自授课。除此之外，培训班还邀请了少先队研究的泰斗人物张先翱先生来讲课，还邀请了王延风、华耀国、沈功玲等一批全国少先队知名专家为学员上课，这在全国也是罕见的。在培训班的研讨会上，团中央、教育部领导还和全体学员就辅导员专业学科建设和职称评定这两个制度性问题进行了探讨，并形成了初步思路。通过这次培训，我们强烈地感受到教育部、团中央推进少先队事业发展的坚定信念和决心。

二、少先队辅导员使命光荣、岗位神圣、责任重大

辅导员是少先队员亲密的朋友和指导者，而学校少先队大队辅导员是学校少先队工作的组织者和引路人。中国共产党创立了中国少年先锋队，并且委托共青团进行直接领导，而共青团组织则选派优秀团员或聘请思想进步、作风正派、知识丰富、热爱少年儿童的教师以及各方面的先进人士来担任少先队辅导员。追根溯源，把广大少先队员培养成德、智、体、美全面发展的人才，使其成为社会主义现代化建设的合格人才，做共产主义事业的接班人，这是党赋予我们少先队组织、广大少先队辅导员的一个光荣使命。通常人们把教育说成是太阳底下最光辉的事业，把教师比作园丁，那么作为有教师和辅导员双重身份的我们，则是最勤劳、最无私、最可敬的园丁。

2007年6月11日，由共青团中央、教育部、人事部、全国少工委根据《中

国少年先锋队章程》以及团中央、教育部等关于加强少先队工作的政策和规定研究制定了《少先队辅导员管理办法（试行）》，该办法第九条第五点指出："少先队大队辅导员按学校中层管理人员进行管理和使用，列席校务会议。从事少先队工作多年，且成绩特别突出者，可作为组织发展对象培养，可列入教育系统后备干部培养序列。"但在现实工作中，因种种困难，基层落实文件精神需要逐层完善，逐步推进，这是一个循序渐进的过程。因此，在2012年之前，全国很多学校的教学岗位设置中，少先队辅导员只是教师分工中的一个岗位，尚未形成一个学科。受教师编制和课时的限制，当时专职的少先队辅导员还是较少，少先队辅导员大部分是由科任教师兼任，与学校语文、数学、英语、体育、艺术等教学岗位相比，有其相同的一面，就是都有自身的岗位职责、工作内容和考核标准；但也有其特殊性，就是岗位内涵更加丰富、岗位外延无法限定、岗位要求富有弹性。少先队辅导员的岗位特点，决定了少先队辅导员要比其他教师在时间、精力等方面付出得更多。一方面少先队活动的主题和内涵富有时效性和时政性，另一方面服务的对象是少先队员，需要花更多的时间和精力策划符合少先队员心智水平的少先队活动，需要在完成自身教学任务后利用课余和节假日时间辅导少先队员开展队活动。对于中小学，学校的整个教育工作可以粗分为德育和智育两部分，培养学生学会做人和掌握基本科学文化知识这两大目标。在小学阶段，少先队工作是德育工作的重要组成部分，对人的少年时期的道德品质、世界观、人生观、价值观、综合素质和行为习惯养成具有重要的影响。从更长远一点的角度来看，少先队辅导员的工作在一定程度上还会影响一代人的理想信念和前途命运，进而影响社会主义现代化建设的伟大事业。由此可见，少先队辅导员的岗位是神圣的，责任是重大的。

我庆幸自己是中山市的基层少先队辅导员。中山市少先队工作有着优良的传统，务实创新，基础扎实，关心少先队辅导员队伍的建设和培养，始终相信做好少先队工作的前提是有一支有理想、有激情、会创新、愿负责、甘奉献的少先队辅导员队伍。共青团中山市委、中山市教育局、中山市少工委一直为落实少先队辅导员待遇四处奔走，在执行和落实《少先队辅导员管理办法（试行）》文件精神上，中山市一直是先行先试的城市。精诚所至，金石为开，在2012年，中山市24个镇区都基本落实了学校少先队大队辅导员的经济待遇、政治待遇和课时待遇。滴水之恩，涌泉相报，全市少先队大队辅导员在市少工委的带领下与时俱进、开拓创新、勇往直前，打造了少年军校、亲子义工队、学校少工委、医疗辅助队、国旗护卫队等众多少先队活动品牌，为全市少先队员的健康成长和树立理想信念打下了坚实的基础。

三、坚定信念，以星星火炬事业作为个人终生追求

我于2002年开始参加教育工作，刚开始接手学校少先队工作的时候，还没有太多的认识，只是将其当作学校交给自己的一个任务，要努力做好，做出成绩。随着时间的推移，经过若干年的探索，我对少先队工作的态度发生了质的改变，或者说我爱上了这份工作。为了学校的少先队工作，我可以每天工作到晚上七八点，周末和寒暑假也加班加点训练鼓号队。虽然很辛苦，但我乐在其中，特别是每次听到队员们高唱"我们是共产主义接班人""为着理想勇敢前进，为着理想勇敢前进前进"时，我的眼睛总会不自觉的湿润起来。少先队工作已经渗透进我的骨髓里面，我已将学校的每一位少先队员当成自己的孩子，这或许就是很多领导和专家学者所说的教育大爱精神之所在吧。

在十天的学习生活中，我感到自己是幸福的，也被许多事情所感动着。团中央少年部部长、全国少工委副主任王路同志为我们亲自授课，他向我们阐述了少先队当前工作的重点和难点，并且通过生动的例子告诉我们向少年儿童讲党和社会主义祖国要注意方式方法，要运用新时期的时尚、情感、多媒体元素，在少先队活动中进行渗透。让我最感动的是原北京市总辅导员王延风老师，中国少年先锋队学会名誉会长、中国少先队学术泰斗张先翱教授，江苏总辅导员华耀国老师以及原上海总辅导员沈功玲老师，他们都是中国少先队的老前辈，他们在少先队组织工作了一辈子，虽然退休了，但是他们的心仍然牵挂着少年儿童，对党和少先队的事业孜孜不倦，他们讲课时非常投入，讲起课来神采奕奕，精神饱满，他们为了在这次难得的机会中把自己毕生的经验与积累传授给我们，三个小时的课时，他们宁愿不休息。我知道这其中有一种力量、一种精神在推动着他们，这也是他们对党的事业的忠诚和对少先队的热爱。这种精神深深地感染着我们，让我们这些年轻、充满活力的少先队辅导员深爱着少先队工作，让我们更坚定今后要把自己的激情与智慧全部奉献给党的事业，全心全意做好少先队员的亲密朋友和引路人。

出于对这批老前辈的敬仰之情和对少先队知识的渴求，培训期间，我舍

弃了到北京各景点游玩的机会，利用课堂和晚上的空余时间去冒昧地先后拜访了王延风、张先翱、华耀国、沈功玲等专家，向他们汇报本校少先队情况，并听取他们的谆谆教导。令我意想不到的是，这些专家竟放弃宝贵的休息时间，与我这位一线的普通辅导员进行长时间的交流，并对我校的少先队工作提出了宝贵的意见。为期十天的培训很快就结束了，我带着依依不舍的心情回到水云轩小学，继续投入到新学期的工作中。为期十天的培训是短暂的，我从中学习到的东西也非常有限，但通过这次学习，我对少先队工作有了全新的理解，我热爱少先队工作，并且愿意把少先队事业作为我终生奋斗的目标。

怀揣着对教育的热爱，对少先队事业的追求，在未来的日子里，我将全身心地从事着这份最光辉的职业，让星星火炬更加闪亮。最后，用少先队的呼号来结束我的这篇文章："准备着，为共产主义事业而奋斗"——"时刻准备着"。

2011 年 8 月

在感恩中前行

我曾经是一名普通的中队辅导员，由于年轻，我以满腔热情开展很多形式新颖的中队会，赢得了校领导的青睐与信任。2008年在前大队辅导员怀孕待产请辞后，我服从学校的安排当起了学校1641名队员的"孩子王"。为了不辜负领导的期望，我坚持把少先队工作做实做精，建立队干部培养计划，完善每周队委工作例会，坚持队前培训教育以及辅导员激励机制等。

我怀着一颗感恩的心，努力工作，在传承中积极创新：在整合广东省雏鹰争章教材的基础上在全国首创"雏鹰争章嘉年华"；2009年在全国范围内率先成立学校少工委，网罗人才，整合资源，组建高效学校少工委组织架构；建立"雏鹰小天地"，营造少先队广场文化，开展高、中、低年级大队委竞选、红领巾演讲沙龙、红领巾领袖培养计划、中队才艺PK赛等队活动，组建特色社团之少年军校领袖团，定期邀请社会专业人士开展素质拓展活动，为少先队员的健康成长提供多彩的舞台。"少年强则国强"，中华民族伟大复兴的中国梦需要自觉践行社会主义核心价值观的少年儿童来实现。我自豪我是一名少先队辅导员，肩负培育实现中国梦后备力量的使命。我不断探索运用新媒体和情感、艺术、时尚等元素对少先队员进行爱党、爱祖国的朴素情感的熏陶，通过各种形式帮助少先队员牢记社会主义核心价值观。策划仪式庄重、震撼人心的党团队教育主题活动，引导广大的少先队员树立崇高志向；通过动漫、影视作品、感动中山的好人事迹分享等活动让少先队员直观感受社会层面的主旋律；以"雏鹰争章嘉年华"和"伟人故里中山章"引领少先队员自觉把个人层面的要求践行在自己的日常生活中。通过"诚信超市"等队员能体验、感悟、参与的实践活动，引导他们从小树立正确的世界观、人生观、价值观。

一次次在鲜艳的队旗下领着少先队员宣誓、呼号，让我渐渐爱上了少先队！以服务少先队员为本，以少年儿童的视角来传递真理，以实践活动来提升少先队员素质，以崇高的理想根植信仰，并带领少年儿童在体验中感悟，在感悟中成长！少先队辅导员这一岗位给我更多机会去贴近教育的本真，给我更多的灵感去创新教育的模式，给我更多平台去实践我的教育梦想！为了激发少先队组织的凝聚力和焕发少先队活动的魅力，我激发出了无穷的教育智慧；为了让少先队员更好地成长，我不断学习心理学和各种技能；为了给少先队员搭建更广阔的实践平台，我不断联动校内校外建立活动阵地；为了提升少先队辅导员的专业发展，我积极带领少先队辅导员开展少先队课题研究；为了让全体中队辅导员重视中队建设和小队活动，我不断创新激励机制……正是对少先队事业的热爱让我整天激情洋溢，不知疲倦，乐在其中！课间指导队干，课后辅导队会，常常为了策划好一个活动，深夜哄睡了孩子后仍爬起床写方案；到了周末，我还要带着少先队员到社区慰问空巢老人，带领少先队员到野外植树劳动；寒暑假训练鼓号队、开展"手拉手，促和谐"活动。

激情源于爱，爱让我学会了感恩，我的成长离不开各级领导的培养和同事们的帮助，作为中山市副总辅导员、市少先队工作学会副会长，我主动发挥自身优势，做好少先队工作，经常给市区大、中队辅导员培训班开设讲座，多次承办全市的少先队活动观摩会，积极培养本市的少先队辅导员骨干力量。作为市教育学会少先队活动课工作委员会秘书长，我积极寻求市教育学会以及市教研室专家的支持，整合本市少先队骨干力量，研究少先队活动课程开发与研讨，促进我市少先队活动课教研工作的开展。

怀着感恩之心，我孜孜不倦，一路走来，伴着汗水和泪水，我收获了鲜花和掌声，让我从一名普通的少先队辅导员成长为全国优秀少先队辅导员，也让我成长为一名小学德育副校长。团中央书记处书记、全国少工委主任罗梅来我校调研少先队工作，临别时握着我的手语重心长地说："少先队辅导员就应该有坚定的信念，你们是少年儿童的知心朋友和榜样，继续努力。"每每想起罗梅书记的话我都激情澎湃，更坚定要把自己的激情与智慧献给少先队事业。我参加了全国骨干少先队辅导员"国培计划"培训班，与全国各地的同行进行交流，还以基层辅导员的身份参加了"2013年全国少先队地市级以上总辅导员培训班"。站在新的高度，面向未来，我继续探寻追梦的路途……

2018年10月12日，广东省纪念建队日专题分享会在越秀区少年宫联欢厅举行，此次活动主要邀请了历届广东省的优秀少先队员、优秀辅导员和老专家进行分享，很荣幸我能被选为历届省十佳少先队辅导员代表在大会上发言，我毫不保留地分享了自己作为少先队辅导员的心路历程，希望我的成长故事能够激励更多基层少先队辅导员，为少先队事业奉献青春与才华。当天会议的议程虽简洁却让我深受感动：第一次是聋哑队员朱梅兰讲述她第一次发声叫"妈妈"时，现场用力发出了这一声不同于一般孩子又和一般孩子一样的"妈妈"的叫声。第二次是梁丽萍老师讲述她带领少先队员去朝鲜，想方设法力争去祭奠志愿军烈士墓，在她哽咽的那一刻，我们也忍不住为之动容！第三次是毛湘玲老师在讲到为了少先队，愿意终身走下去，工作下去，重复着那句"我愿意！"时，让我备受触动！红色的事业，就是这样触动人心！鲜艳的红领巾就是我们的信仰！

有梦想就有希望，有梦想就有未来。用爱与激情点燃少先队员追梦的心灯，并立志为实现当好少先队员的亲密朋友和领航人之梦而奋斗。

2018 年 12 月